Re-nationalization shakes EUROPE
「再国民化」に揺らぐヨーロッパ
新たなナショナリズムの隆盛と移民排斥のゆくえ

高橋 進・石田 徹 編

法律文化社

まえがき

　2005年のフランスとオランダにおける国民投票での欧州憲法条約の否決，2008年のリーマン・ショックをきっかけとしたユーロ危機と南欧諸国の政府債務危機等以後，EU統合熱は姿を消し，EU各国で様々な種類の欧州懐疑主義が急速に広がっている。ナショナリスティックな言説やそれを正面に掲げる政治勢力の拡大と浸透の傾向が顕著になっている。イギリスでは2015年の選挙でEU離脱を国民投票にかけることを公約に掲げた保守党が勝利し，国民投票の政治日程を検討しつつ，移民や財政政策に関してEU条約の改定要求を突き付けている。ギリシャの債務危機をめぐっては，ギリシャのユーロ離脱を要求する声がユーロ圏諸国の政府関係者から発せられ，ギリシャ国民の側からは国民投票でのEUやドイツによる緊縮政策の押しつけに「ノー」の意思表示がされ，国家・国民間の対立が浮き彫りになった。

　2014-15年には，アラブの春以後のアラブ諸国の混乱や内戦，IS支配地域の拡大により，地中海やバルカン諸国を経由してのシリアやイラクなどのアラブ諸国やアフリカからの難民がヨーロッパに押し寄せた。2015年の1年間で難民流入者は100万人を超え，2016年も流入が続いている。その経由地のバルカン諸国には大量の難民が流入・滞留し，ハンガリーがEU非加盟国との国境を閉鎖するなど混乱が広がっている。独仏伊などはEU各国の受け入れ割り当て数を決める形で共同の対応を求めているが，各国民の反発は強い。その最中の2015年11月13日，パリで同時多発テロ事件が起こった。

　このような状況下で反ユーロ・反EU・反移民を唱える新右翼・ポピュリスト政党が台頭している。フランスの国民戦線，UK独立党，「ドイツのための選択肢」(AfD)，スウェーデン民主党，ギリシャの「黄金の夜明け」などがその例である。イタリアでは反EUではないが反ユーロの「五つ星運動」が2013年選挙で大躍進した。これらの政党は全体としては，ユーロ離脱・解体，中央集権的EU拒否，立法権限のEUから各国議会への返還，国家主権の取り戻

i

し，移民制限や国籍取得の制限強化など，国家の権限の再強化と国民の限定を主張し，支持を拡大している。

また，EU統合の進展，EU市民権の制度化，グローバル化と平行して，ナショナル・アイデンティティをめぐる議論が1990年代から活発になっている。

EU各国では上記のような国家主権の回復要求という意味での「再国民化」，移民の排斥という形での「国民」の再確定の思潮の強まりとともに，国の内部でエスノ・リージョナル政党が台頭し，多様で非対称的な形での分権化と自治権拡大，また，2014年のスコットランド「独立」の「国民投票」やカタルーニャの州独自の「独立」住民投票に見られるように，「独立」を志向する動きが一段と高まっている。

今日のヨーロッパ諸国では国の内部と外部の両方から国家と国民の「境界」の再確立が問題となっている。外に向けては国家中心主義が，内に向けては移民排除という形でのナショナリズムが隆盛しているが，同時に国家の深部では国家の枠組の再編と国民の再定義が模索されている。

本書は，このような状況を「再国民化」という概念で捉え直し，現在の西欧デモクラシーの問題点と課題を明らかにすることを企図している。本書は第Ⅰ部で「再国民化」をめぐる理論的な諸問題を，債務危機と「小文字の統合」の関係，福祉政治における「再国民化」の言説，市民権と移民等の制度や政治問題に即して考察するとともに，リージョナルのレベルで「再国民化」問題が噴出している状況も明らかにしている。第Ⅱ部では，ドイツ，イギリス，フランス，オーストリア，スウェーデンなど西欧各国における「再国民化」の諸相を分析している。

「再国民化」というタームはまだ学術用語としては定着していない。ナショナリズムの新たな段階と新たな相を把握するために，われわれはこの用語が有効であると考え分析に使用しているが，その妥当性については読者の批判を待ちたい。本書が現代デモクラシーにおけるナショナリズム問題に関心を持つ人々に新たな視点を提供することができれば幸いである。

高橋　進

目　次

まえがき

第 I 部　「再国民化」の視角

第 1 章　欧州金融・債務危機と「再国民化」　　　　　　　　　野田　昌吾　3
──「小文字の統合」の論理とその逆説

1　欧州危機と「再国民化」　3
2　「統合の終焉」の帰結　4
3　「小文字の統合」と欧州金融・債務危機　7
4　「首脳の出番」の政治学　12
5　メルキァヴェリズム──「意図的な躊躇」とルールの重視　13
6　政治を迂回する統治とその危機　18

第 2 章　エスノ・リージョナリズムの隆盛と「再国民化」　　　　　　　高橋　進　23
──「国家」・「国民」の分解か「礫岩国家」化か

1　「再国民化」とエスノ・リージョナリズムの競合　23
2　サブステイト・ナショナリズム政党による政治的動員　25
3　エスノ・リージョナリスト政党の定義と特徴　27
4　各国のエスノ・リージョナリスト政党　28
5　創立時期と選挙の得票率，政権参加　31
6　エスノ・リージョナリスト政党の展開の二つの類型　34
7　ヨーロッパの「礫岩国家」化と「新しい中世」への移行　37

第3章 福祉政治における
　　　「再国民化」の言説―――――――――石田　徹　42
　　　――福祉ツーリズム，福祉ポピュリズムをめぐって
　　1　福祉政治における「再国民化」の意味　42
　　2　反EU，反移民の政治勢力の動向――ポピュリズムの分岐　43
　　3　福祉ツーリズムの言説をめぐって　48
　　4　福祉ポピュリズムの概念をめぐって　53

第4章　リベラルなヨーロッパの憂鬱―――――野田　葉　61
　　　――EU市民権と移民をめぐる一考察
　　1　EU市民権とヨーロッパのリベラル化　61
　　2　EU市民権の拡大　64
　　3　リベラルなEUの超国家性がもたらすもの　69
　　4　ヨーロッパ・リベラリズムの抱える矛盾　73
　　5　誰のためのリベラリズムか？　77

第Ⅱ部　ナショナリズムと「再国民化」の諸相

第5章　「再国民化」と
　　　「ドイツのための選択肢」――――――中谷　毅　83
　　　――移民問題およびユーロ問題との関連で
　　1　はじめに――揺れるヨーロッパと「再国民化」　83
　　2　燻る反移民・反イスラム　85
　　3　ヨーロッパへの懐疑　89
　　4　選択肢としての「再国民化」――「ドイツのための選択肢（AfD）」　93
　　5　おわりに――AfDの今後と「再国民化」　100

iv

目　　次

第6章　Pegida 現象と「現実にある市民社会」論 ——坪郷　實　104

1. 2014年ヨーロッパ議会選挙の結果が意味すること　104
2. Pegida 運動の目標・組織，そして「参加者は誰か」　108
3. 規範的市民社会と「現実にある市民社会」　117
4. Pegida 現象に対する市民社会の対抗戦略　121

第7章　英国におけるナショナル・アイデンティティ論 ——小堀　眞裕　125
　　　　——どういう意味での「再国民化」論が可能か

1. 英国に関する多様なアイデンティティ　125
2. Britain かイングランドか，それとも UK か
　　——英国名の歴史的変遷　126
3. ナショナル・アイデンティティに対する歴史的分析　128
4. ナショナル・アイデンティティに対する現代的動向の分析　130
5. 2015年総選挙に至る過程での議論　137
6. まとめ　139

第8章　フランスの「欧州懐疑主義」と「再国民化」 ——畑山　敏夫　145
　　　　——「国家主権」をめぐる攻防

1. 「脱国民化」から「再国民化」へ
　　——超国家的統合へのリアクションとしての欧州懐疑主義　145
2. 超国家的統合への逆風
　　——「主権主義」という対抗運動の生成と発展　146
3. 「再国民化」とナショナリズムの誘惑
　　——「再国民化」と「自国民優先」　155
4. 「再国民化」と FN の優位　161

v

第9章　植民地からの
　　　　　引揚者をめぐる政治──────────藤井　篤　166
　　　　　──ピエ・ノワールと脱植民地化後のフランス

　　1　アルジェリア戦争とピエ・ノワール　166
　　2　引揚げるピエ・ノワールたち　168
　　3　損失財産の補償と自己組織化　172
　　4　文化的アイデンティティと歴史的記憶の承認　175
　　5　ピエ・ノワールと政治　181

第10章　オーストリアの移民政策──────────馬場　優　185
　　　　　──最終目標としての国籍取得

　　1　オーストリア人またはオーストリア国民とは誰か　185
　　2　オーストリア人及びオーストリア概念をめぐる歴史的変遷　187
　　3　移民の政治問題化（1940年代─1970年代）　193
　　4　自由党の台頭と移民の再政治問題化（1980年代─1990年代）　195
　　5　国民・自由（・未来同盟）連立政権の統合政策（2000年─2006年）　197
　　6　大連立政権の統合政策（2006年─現在）　200

第11章　スウェーデンにおける「再国民化」と
　　　　　民主政治のジレンマ──────────渡辺　博明　205

　　1　右翼ポピュリズム政党の本音　205
　　2　ナショナリズムとスウェーデン　206
　　3　移民政策と福祉国家　207
　　4　スウェーデン民主党とその主張　212
　　5　ナショナリズムと民主主義　216

あとがき
索　引

第Ⅰ部

「再国民化」の視角

第1章

欧州金融・債務危機と「再国民化」
――「小文字の統合」の論理とその逆説――

野田　昌吾

1　欧州危機と「再国民化」

　国民や国相互の反目や不和，ナショナルな言説やそれを正面から掲げる政治勢力の拡大と浸透，統合への熱気の衰えどころかそれをさらに逆の方向に巻き戻そうとする動き，自国のEUからの脱退の是非を国民に問うことを正式に政治日程にのぼせる国の現出，大国の重要閣僚による「ダメな国」の除名的処分への言及――2008年のリーマン・ショックを直接の契機として始まった深刻な金融・政府債務危機のなか，ヨーロッパ諸国のあいだには「再国民化」(Renationalisierung) とも称される一連の動きや傾向が目立つようになっている。各国の政治的議論ではしばしば自国中心主義的な主張が幅を利かし，それに呼応するかのように政府もまた「自国の利益」をより前面に押し出した外交を展開する。
　もちろんヨーロッパ統合は危機のなかにあっても一方的に後退しているわけではない。たとえば危機対応の過程で合意された銀行同盟は，加盟国の主権の一部を新たにEU機関へと委譲するものであり，そうしたことはマーストリヒト条約このかた長らくなかったことであった。また，そもそもこれまでのヨーロッパ統合の歴史自体，普遍的な「ヨーロッパ益」の実現を目指した予定調和的な各国の協力の賜物であったというよりも，国益のぶつかり合いによって彩られた政府間の対立の歴史であった。しかし，この間の動きをこれまでの統合

史の単なる延長線上で捉えることも逆に事態の過小評価のように思われる。統合批判が市民レベルにとどまらず，いくつもの政府から統合の流れを逆方向に戻そうとする主張がなされ，政府ないし政府の責任ある政治家が離脱論や除名論を正面切って行うような動きが出てくる状況は，これまでの統合をめぐる政府間対立とはやはり位相を異にするものであると言えるであろう。統合に対し政府も市民も大きなフラストレーションを抱くものの，統合は揺るがず，深化さえする。そのことがまた政府や市民のフラストレーションを高め，統合への熱気をさらに冷やす。ヨーロッパで一体何が起きているのか，何が問題なのか。欧州を揺るがす金融・債務危機をめぐる政治に焦点を当てて，考えてみたい。

2　「統合の終焉」の帰結

　そもそもドイツ以外の国に統合への熱気などあったのかという問いも可能だが，冷戦終結とドイツ統一に突然直面したヨーロッパが，マーストリヒト条約による統合の深化と通貨同盟への前進，東方拡大によって，新たに生まれた統一ドイツを統合ヨーロッパの枠組みのなかにしっかりと結びつけ，東欧における冷戦体制の崩壊に伴う混乱を最小限に抑えることに成功したことが，ヨーロッパの各国と市民を安堵させ，新しいヨーロッパの枠組みへの期待を高めたことは間違いない。しかし，2005年にフランスとオランダで行われた欧州憲法条約に関する国民投票によって転機が訪れる。「憲法」を持とうとするまでにも高まった統合への熱気は，この二つの国の国民投票での否決によって，終止符を打たれた。

　二つの国民投票の結果は，それまで自明視されてきた統合ヨーロッパと各国民国家との相補性が市民の目からして今や必ずしも自明ではなくなったということを示すものであった。A・ミルワードは「国民国家のヨーロッパ的救済」という言葉で，統一ヨーロッパと国民国家との関係をゼロサム視する見方を退け，統合の歩みにおける両者の相補性を強調したが（Milward 1992），仏蘭両国市民の多数派はそうした相補性は今や過去のものであり，統合ヨーロッパはもはや国民国家，いや「国民」を救ってくれないとみなしたのである。グローバ

ル化のなかで国民社会を維持・強化するためにこそヨーロッパを建設するのだという，この間の統合の深化と拡大を支えてきた「ドロール・コンセンサス」は正面から疑問視され（遠藤 2013：224），逆に統合ヨーロッパのプロジェクトは別の顔をしたグローバル化ではないかという疑念が表明されたのである．

　冷戦終結に伴う危機を統合の深化と拡大によって成功裏に乗り越えることで，さらなる政治統合をも積極的に展望するような熱気に包まれたヨーロッパであったが，同じ冷戦終結を契機とするグローバル化の一段の加速の影響もあり，この統合の深化と拡大に対する評価は，フランスやオランダをはじめとする西ヨーロッパ諸国の市民のあいだでは，肯定的なものから懐疑的なものへとひじょうに短期間で変わってしまった．フランスの国民投票において条約反対派が，EUにおけるサービス分野のいっそうの規制緩和を内容とするボルケシュタイン指令や「ポーランドの配管工」（の流入）の問題を取り上げ，その支持を広げることに成功したように，産業構造の変容とグローバル化によって経済的安定と社会的安全が揺らぐなか，異質で経済水準の大きく異なる地域とのあいだで均質で統一的な市場空間を建設しようとすることは，経済水準と社会的安全の低位平準化の不安を強めざるをえない．

　こうした不安は根拠のないものではない．EUの市場統合プロジェクトの持つ新自由主義的含意は多くの論者によって夙に指摘されてきた．単一域内市場を成功裏に完成に導いた立役者ドロール欧州委員長自身は「社会的ヨーロッパ」というもう一つの目標を掲げ，その実現に努力したが，モノ・サービス・ヒト・カネの自由な流通・往来を保障する単一市場の形成を阻害する各国の様々な規制や慣行，社会諸制度の解体を共同体の統一目標として条約で確認したことの意味はきわめて大きかった．F・シャルプが鋭く指摘したように，単一市場形成の障害となる各国の規制の排除は条約上の根拠があるため，各国間の新たな合意や決定がなくとも放っておいても半ば自動的に，欧州委員会や欧州裁判所の手によって進行していくのに対し（消極的統合 negative integration），それらの規制の解体を欧州レベルで代替・補償するための共通の諸制度の導入（積極的統合 positive integration）については条約上の定めがないため，各国間の新たな合意，しかも全会一致のそれが必要となり，なかなか進まない（Scharpf

5

1999)。東方拡大によって加盟国間の経済水準の違いが大きくなると，合意形成はさらに困難になる。その結果は，各国独自の諸制度や規制の一方的解体の静かなる進行である。他方で，市場統合はグローバル化の加速とも相俟って，域内の経済競争を激化させ，国境を越えた生産・流通のネットワークの再編を促していく。さらに労働力とサービスの自由移動が加わり，西ヨーロッパ各国では市民の雇用・生活不安は増大する。ヨーロッパはグローバル化から市民を守ってくれるものではないという見方が広がるのも不思議ではない。ヨーロッパ化に抗して国民国家の擁護と再強化を唱える政治勢力はこれまで大陸ヨーロッパ諸国ではもっぱら極右的な政党に限られていたのが，たとえば統合ヨーロッパの主導国の一つフランスでは，極右の国民戦線に加えて，左右の既成政党の内部からも「主権主義者」と呼ばれる統合に懐疑的な潮流が出現し，2005年の国民投票でも大きな注目を集めた。

　いずれにせよ，フランスとオランダの国民投票における欧州憲法条約の否決は，統合への熱気に大きな終止符を打った。遠藤乾は「統合の終焉」という言葉でこのことを端的に表現している（遠藤 2013）。暗黙にせよ目的として措定された遠い将来のある時点における連邦国家の完成に向けて政治統合を進めていこうとする「大文字の統合」(Integration) は，この憲法条約の否決によって「死を迎え」たのである。

　しかし，遠藤が強調するように，この「大文字の統合」の終焉は決してEUそれ自体の終焉ではなかった（遠藤 2013：v-vii, 234）。単一市場，統一通貨，ヨーロッパ市民権，EU諸機関の予算や権限——これまでの統合の様々な「遺産」は，ヨーロッパの統治の不可欠の一部として引き続き機能し，これまで同様にEU諸機関への集権化を促し続ける。遠藤は政治統合を必ずしも展望しないこれまで同様のEUへの集権化を「小文字の統合」(integration) と呼んでいるが，憲法条約の挫折による「大文字の統合」の終焉は，これ以上の野心的な統合を断念することによって，ヨーロッパ統合の性格をこれまで同様に条約の規定に従ってテクノクラティックに粛々と進められる「小文字の統合」を基本とするものに固定化させることになった。フランスとオランダの国民投票で示された憲法条約への市民の反対は，単にさらなる政治統合への反対だけを意味

したわけではなく、これまでの統合のあり方への反発や不安の表明でもあったことを考えるならば、これは逆説的でさえある。「統合の終焉」以後のヨーロッパは、遠藤の言葉を借りて言えば、強固な統治機構を備えながらも超国家に飛躍することもない「宙ぶらりんな中間体」が、まさに宙ぶらりんなままに「小文字の統合」を目的に必ずしも小さくない権力を行使し続け、そのことが新たな問題を生み出すという局面に突入していくのである。

3　「小文字の統合」と欧州金融・債務危機

「大文字の統合」には終止符は打たれたが、連邦国家へ向かうでもなく、かと言って単なる国家の寄せ集めでもない「宙ぶらりんな」重層的な政治体の状態のままで、すでに合意され、また基本的に実現を見た単一市場と単一通貨を維持・強化するために機能的に必要とされる措置はそれぞれの国家の主権の及ばぬ領域として超国家的論理で進められる——このような新たな「小文字の統合」的日常は、そのことだけを取れば、憲法条約挫折以前と何ら変わりはないとも言える。しかし、それは以前のように「大きな物語」によって支えられることのないまさに機能的で散文的なものでしかない。2008年秋のリーマン・ショックを直接の契機として始まった一連の欧州金融・債務危機と向き合うことを迫られたヨーロッパは、この新たな「小文字の統合」的日常を暮らすヨーロッパであった。そのことはヨーロッパによる危機対応にも影を落とし、このことが危機のさらなる展開をもたらすことになる。

　この一連の危機に対するEUおよびユーロ圏諸国の対応でまず第1に目に付くのは、既存の「小文字の統合」のスキームへの固執とそれにもとづく「自己責任」の強調であった。2008年9月15日に起きたアメリカにおけるリーマン・ブラザーズの破綻をヨーロッパは当初対岸の火事のようにみなしたが、わずか2週間後にはベルギーを本拠とする多国籍銀行デキシア、ベネルクス3国を拠点とするフォルティス、ドイツの不動産金融大手ヒポ・リアルエステートが経営危機に陥り、ヨーロッパにも深刻な銀行危機が発生する。この銀行危機に対し2008年10月のユーロ圏首脳会議は共通行動を取らず、各国が個別に自国銀行

の支援を行うことを決めた。各国政府は自国の大銀行を自分の手元に置いておくことを優先したのである。現在ユーロ圏財務相会合のワーキンググループ議長を務めるT・ヴィーザーは「あのとき銀行を統一的に監督下においていれば，問題はすぐに片付いていただろう」と振り返っているが，まさにそれは致命的な失敗であった（Gammelin and Löw 2014：65）。この各国個別の対応は巨額の財政支出を必要とし，各国の財政赤字は急膨張を遂げ，ユーロの存在そのものを揺るがす政府債務危機を用意することになったからである。

　このとき，別の選択肢がなかったわけではない。ベルギーのGDPの何倍にもなる損失を抱えるフォルティスの破綻を恐れたオランダは，各国がGDPの3％を拠出して作る総額3千億ユーロ規模の銀行救済基金を提案し，フランスのサルコジはこれをもとに独自案を作成，首脳会議で提案した。しかし，ドイツのメルケルが反対し，アメリカのように銀行への資本注入をヨーロッパ・レベルで一斉に強制的に実施することで銀行危機を収束させるということはできなかった（Gammelin and Löw 2014：58-60）。議長であったサルコジはこう吐き捨てた。「ヨーロッパ全体としての解決ができなければ，それは敗北だ。でもそれはわたしの敗北ではない。アンゲラ・メルケルの敗北だ。彼女がわたしに何と言ったか知っているか？　自分の尻は自分で拭け！と抜かしたんだ」[1]（Gammelin and Löw 2014：62）。

　「自分の尻は自分で拭く」——この自己責任原則はその後も危機対応策の基調を形づくることになるが，こうした態度は問題の解決にはつながらず，逆に新たな問題を作り出す原因にもなっていく。このときの各国個別の銀行救済に要した総額——これを寄せ集めて「共同行動計画」と称した！——は当初のオランダ案の5倍以上の1兆6千億ユーロにも膨れ上がり，各国の財政状況を悪化させ（Gammelin and Löw 2014：64f.），また，2009年12月に発覚したギリシャの巨額の財政赤字に端を発するギリシャ危機をはじめとする一連の政府債務危機においても，自己責任原則にこだわったことで，その対応は後手に回る。

　皮肉にも，この自己責任原則に根拠を与えたものこそ，既存の「小文字の統合」のスキームであった。銀行危機と政府債務危機のいずれも「小文字の統合」の最大の存在理由と言ってもよい単一市場と統一通貨のまさに存立に関わ

る危機であったが，経済通貨同盟の既存のスキームは，危機に対処するために必要な各国共同の行動を逆に阻害する役割さえ果たしたのである。経済通貨同盟のスキームは，既定のルールに従って各国固有の制度を解体したり，各国の財政赤字を縛ったりといわば消極的な方向では大きな力を発揮するが，新たな制度を設けたり共同の行動を実施したりすることはそもそも基本的に想定していない。完成の青写真があって，その完成に必要なルールを確認し，それを粛々と実施していけばよいというものである。各国はこうしたルールの適用や実施に常に満足しているわけではなく，その解釈や実践についてしばしば争いも生じるが，各国はそのルールに基本的に従うしかない。このような統合のあり様が市民によって問題視され，憲法条約は発効しなかったわけだが，しかし，そのような統合のあり方がこれによって変わったわけではない。市民のあいだで統合への熱気が失せ，「大文字の統合」への展望が潰えたなか，こうした日常を生きねばならない各国にとって，この「小文字の統合」のスキームは自らを拘束する半ば動かしえない枠組みであるとともに，EUと各国との権限関係のいわば均衡点を示すものでもあるという二重の性格を採りものとなる。銀行危機に際しては金融機関に対する母国監督主義を，また政府債務危機においては財政支援禁止条項を持ち出して，ドイツが共同行動を拒否したのはその典型であるが，「小文字の統合」のスキームは危機にあって各国がその主権を楯に共同行動を回避する論拠を与えるものとして逆に機能したのであった。

　このような態度は危機の発生をルール違反国の責任だとする行動へと容易に導く。その典型がギリシャ危機への対応である。その発端をなした2009年12月のギリシャの巨額の財政赤字の発覚に対しても，ヨーロッパ各国は当初「ギリシャ一国の問題」として目を逸らそうとした。しかし，この態度は，ヨーロッパは互いに助け合わないと見た投機筋による攻撃を誘発し，2010年1月末にギリシャ国債の利回りが急騰，次いでポルトガルやユーロ圏4位の経済規模を持つスペインの国債価格も急落し，経済力の弱いユーロ諸国の連鎖破綻が真剣に憂慮される事態へと発展する。EUおよびヨーロッパ諸国はこれまでのように「自分の尻は自分で拭け」と言っていられなくなり，ギリシャ支援パッケージ，欧州金融安定化ファシリティ（European Financial Stability Facility：EFSF），欧

州安定メカニズム（European Stability Mechanism：ESM）といった債務危機に対処するための枠組みを紆余曲折を経つつ決定するわけであるが，これらはいずれも，危機の原因を統一通貨制度の全体的スキームの問題にまで遡るのではなく，スキームが求める要請を満たさなかった加盟国の側に問題の原因を見出すもので，システム危機の観点から当該加盟国に救済支援は行うものの，あくまでも問題はその国にあるのであって，それを是正するための「制裁的」と言ってもよいような緊縮的措置を支援受入国に約束させるものであった。ギリシャが典型だが，こうした緊縮措置とセットに行われた支援措置は問題の解決をもたらさず，経済収縮によって逆に税収減と歳出増加を招き，財政再建目標はさらに遠のき，政府資金調達上の問題を激化させた。もちろん社会不安も高まり，社会的紛争も激化する。

　また，一連の政府債務危機の発生は，この危機によってその限界が見えたはずの「小文字の統合」のスキームを逆に強化する方向にも作用した。危機に陥ったルール違反国に対し支援と引き換えに制裁的な緊縮措置を課すだけにとどまらず，二度と今回のような危機が発生しないように，既存のスキームの定める財政規律の遵守を今まで以上にしっかりと確保するための仕組みが導入されたのである。しかし，ユーロ参加のために経済データを偽り，ユーロ導入後もそうした粉飾を継続してきたギリシャのような「確信犯」にはまた別の問題があるとはいえ，たとえばスペインが危機発生まで健全な財政運営を行っていたものの深刻な危機に陥ったことに示されているように，今回の危機には各国の財政運営だけには還元できないユーロ制度に起因する域内各国間の巨大な経済的不均衡の問題がその背景として存在していた（田中 2010：184-192；ウルフ 2015）。にもかかわらず，そうした問題点は脇に置かれ，今回のような事態が二度と起きないようにとして，財政規律のさらなる強化にもっぱら特化したような方向が打ち出されたのである。

　2011年3月のEU理事会は，各国の財政政策を予防的に監視すべく委員会と理事会の権限を強化し，とりわけ過剰赤字の回避と是正を実効あらしめるための手続きや制裁措置を規定した，いわゆる「シックス・パック」（Six-Pack）に合意した。各国は毎年EUに財政報告を提出し，理事会で相互に検討しあい，

過剰赤字国には是正措置を通知，国別の改革プログラムと勧告を採択する。3％を超える赤字を出し続ける国には勧告が出され，是正されない場合，最大でGDP比0.5％までの罰金が賦課される（田中他 2014：168；中村 2015：91-96）。今回の危機の根本原因とも言えるマクロ経済不均衡について，シックス・パックは一応，監視・是正対象としてはいるものの，ユーロ制度によって増幅された競争力格差の問題（黒字国の責任問題）は基本的に等閑視され，競争力に乏しい経常収支赤字国に対し一方的に社会保険料や賃金の引き下げ，労働市場改革といった「競争力改善のための構造改革」を促すものとなっている。また2012年3月には，GDP比0.5％を超える構造的財政赤字を禁ずる規定を国内法できれば憲法で定めることを各国に義務付ける財政条約がチェコとイギリスを除くEU25カ国によって署名された（田中他 2014：169）。

　2008年秋以降ヨーロッパを襲った一連の金融・債務危機には，「大文字の統合」の終焉以後も強固に機能し続けるEUの「小文字の統合」のスキームとその論理が強く影を落としている。憲法条約をめぐる議論では，このスキームは，各国の主権と静かに，確実に掘り崩すものとして市民に受け止められ，それ以上の統合を彼らに拒否させることになったが，この危機では，その同じスキームが各国にギリギリまで共同行動を回避する根拠を与えたうえに，その後手に回った共同行動の決定・実施のたびに，そのスキームの持つ規律同盟的な性格だけが一方的に強められ，そうした規律同盟的特徴を持つ危機対応が危機をさらに拡大・深化させた。銀行危機への対応は財政危機を招いて政府債務危機の原因を生み出し，政府債務危機への対応の際にとられた緊縮政策は危機に陥った国の経済を逆に縮小させ，財政健全化目標をさらに遠のかせることになった。政府債務危機を教訓とする各国の財政規律の強化もまたヨーロッパ経済全体の低迷をもたらす。

　こうした状況の下，ヨーロッパ各国の政府と市民は，相互の信頼や連帯の感情を減退させ，「小文字の統合」のスキームを超えて，より緊密な統合を通じて危機克服をめざすことにはかえって後ろ向きになり，互いに批判や反目を強めていく。「大文字の統合」の論理を排した「小文字の統合」の論理が自己実現的に危機回避に必要な「大文字の統合」をさらに遠ざけてしまっているので

第Ⅰ部　「再国民化」の視角

ある。

4　「首脳の出番」の政治学

　今回の危機にヨーロッパは既存のスキームに沿った対応を採ったとは言っても，大銀行の破綻や国家財政破綻の危機といった今回の事態は，既存の経済通貨統合のスキームのまったく想定外の事態であって，これに対処するためのルールや手続きは何も存在しなかった。したがって，そうした想定外の重大危機に対して，ヨーロッパは首脳間の会議外交によって対処するしかなく，政府間主義が前面に立ち現われてこざるをえない。自己責任原則と「ルール違反国」への懲罰的ともいえる厳しい要請を基調とする危機対応も，この首脳間の会議外交において決定されたものであった。

　ギリシャ危機ではギリシャの国家財政破綻を許し，ユーロからギリシャを脱退させるという選択肢も存在はしていた。しかし，これに伴う代償はあまりにも大きいことがわかり，国内にギリシャ排除の声も強かったドイツも含め，このプランは少なくとも一旦は完全に退けられた (Gammelin and Löw 2014 : 106-108)。したがって各国は，ギリシャをユーロに残留させることを前提に，すなわち既存の統合の遺産の堅持を前提に，この首脳間外交に臨むことになるわけだが，政府間交渉の常として各国は自らの経済的ポジションを意識して，自国の利益の最大化を追求することになる。ユーロの防衛には共通の利益を見出してはいても，そのために必要となる巨額のコストは可能な限り他国に分担させようと行動する。危機当事国は債務減免やユーロ共同債，銀行支援の共同化，拡張的な財政金融政策を求め，経済が低迷し国家財政に問題を抱える他の国々もこうした要求に多かれ少なかれ支持を与える。他方，そうした問題を抱えていないドイツのような国々は，こうした共同保証体制の構築に反対し，危機当事国に対して支援の条件として厳しい緊縮政策などの相応の負担を求める。このように厳しく利害の対立する交渉は容易に決着せず，支援実施の決定も一連の救済基金の設置も，破綻の危機が目前に迫るまでなかなか実現しなかった。しかもそれはあくまで妥協であって，支援実施に対しては緊縮政策の

第1章　欧州金融・債務危機と「再国民化」

実施，基金設置に対しては財政条約という形で，スキーム逸脱的対応にはスキームの強化が常にセットされることになった（Schimmelfennig 2015：253f.）。

　また，首脳会議を主たるアリーナとする「危機時」の運営では，欧州委員会や欧州中央銀行（ECB）が前面に出るいわゆる「平時」の経済通貨同盟の運営とは違って，一連の決定は特定の国家の名前と結びついて表象される。「平時」の決定に対する不満や批判は，半ば匿名の形で「ブリュッセル」に向けられ，それはそれで各国で反統合感情を搔き立ててきたが，この危機においては，決定への不満や批判は個別の国の態度と具体的に結び付けられて表出される。しかも，いずれの対応策も不満を残す妥協でしかない以上，対応がなされるたびに批判が表出され，しかもその批判は，決定に関わった政府だけではなく，その国と国民全体に向けられる。ドイツでは「ギリシャ人」を「身の丈以上の暮らしを続けてきた怠け者」だという批判が公然と語られ，反対にギリシャなどではメルケルはヒトラーに擬せられ，ヨーロッパに対する「ドイツの支配」や「ドイツの経済的侵略」といった言説がフランスなどでも広まることになる（たとえば，トッド 2015）。また，そうした「国民」を丸ごと一括するような批判や攻撃は，互いに相手のナショナリズムを刺激することにもなる。危機対応が進むほど，統合への熱気がさらに後退するという逆説である。

5　メルキァヴェリズム――「意図的な躊躇」とルールの重視

　政府間主義が前面化した危機対応にあっては，EU内で圧倒的な経済力を有するドイツの存在感は否が応でも高まらざるをえない。メルケルが「マダム・ノン」（Madame Non）と揶揄されたのは，あらゆる決定にドイツの支持が言葉の本来の意味で不可欠であったことの表れでもある。あらゆる決定はドイツによる決定であると表象され，ドイツは様々な方面からの怨嗟の対象にもなる。

　だがドイツ自身も，自らのこうしたポジションを十二分に活用しつつ，首脳間外交を展開している。メルケルはあるインタビューで「やりすぎると支配していると言われ，あまり何もしないと（指導しないと）批判される。大国が先立って指令を与える形にならないように常に配慮するつもりだ」とし，「支配

者」と受け取られないようにできるだけ前面には出ず，ただ破局が真に危ぶまれる事態には「責任ある大国」としてこれを阻止する「危機管理人」として振舞う意思を表明している (Gammelin and Löw 2014 : 168)。U・ベックは，まさにこの態度にメルケル特有の権力政治のスタイルを見出している。ベックは一連の危機対応におけるメルケルの行動をマキャヴェリズムならぬ「メルキァヴェリズム」(Merkiavellismus) と形容し，その特徴は「意図的な躊躇」にあると論じている（ベック 2013 : 58-68)。ドイツが動かないこと自体が一つの強力な武器になることを知悉するメルケルは意図的に行動を躊躇し，そのことによって自らの要求を実現する。これは間違いなく一種の権力政治であるが，メルケルはこれを上述のような主張で正当化しようとする。

　このようなメルケルの反権力政治的権力政治に重要な武器を与えているのも「小文字の統合」のスキームである。経済通貨同盟の枠組みは「ルールによるガバナンス」と言ってよいが，メルケルは自らの主張をこの経済通貨同盟のルールに依拠する形で展開する。今回の危機は，経済通貨同盟の「ルールによるガバナンス」というスキーム自身の欠陥，すなわち結果的にルールが破られたことが原因でシステム全体を揺るがす危機が発生した場合の手当てが何も用意されていなかったことによって，まさに文字通りのシステム危機にまで発展したものであったが，ルールを守らなかった国が危機の引き金を引いたことは紛れもない事実であって，ルール違反を問題視し，ルールに則って違反国への財政支援を排除しようとするメルケルの態度自体を自己中心的だとして簡単に否定してしまうことは難しい。メルキァヴェリズムの手段たる「意図的な躊躇」はその意味で正統化された躊躇でもあり，そのこともあって，ベックが言う「懐柔戦略」としての機能を十二分に発揮することになる。

　また，このルール遵守の強調は，危機対応策のドイツ国内向けの正統化手段でもあった。ギリシャなどの「ルール違反国」への財政支援に批判的な声は国内でも小さくなく，また何よりもドイツ連邦憲法裁判所は，ヨーロッパ統合に関わって主権留保的な姿勢を強調しており，安易な支援策の決定は違憲判決を受ける可能性が小さくなかった。メルケルは，「意図的な躊躇」とこれにより実現した支援条件とによって，これは無原則なルール逸脱ではなく，止むに止

まれぬまさに「他に選択肢がない」対応であって，それが証拠にルールの趣旨に沿った厳しい義務をその代償に課すものであり，ギリシャにただ得を許すものではまったくないということを国民に示すことができた。

　だが，このメルケルのルール重視の姿勢は，単にそうした政治的な戦術からのみ理解されるべきではないだろう。メルケルはESM設立に合意した2010年10月末の欧州理事会において，リスボン条約第7条を引き合いに出して財政規律違反国の理事会での投票権停止の主張を行っている。第7条は，加盟国による人権・自由・デモクラシーといった西側的価値を破る重大な行為を念頭に，加盟国の投票権剥奪の可能性を規定したものだが，メルケルは財政規律違反に対しても投票権剥奪を検討すべきだとしたのである。この提案自体は，ルーマニアのバセスク大統領による「人権侵害と財政規律違反は同列には置けない」という反論が突破口となって，ルクセンブルクのユンケル首相，スペインのサパテロ首相，さらにはギリシャのパパンドレウ首相と批判が相次ぎ，退けられたが（Gammelin and Löw 2014：152-156)，財政規律を人権のように絶対視するメルケルの態度は一種信念のようなものさえ感じさせる。メルケルがこだわった「ルールによるガバナンス」自体，そもそもドイツが経済通貨同盟に持ち込んだものであり，ドイツ自身の経済運営理念を色濃く反映したものであったことはここで想起されてもよい。

　いずれにせよ，メルケルは首脳外交の場で経済通貨同盟の「ルールによるガバナンス」の論理を前面に押し出すことによって，うえで見たような危機対応の基本線を自ら定めることに成功する。しかしこの「成功」には大きな代償が伴った。第1に，ルールの強調による「躊躇」によって対応が後手に回ってしまった。危機の早期の段階での抑え込みに失敗し，そのことが市場の投機を誘い，危機がさらに拡大・昂進するということが繰り返され，ドイツが避けたいと考えていたルール逸脱的対応が逆に次々と必要になってしまった。

　第2に，危機の昂進の結果として実現する危機支援策は，メルケルの「意図的な躊躇」もあって，ひじょうに厳しい緊縮義務を受入国に課すものとなったが，これは支援受入国のさらなる不況と大量失業の原因となり，社会的緊張を先鋭化させた。経済低迷の結果，財政再建目標は達成されず，そのことがさら

なる緊縮を必要とさせるという悪循環が生まれ，緊縮を命じるヨーロッパ，とりわけこれを主導したドイツへの反感が募ることになる。債務償還期限が来るたびにギリシャ政府による政治的駆け引きもあって危機が繰り返されているが，そのこと自体，メルケルが主導した危機対応の一つの帰結でもあった。

　第3に，そのこととも関連して，メルケルのルールを前面に押し出す姿勢の帰結として見過ごすことができないのは，この態度が問題の道徳化を強く後押ししたという点である。ルールの強調は，ルールを守ることは正しく，それを破るのは善くないという単純な善悪正邪の二元論を招き，問題の現実的解決を困難にする。しかも，問題のこうした道徳的把握のなかでは，ルールを破った国の「国民」全体が，政府といわば一枚岩の存在として道徳的判断の対象とされ，共同責任を求められる（Streeck 2013：133f.）。「きちんとしている国民」と「きちんとしていない国民」というデマゴーギッシュでさえある表象が，ドイツのような債権国を中心として多くの国に広がり，問題は道徳的かつナショナルな形で再定式化される。そこでは国民のあいだにある立場や利害の違いは顧慮されない。たとえばギリシャについてみれば，ギリシャ憲法は船舶保有者の免税についての規定を持ち，これによりオナシス家をはじめとする船舶保有者は大きな利益を受け，莫大な資産をスイスやモナコなどの金融機関を通じて保有・運用しているが，こうした特権は廃止されない一方で（Streeck 2013：114, Anm.25），支援に伴う厳しい緊縮政策によって医療予算が大幅に削減された結果，2008年から2010/2011年のあいだで子どもの死亡は40％増加している（Stuckler and Basu 2014：68）。「国民」丸ごとが道徳的に断罪され，懲罰の対象とされるようなこうした事態は当然のことながら大きな反発を呼ぶが，その反発もまたナショナルな形で定式化される。ギリシャやイタリアでは，メルケルはヒトラーの後継者と目され，日刊紙に「ドイツ第四帝国」の見出しが躍り（Streeck 2013：134f., Anm.47），また，そのことがドイツにおいてナショナルな反発を呼び起こす。統合をめぐって，ブリュッセル批判ではなく，各国市民が相互にこのように激しく批判しあうというのは，やはり新しい事態であると言わなければならない。

　メルケルからすれば，一連の危機対応は経済通貨同盟のそもそものルールに

基づくものであって，システム機能的にも他に選択肢はなく，ドイツによる経済支配や経済侵略といった批判はおよそ見当違いだということになるのだろうが，彼女が持ち出すルールそれ自体がそもそもドイツによって導入されたルールであって，このルールによってドイツだけが経済危機を免れているのであってみれば，「ルールによるガバナンス」といくら言ってみたところで，それは所詮ドイツの支配のための手段にすぎないと受け取られてしまっても無理はない。しかも「ルールによるガバナンス」自体，ドイツの主張に沿う形で，危機への「反省」から逆に強化さえされている。経済通貨同盟は財政規律同盟としての性格をいっそう強められる一方，今次のヨーロッパ危機の根底にあるドイツの莫大な経常黒字，すなわち過剰貯蓄と過少投資の問題はほとんど不問に付され，もっぱら経常赤字国だけに是正の努力が求められる。ドイツのようにすでに競争力を持っている国はますます競争力を高め，そうでない国はそれをますます失っていくという二極分化を生み出すメカニズムを現行のユーロ制度が内包している以上，そのルールはいったい誰のためのルールなのかという声が出てきてもまったく不思議ではない。しかも，ルールを運用すべき枢要なポジションには今やこれまでにないほど多くのドイツ人が進出している[2]（Bonse 2015）。

　もちろんメルケルの望む方向に常に動いていると言うわけではない。その典型が銀行同盟の創設である。2012年5月にスペインで銀行危機と政府債務危機が相乗するきわめて深刻な危機が生じると，スペインのラホイ首相，イタリアのモンティ首相，さらにサルコジに代わって新たに就任したフランスのオランド大統領は，なおも頑なに既存の「小文字の統合」のスキームに固執するメルケルに対抗して連合を形成し，さらにオバマもこの戦線に加わったことで，メルケルは，ECBによる銀行監督や共同基金による銀行への直接資金注入などを内容とする銀行同盟創設への同意を余儀なくされた（Gammelin and Löw 2014：98-105）。銀行同盟の創設はマーストリヒト条約以降はじめて加盟国の主権をヨーロッパ機関に委譲するものであり，統合の深化と評価してもよいものであるが，ドイツの指導権に対する対抗の産物という性格を色濃く持つものであって，その具体化の局面におけるドイツの巻き返しも考えると（Gammelin

第Ⅰ部　「再国民化」の視角

and Löw 2014：327-332），より緊密な共同行動の方向へと力強く前進したとまでは言えない。

　ともあれ「首脳の出番」のなかでのドイツの圧倒的なプレゼンスと既存のスキームに沿った「ルールによるガバナンス」を譲ろうとしない態度は，経済通貨同盟のシステム要請から来る拘束に対する不満やフラストレーションを，かつてのように「ブリュッセル」にではなく，ドイツに対して向ける動きを生むことになった。そうしたドイツ批判はドイツ側を当然苛立たせ，「落第生」を追い出して「優等生だけのヨーロッパ」をつくるという主張をも生んでいる。統合の問題がこうした加盟国相互の勝ち負けや支配・被支配といったナショナルな対抗関係の問題として表象され，ナショナリスティックな批判の応酬をも招くならば，統合への熱気はいっそう冷めざるをえず，自国中心主義的な発想や行動をさらに助長することにもなる。メルケルは「ユーロが潰れれば，ヨーロッパが潰れる」として「ルールによるガバナンス」の論理にもとづく危機対応を主導してきたが，「ユーロは残ったが，ヨーロッパはバラバラになった」（Gammelin and Löw 2014：156）という議論さえなされる状況が逆に生み出されてしまったのである。

6　政治を迂回する統治とその危機

　1930年代の世界大恐慌以来最悪の金融・債務危機に直面したとき，ヨーロッパにはこれに対する備えはなかった。ヨーロッパにあったのは既存の経済通貨同盟の枠組みだけであり，その制度とルールはいわゆる平時しか想定していなかった。想定外の危機に対してはアドホックに対応するしかなく，各国首脳がまさに危機対応の前面に呼び出されることになる。しかし，うえで見たように，その「首脳の時間」において基本的に貫徹されたのはドイツの主張した既存の経済通貨同盟のルール（の趣旨）に沿った対応策であり，その意味では危機は平時の論理に従ってルールどおりに対処されたと言うことになる。外見上はあらかじめ決められたとおりに（もちろん実際はそうではないが）事が運んだだけであって，危機対応はあらためて正統化を要しないようにも見える。

しかし実際には首脳たちは今まで経験したことのない深刻なシステミック・リスクを前に，極度の時間的制約のなかで，しかもその帰結について極度の不確実性をもった政策的対応を採らねばならなかったという意味で，その集合的意思決定の過程は，慎重かつ粘り強い議論や交渉によって特徴付けられる平時のそれとは相当性格を異にするものであった（Enderlein 2013）。2011年10月に国際銀行団がギリシャ債権の50％カットを最終的に了承した際，その確認文書はメルケルとサルコジの両名を名宛人としており，その交渉と同時並行で行われていたユーロ圏首脳会議にはその結果だけが一方的に提示され，集まっていた他国の首脳たちは，独仏だけで全体の負担に関わることを決めたことに不快感を示しつつ，これを受け入れるしかなかった（Gammelin and Löw 2014：91）。このエピソードが示すように，非常時の論理は集合的意思決定にかかる規範的要請からの事実上の逸脱を正統化し，止むをえざるものとして甘受させる効果を持つ。経済的に拒否権的パワーを持っていたドイツの「意図的な躊躇」が相当に大きな意味を持ちえたのもそのことと無縁ではない。

既存のルールが想定していなかったきわめて深刻な危機に対して，ルールどおりに対応すべきかどうかということは，その政策的帰結の影響が不均等かつ甚大なこともあって，本来はそれ自身あらためて正統化を要すべきものでもあるはずだが，そのような議論は，危機の切迫性とそのなかで浮上するドイツの圧倒的な存在感，さらには既存のルールが持つ正統性を前に，後景に退かざるをえなかった。EUに関しては，そもそも平時においても「民主主義の赤字」との批判がなされてきたが，今回の危機対応はそれ以上の帰結を（特定の国の）市民に対してもたらすような決定であったにもかかわらず，欧州議会も蚊帳の外に置かれ，十分な民主的正統化プロセスなしに，欧州委員会・ECB・IMFの「トロイカ」に象徴されるように経済通貨同盟の「システムの論理」による機能的正統化が大きく前面に出る形で決定がなされた。これらの危機対応策は各国議会による承認を受けてはいるが，「他に選択肢がない」と提示されてのうえのことである。逆にこれに反しようとする各国の動きに対しては，2011年秋のベルルスコーニ首相の交代劇やギリシャでの国民投票実施をめぐる騒動が示すように[3]（Gammelin and Löw 2014：39-45），強い排除の力が働いた。

第Ⅰ部　「再国民化」の視角

　システムの論理によってのみ正統化される危機対応は，それが実際に必要なものであったとしても，様々な点で不満や批判を生まざるをえない。市民も含む各国相互の反目や対立，市民のヨーロッパ統合への不信や不満は募り，協調・協力ムードは減退する。現在の経済通貨同盟は，より緊密な政治同盟を欠くという意味で確かに「小文字の統合」かもしれないが，それ自身，ヨーロッパの誇るべき歴史的成果と言ってよい。しかし，その「小文字の統合」のスキームを破局の危機から守ろうとする対応自体が皮肉にも統合へのモメンタムを逆に失わせ，「再国民化」という言葉さえ取り沙汰される状況を生み出している。

　しかし注意しなければならないのは，各国政府は「小文字の統合」の論理の単なる受身の一方的な犠牲者ではないということである。これは別に自らルールを設定しその遵守を説くドイツにのみあてはまる話ではない。ユーロ導入や東方拡大，そして挫折した憲法条約にしてからが，EU加盟各国政府によって推進されたプロジェクトであった。EUと国民国家との相補性の自明性は市民から疑問視されて久しく，各国政府の行動もそうした相補性の後退を実際に裏書しているようにも見えるが，今次の危機においても各国政府のユーロ維持の姿勢は基本的に変わらず，またその対応の過程で銀行同盟のように統合のさらなる前進もあったのを見るとき，各国政府とEUとのあいだの相補性は今なお揺らいでいないと言うべきであろう。

　すなわち政府あるいは国家は依然として統合ヨーロッパを必要としている。しかしそれは，かつて市場統合を強力に進めようとしたときのように，グローバル化のなかで各国が埋没してしまうことを妨げ，共同することで強さを保つためにというだけではない。今や統合ヨーロッパは各国にとって統治のための一つの手段としての性格を強めている。ユーロ導入のための財政健全化，危機のなかで採択された財政条約，グローバル化に対する「国家の限界」という言説や危機のなかで繰り返された「選択肢はない」(There is no alternative：TINA) という表現，金融危機における国際的対応の必要の強調——これらの取り決めや言説はいずれも義務や必然を強調し，「政治」を迂回する統治を実施・正統化することに奉仕している。「政治」によっては進めることが難しい

ことを各国政府はヨーロッパ（そしてグローバル化）をエクスキューズに実施することができるのである。

　この「脱政治化による統治」では，国民的要請よりも市場やシステムの要請が優先され，市場や国際社会への義務と責任が強調される。国家自身は受身的犠牲者だと振舞おうとするが，一連の制度に形を与えてきたのはその同じ国家であって，その意味では，ヨーロッパ化とグローバル化による政治過程の空洞化は各国家自身の行動の帰結でもある。欧州懐疑主義的なポピュリズム勢力の批判もまさにこの点を衝くものであると言える。「再国民化」と称される一連の行動と言説は，ヨーロッパにおける政治を迂回する統治に生じた綻びの現れに他ならないが，政治を迂回する統治が先進国に共通する問題であるとすれば，この危機はヨーロッパだけの問題ではないし，ヨーロッパにとっての危機への処方箋も単なる国家への回帰ではないはずである。

【注】
1) ドイツ政府の担当者は，メルケルは正確には，ゲーテの言葉を引いて「自分の戸口の前を掃け。そうすればどこの街角もきれいになる」と言ったのだとサルコジの発言を訂正している。なお，Gammelin and Löw 2014は，EU担当のブリュッセル特派員である二人のジャーナリストの手になるもので，EU首脳会議でのやり取りを各国が記録する非公式の秘密議事録（Antici-Protokolle）を利用するとともに，各国のEUシェルパとのインタビューなどを元に描かれた欧州金融・債務危機を中心とするEU政治の興味深いルポルタージュである。
2) Bonse 2015によると，欧州委員27名のほぼすべての官房（Cabinet）でドイツ出身者が主導的な役割を果たしており，またその数もこれまでとは違い英仏出身者をしのいでいるという。官房長（Head of Cabinet）にはユンケル委員長のそれを含め3人が就き，副官房長も5人を数え，また，危機対応と関わりのある欧州投資銀行（EIB）総裁，ESM最高責任者，銀行同盟の単一破綻処理機構（SRM）委員長もドイツ人である。
3) Gammelin and Löw 2014によると，パパンドレウが2011年秋に緊縮計画に関する国民投票実施を突然表明し，結局それを撤回し辞任を余儀なくされたのは，巷間囁かれるようにメルケルの圧力によるのではなく，蔵相ヴェニゼロスらの党内クーデタによるものであったという。パパンドレウ自身は投票実施の表明に先立つユーロ圏臨時首脳会議において何度となくそれを示唆したものの，他の首脳は彼の発言にまったく注意を向けていなかったという。表明があったカンヌでのG20サミットではメルケルはギリシャでの投票実施については止むをえないと考え，むしろ財政健全化に後ろ向きなベルルスコーニを辞め

第Ⅰ部　「再国民化」の視角

させることの方に重大な関心を向けていたとある。

【参考文献】

ウルフ，マーティン（2015）『シフト＆ショック——次なる金融危機をいかに防ぐか』遠藤真美訳，早川書房。
遠藤乾（2013）『統合の終焉』岩波書店。
田中素香（2010）『ユーロ——危機の中の統一通貨』岩波書店。
田中素香他（2014）『現代ヨーロッパ経済〔第4版〕』有斐閣。
トッド，エマニュエル（2015）『「ドイツ帝国」が世界を破滅させる——日本人への警告』堀茂樹訳，文藝春秋社。
中村健吾(2015)「『欧州2020』戦略とEUによる危機への対応」福原宏幸・中村健吾・柳原剛司編著『ユーロ危機と欧州福祉レジームの変容』明石書店，76-116頁。
ベック，ウルリッヒ（2013）『ユーロ消滅？——ドイツ化するヨーロッパへの警告』島村賢一訳，岩波書店。
Bonse, Eric (2015) „Europa tickt deutsch", *Blätter für deutsche und internationale Politik*, 3/2015, S.5-8.
Enderlein, Henrik (2013) „Das erste Opfer der Krise ist die Demokratie. Wirtschaftspolitik und ihre Legitimation in der Finanzmarktkrise 2008-2013", *Politische Vierteljahresschrift*, 54(4), S.714-739.
Gammelin, Cerstin and Löw, Raimund (2014) *Europas Strippenzieher. Wer in Brüssel wirklich regiert*, Berlin: Econ.
Milward, Alan S. (1992) *The European Rescue of the Nation-State*, London: Routledge.
Scharpf, Fritz W. (1999) *Governing in Europe: Effective and Democratic?*, Oxford: Oxford University Press.
Schimmelfennig, Frank (2015) „Die Eurokrise: Testfall für Integration und Integrationstheorie", *Zeitschrift für Politikwissenschaft*, 25(2), S.249-256.
Streeck, Wolfgang (2013) *Gekaufte Zeit. Die vertagte Krise des demokratischen Kapitalismus*, Berlin: Suhrkamp.
Stuckler, David and Basu, Sanjay (2014) „Griechenland als Exempel. Wie die EU-Sparpolitik ein Gesundheitssystem ruiniert", *Blätter für deutsche und internationale Politik*, 5/2014, S.59-71.

第 2 章

エスノ・リージョナリズムの隆盛と「再国民化」
——「国家」・「国民」の分解か「礫岩国家」化か——

高橋　進

1　「再国民化」とエスノ・リージョナリズムの競合

　2005年の欧州憲法条約のフランスとオランダにおける国民投票による否決以後、徐々に広がっていた欧州懐疑主義の波は、ユーロ危機とギリシャ、スペイン、イタリアの財政危機を引き金に、周囲よりしている。2015年のギリシャ危機の時には一部の国の閣僚が、ギリシャ政府・国民に対して放漫財政で享楽的と非難しただけでなく、ユーロ離脱さえ要求し、ギリシアでは緊縮財政によって経済不況と借金増大の悪循環に陥らせる IMF、EU、ヨーロッパ中央銀行への非難や「ドイツによるギリシア支配」への反発の声が高まるなど、EU 加盟国内での支配・被支配さえ議論された。
　他方では、フランスの国民戦線、UK 独立党、「ドイツのための選択肢」(AfD)、スウェーデン民主党、ギリシャの「黄金の夜明け」などの反 EU・反ユーロの右翼ポピュリズム政党が台頭している。イタリアでは極右ではないが反ユーロの「五つ星運動」が2013年選挙で得票率で第一党 (25.6%) になった。これらの政党は全体としては、「ユーロの解体」「ユーロ離脱」、立法権限の各国議会への返還、移民の制限及び国籍取得要件の厳格化など、国家主権の再強化と「国民」概念の再確定を主張し、支持を拡大している。また、EU 統合の進展、EU 市民権の制度化と平行して、「ブリテンらしさ」「フランスらしさ」「イタリアらしさ」あるいは「〜人とは誰か」などナショナル・アイデンティ

ティをめぐる議論が各国で1990年代から活発になっている。

　他方では，各国内部ではエスノ・リージョナリスト政党が台頭し，多様で非対称的な形での分権化と自治権拡大が進んできた。また，2014年9月のスコットランド「独立」の「住民投票」（独立賛成44.7%，反対55.3%で否決）とスコットランド国民党の2015年5月選挙での大躍進，スペインのカタルーニャでの独立投票（憲法裁判所によって違憲と判断されたために法的有効性は否定されたが，州政府が独自に「独立」の賛否を問う住民投票を行った）や2015年9月の州議会選挙での独立派の過半数獲得に見られるように，各国で「分離」「独立」を志向する動きが着実に発展している。

　また，2011年のアラブの春，シリア内戦とISの勢力拡大により，ヨーロッパへの難民の流入が急増し，EUの理念との関係で受入か拒否かをめぐって激しい議論が戦わされている。しかし，2015年11月のパリ同時多発テロの首謀者がフランス生まれ・育ちの移民2世であったことは，移民統合の理念と現実との乖離を鮮明にした。

　このように，今日のヨーロッパ諸国では国の内と外から「国家」と「国民」のあり方と意味が問われており，「国家」と「国民」の両面での「境界」の再確定の模索という意味での「再国民化」が進行している。

　本章では，このような問題意識から「再国民化」問題を考える一つの視角としてエスノ・リージョナリスト政党の動向とその国家構造及び政治制度への影響を考察し，それが各国及びEUにもたらしている意味を明らかにする。そして，現在の各国家とEUの仕組みが，いわゆる「新しい中世」論（Zelonska 2006）の言うところの「礫岩国家」であると把握することが，これからのヨーロッパ世界の動向を捉える視角として有効であることを述べる。

　なお，「礫岩国家」（Conglomarate state）とは，スウェーデンの歴史家H.グスタフソンが提唱した概念で，近世国家の君主の支配領域に属する各地域は中世以来の伝統的な独自の法・権利・行政制度を根拠に，君主に対して地域独特の接合関係をもって礫岩のように集塊していた状況を表現するものである[1]（中澤 2013；Gustafson 1999）。

2 サブステイト・ナショナリズム政党による政治的動員

　西欧の政党システムにおける国家より下位の枠組みのナショナリズム、すなわち「サブステイト・ナショナリズム」(substate nationalism) 勢力による政治動員にはこれまで3度の波があった (Gómez-Reino 2002：6)。それは西欧におけるクリーヴィッジ（社会的亀裂）の形成、展開と再生と関連している。周知のように、リプセットとロッカンは近代ヨーロッパにおいて国民革命と産業革命によってもたらされた対立とその相互作用の結果として4つのクリーヴィッジが生じたとする。それは、中心−周辺、国家−教会、土地所有−産業利益、労働者−産業ブルジョアジーのクリーヴィッジであり、これらの発生の時期や連関が各国で異なる政治システムを作り出し、それが主要な対立線と政治的編成を形成したとする (Lipset and Rokkan 1967：1-64)。この4つの中で本章が論じるエスノ・リージョナリスト政党と関連しているのは、「中心−周辺」クリーヴィッジである。そして、ロッカンとアーウィンはヨーロッパ政党政治におけるエスノ・テリトリーなクリーヴィッジの動員の二つの波を以下のように捉えている (Rokkan and Urwin 1982)。

　第一の波は社会的・政治的・全般的なクリーヴィッジの形成過程の時であり、ヨーロッパ政党制の民主化とともに発生した。このエスニック要素を含む中心−周辺のクリーヴィッジは、近代国民国家の発展と工業化が文化的な同質性を推進し、周辺を国民文化 (National culture) に組み込むことにより解消すると仮定されていた。

　第二の波は、1970年代のエスニックの波であり、ヨーロッパ政党制における従来の主要なクリーヴィッジが侵食され始めた最初の兆候（「脱物質主義」の「静かなる革命」）の時期と一致している。1960-70年代に仏、英、ベルギー、イタリア、スペインで地域主義政党が台頭し、自治権と自己統治 (self-government) の要求を掲げる政治的動員の挑戦が行われた。この時期の政治動員がイタリアでは特別州の権限強化と普通州制度の導入、ベルギーでは言語共同体の行政区分、フランスの分権改革 (1982年)、スコットランド議会導入に関

第Ⅰ部　「再国民化」の視角

する住民投票（1979年，否決）をもたらした。1970年代のヨーロッパにおけるエスニック・マイノリティの再発見により，ヨーロッパは国民国家の集まりではなく，各国自身がマルチ・エスニックであり，マルチ・エスニック構造へ進化しているという考えが強まった。エスニック・アイデンティティの覚醒を伴う「エスニック」「テリトリー」というクリーヴィッジの再活性化が生じていたのである。

　第三の波は1990年代から現在までである。ソ連・ユーゴの崩壊はエスノ・ナショナリズムの破壊力とダイナミズムを如実に示した。冷戦の終焉と経済のグローバル化は，「地域」の再活性化と経済的適応における地域の重要性を発見させた（Türsen 1998：3）。この時期には，エスノ・リージョナリスト政党に動員された「集団的アイデンティティのムード」を反映した政治的動員が広がった（Müller-Rommel 1998：24）。また，これらの政党が国家と政府与党に対する様々な抗議票の受け皿にもなった。エスノ・リージョナリスト政党は勢力を飛躍的に拡大し，地方政府への参加や政権掌握，さらには中央政府への参加を実現し，分権化・連邦制化改革でいっそうの成果を挙げた。その結果，この時期に各国ではその「国民性」（「…人や国民とは何か？」という問い）をめぐる議論が活発になっていた。

　このような3つの波を経た近年の研究の主流は，国民国家の文化的同質性という立場を取っていない。しかし，国民のアイデンティティをエスニックなものと見なし（これはエスニック・ナショナリズムの特徴），言語・文化・文明の一定の共通の特徴を有する集合性が既に存在していると見る傾向は根強い。しかし，この「集合性」は過去から現在までだけでなく，現在から未来にかけてを含む過程の産物であり，今後，新たなエスニーが誕生する可能性も排除できない。その意味でネイションやエスニーは不断に「創られる」のである（Gómez-Reino 2002：6）。実際，ネイションの歴史はせいぜい16-17世紀からというのが通説であり，20世紀になって新たなエスニーやネイションが形成されてきている事実をわれわれは目にしている[2]。

3 エスノ・リージョナリスト政党の定義と特徴

　ここで，エスノ・リージョナリスト政党の定義をしておこう。エスノ・リージョナリスト政党は「既存の国家内におけるエスニックな違いと地域的な要求にその核心を置くナショナリズムを支持する。」(Türsen 1998：5)。したがって，エスノ・ナショナリスト政党は以下の二つの共通項を有する。すなわち，①国家内の地域的な境界の重視　②排他的な集団的アイデンティティの存在である。それゆえ，集団のアイデンティティと地域的アイデンティティはこの政党の必須条件であり，これを基礎に地域と国家との関係の変革をめざし，エスニーと地域の利益に貢献することを目的とする。すなわち，エスノ・リージョナリスト政党の主な主張は，国家の権力構造の政治的な再編成，何らかの自己統治（self-government）の要求，アイデンティティと地域の特徴の明確化，そして地域集団のエンパワーメントである（Türsen 1998：6）。この点で，社会経済的なクリーヴィッジを政党間競争で主張する一般の政党と明確に異なっている。

　したがって，この政党は以下の特徴を持つ。第一の特徴は，文化的な要求と承認の主張である。これまでの研究では，これらの政党の政治的動員は何らかの集団性が既に存在していること（文化的な違いがコミュニティに埋め込まれており，それが集合的アイデンティティの客観的な基盤を提供している）を反映しているという仮説に立っていた。しかし，北部同盟のように，集団性の存在がそれまで歴史的・社会的に認知されてこなかったイタリア北部においてエスノ・リージョナリスト政党が突然出現する事態をこの仮説では説明できないがゆえに，新たな視点が求められている。

　第二に，エスノ・テリトリアル，あるいはエスノ・リージョナルなクリーヴィッジの強調である。これは今日では選挙競争の明確な対立軸を表現しており，ヨーロッパの政党システムにおける既存の主要なイデオロギー軸（左と右，市場の自由と市場の規制など）を横断している。この政党においては自由主義や社会主義等の伝統的なイデオロギーは二次的な重要性しか持たず，文化的な性

格の地域的な要求に他の主張を従属させている。

　第三に，上記の主張と性格がもたらす有権者へのアピールの限定性ゆえに，これらの政党は小政党にとどまる。これらの定義と特徴を前提に，次に具体的な検討を行う。

4　各国のエスノ・リージョナリスト政党

　先に述べた第3波におけるエスノ・リージョナリスト政党の台頭は，ナショナリズム及び地域問題への西欧諸国の既存の政党指導者や政治研究者の考え方を根本的に変化させた。それ以前はエスニックやナショナリズムの問題を途上国の「民族自決」や「国民形成」(Nation Building)の「未完成」あるいは「失敗」の国々の問題として捉える傾向があった。そして，自らの西欧諸国は「十分に統合された国民国家」(fully integrated nation state)と捉えていた。実際，ベルギーを除けば，第3波までは勢力としては小さな政党が多く，地方政治や中央政治への影響力はきわめて小さく，政治システムにおいて無視された存在が大半であった。

　このような捉え方に対して根本的な疑義を提起したのが，イタリア，イギリス，スペイン，ベルギーにおける地域主義政党の台頭である。その背景には経済のグローバル化とEU統合の深化がある。グローバル化はあらゆる地域を世界市場に放り込む。しかし，逆説的にこの市場レベルでの展開は，文化と政治のレベルで「エスニック」「地域」という対抗潮流を出現させてきた。EU統合の進展と深化はある意味で「ポスト・ネイション・ステート」へと各国を移行させつつある。国家からの権限移譲はEUというより大きな超国家の方向と，地域というより小さな単位の方向の両方に進んできた。これが，いわゆる「ヨーロッパ政治の地域化」「地域政治のヨーロッパ化」「国内政治の地域化とヨーロッパ化」(Keating and Hooghe 1996) である。その結果，政治的・経済的に統合されたEUの枠組みが，地域に対してより大きな自治や完全な独立，経済的な繁栄を可能にすると，エスノ・リージョナリスト政党の活動家たちに考えさせたとされている (Türsen 1998：2-4)。

しかし，この説明は現在では適切ではない。なぜなら，2005年の憲法条約の否決でこのEU楽観主義の展望が消え去った後でも，そして，2009年のユーロ危機の後でも多くのエスノ・リージョナリスト政党がその勢力を維持・拡大しているからである。ここに，現在の西欧政治におけるエスノ・リージョナリスト政党を検討する理由の一つがある。また，この政党の台頭を地域的な経済格差等の経済的な要因だけで説明することはエスニック・ナショナリズム問題の軽視につながる（Connor 1994：143-160）。

図表2-1　エスニックな動員が行われた地域と政党

	動員地域	政党	選挙参加政党
ベルギー	3	3	2
デンマーク	15	1	0
フィンランド	12	3	3
フランス	22	11	8
ドイツ	16	2	0
イタリア	21	13	11
オランダ	12	1	0
イギリス	12	3	3
スペイン	17	12	9
合計	130	49	36

　エスニック運動の存在する地域には地域主義政党が必ずと言って良いほど存在しており，その数は膨大である。また，この系統の政党はその性質からして一般に小政党であり，盛衰が激しく，継続性がない場合が多い。アーウィンは1945年以後のヨーロッパ17ヶ国で115の地域主義政党をリストアップしている（Urwin 1983：228）。別の研究では西欧で45のエスニック政党が挙げられている（Lane, Mckay and Newton 1991：125-132）。しかし，西欧のエスノ・リージョナリスト政党の本格的な比較研究は少ない。ここでは，比較的最近のまとまった研究書であるトロンコーニに依拠して検討を進めていく。トロンコーニは，2001-05年にエスニックな動員が行われた地域と政党，選挙参加政党の数を図表2-1のように整理している（Tronconi 2009：165）。

　具体的に見ると，ベルギーでは，本稿で取り上げる政党以外にフランドル地域には新フラームス同盟，ワロン地域にはベルギー・ドイツ語話者党がある。デンマークにはシュレスリッヒ党，フランスには「アルザス第一」（Alsace d'abord），アルザス人民同盟（Union du Peuple Alsacien），アルザス・ロートリン

図表 2-2　西欧の主要なエスノ・リージョナリスト政党

国	地　域	略号	政　党　名
ベルギー(4)	ブリュッセル	Fdf	① Front Democtarique des Francophones (フランス語話者民主戦線)
	フランドル	Vb	② Vlaams Belang (フラームス・ベラング)
	フランドル	Vu	③ Volksunie (人民同盟)
	ワロン	Rw	④ Parti Wallon(Rassemblement Wallon) (ワロン党)
フィンランド(1)	南西フィンランド	Sfp	⑤ Svenska Folkspartiet-Routsalainen Kansanpoulue (スウェーデン系国民党)
イタリア(4)	ヴァッレ・ダオスタ	Uv	⑥ Union Valdotaine (ヴァッレ・ダオスタ同盟)
	アルト・アディジェ	Svp	⑦ Sudtiroler volkspartei (南チロル民族党)
	サルデーニャ	Psdaz	⑧ Partito Sardo d'Azione (サルデーニャ行動党)
	北イタリア	Ln	⑨ Lega Nord (北部同盟)
スペイン(11)	ガリシア	Bng	⑩ Bloque Nacionalista Galego (ガリシア国民連合)
	バスク	Ea	⑪ Eusco Alkartasuna (バスク連帯)
	バスク	Ee	⑫ Euskadiko Ezkerra (バスク左翼)
	バスク	Hb	⑬ Herri Batasuna (Euskal Herritarrok; Batasuna) (人民統一)
	バスク	Pnv	⑭ Partido Nacionalista Vasco-Euzko Alderdi jelzzalea (バスク国民党)
	アラゴン	Par	⑮ Partido Aragones (アラゴン党)
	アラゴン	Cha	⑯ Chunta Aragonesista (アラゴン協議会)
	カタルーニャ	Ciu	⑰ Convergencia i Unio (集中と同盟)
	カタルーニャ	Erc	⑱ Esquerra Republicana de Catalunya (カタルーニャ共和左翼)
	アンダルシア	Pa	⑲ Partido Andalucista (Partido Socialista de Andalucia) (アンダルシア党)
	カナリアス	Cc	⑳ Coalicion Canaria (Agrupaciones independientes de Canarias) (カナリア同盟)
イギリス(4)	ウェールズ	Pc	㉑ Plaid Cymru (プライド・カムリ, ウェールズ党)
	スコットランド	Snp	㉒ Scottish National Party (スコットランド国民党)
	北アイルランド	Sdlp	㉓ Social Democratic and Labour Party (社会民主労働党)
	北アイルランド	Sf	㉔ Sinn Fein (シンフェイン党)

ゲン民族フォーラム，ブルターニュ民主同盟，自由ブルターニュ制度党（Parti pour l'Organisation d'une Bretagne Libre），コルシカにはコルシカ民族（Corsica Nazione），独立（Indipendenza），民族の存在（Presenza Naziunale），コルシカ人民同盟（Union di u Populu Corsu），ノルマンディーのノルマンディー運動，オクシタン地域にはオクシタン党，ドイツには南シュレスヴィッヒ選挙人同盟，バイエルン党，イタリアでは南チロル同盟（Union fur Sudtirol），サルディーニャ民族，シチリア独立運動などの政党が存在する（Tronconi 2009：187-189, Appendice 1.）。

　これらのエスノ・リージョナリスト政党は，一般に思われているような19世紀のナショナリズムの残滓でもなく，国民国家の不成功，民族自決の再来でもない。それは，20世紀末から21世紀の経済のグローバル化の中で新たに成長してきたものであり，持続し，拡大しているのである。そして，分権化や連邦国家化という形で各国の国家組織の根本的な改革をもたらしている。全国レベルでは重要な政治勢力となっている政党は少ないが，「国民国家」の同質化圧力に抗して，活力あるダイナミックな現象として噴出し続けている。中央政府への参加や州政府への参加が今日ではごく当り前になっている。

　このような膨大な数の独自性を持つエスノ・リージョナリスト政党の比較研究のために，トロンコーニは西欧のこの系統の政党のうち，少なくとも2度の国政選挙において当該の地域で5％以上の得票率を得た政党という基準を設定し，5ヶ国で24政党を選抜している（Tronconi 2009：29）。以下ではそれを紹介する形で検討を進めていく[3]。

　図表2-2はその一覧である。ベルギー4，フィンランド1，イタリア4，スペイン11，イギリス4政党である。

5　創立時期と選挙の得票率，政権参加

　図表2-3は政党の創立年と拠点地域での選挙得票率，地方・中央政府への政権参加を示したものである。まず，その創立時期を見てみよう。1890年代創立のバスク国民党は24党の中では最も古い。1900年代には北アイルランドのシ

第Ⅰ部 「再国民化」の視角

図表2-3 エスノ・リージョナリスト政党の基盤地域での10年間の平均得票率、中央・地方政府参加

政党名	創立年	1950-59	1960-69	1970-79	1980-89	1990-99	2000-04	最近の選挙	中央政府参加	地方政府参加
① Fdf(B)	1964		14.3	34.9	14.8	11.9	(a)		1977	1995
② Vb(B)	1978				2.3	12.8	18.1	6.8 (2014EP)	-	-
③ Vu(B)	1954	3.4	11.6	15.7	13.8	8.4	(b)		1977	1999
④ Rw(B)	1965		6.9	14.3	3.1	(c)			1974	-
⑤ Sfp(Fi)	1906	18.8	15.1	12.0	11.9	12.0			1946	-
⑥ Uv(I)	1945	50.9	49.8	43.4	47.0	53.4	5.0	4.9 (2015, 全国比)		1949
⑦ Svp(I)	1945	60.4	57.5	60.5	58.9	58.6	60.5	25.1 (2013)		1949
⑧ Psdaz(I)	1921	3.9		1.9	10.8	5.3	3.4	44.2 (2013)		1949
⑨ Ln(I)	1979				0.7	20.7	9.6	2.1 (2013)	1994	1994
⑩ Bng(S)	1983				2.9	10.4	15.2	11.7 (2013)**		2005
⑪ Ea(S)	1986				11.2	9.2	7.1	11.3 (2011)		1986
⑫ Ee(S)	1976			7.1	8.5	(d)		5.7 (09EP)*		1986
⑬ Hb(S)	1978			15.0	16.5	13.7				[1998]
⑭ Prtv(S)	1895			28.5	27.6	24.9	32.1	27.5 (2014EP)	[1996]	1980
⑮ Par(S)	1975			6.0	10.8	18.9	5.0	5.3 (2011)		1987
⑯ Cha(S)	1986				0.5	3.6	11.3	10.5 (2011)		
⑰ Ciu(S)	1977			16.7	29.2	30.9	25.7	29.3 (2011)	[1996]	1980
⑱ Erc(S)	1931			4.5	3.1	4.7	10.8	7.1 (2011)		1984
⑲ Pa(S)	1976			10.9	3.7	2.8	4.6			2000
⑳ Cc(S)	1985				9.6	25.5	26.6	15.5 (2011)	[1996]	1991
㉑ Pc(UK)	1925	2.5	4.4	10.3	6.6	8.4	11.2	12.1 (2015)	[1974]	2007
㉒ Snp(UK)	1934	0.5	3.7	20.3	12.9	21.8	18.9	50.0 (2015)	[1976]	2007
㉓ Sdlp(UK)	1970			21.4	20.1	23.8	19.3	13.9 (2015)	-	1998
㉔ Sf(UK)	1905				12.2	13.1	23.0	24.5 (2015)	-	1998

出典：E. Tronconi, p.34, Tab1.3, と p.39, Tab2.1 に最近の選挙結果を筆者が追加して作成。
[ ]は閣外支持。
(a)(c) Rw が1985年に Fdf に合流した。Fdf は2000年に自由改革党（PRL）と合同、改革運動（MR）になった。
(b)2003年に分裂。
(d)1993年解散、バスク社会党と合同、バスク祖国と自由（Partido Socialista de Euskadi-Euskadiko Ezkerra）に。
(e)2003年、最高裁判所により「バスク祖国と自由」との関係を認定され、非合法化、解散。
*EP は欧州議会選挙 **2013年のLnは拠点のロンバルディア州とヴェネト州を対象。
・Ciu はカタルーニャ民主集中とカタルーニャ民主同盟との選挙同盟であったが、2015年7月にそれを解消した。

32

ンフェイン党，フィンランドのスウェーデン系国民党，1920年代にはサルデーニャ行動党とウェールズ党，1930年代にカタルーニャ共和左翼，スコットランド国民党，1940年代にヴァッレ・ダオスタ同盟と南チロル民族党（両党とも1945年），1950年代にはベルギーの人民同盟，1960年代にはベルギーのフランス語話者民主戦線とワロン党，1970年代に北アイルランドの社会民主労働党，スペインのアラゴン党，バスク左翼，アンダルシア党，集中と同盟，人民統一，フラームス・ベラング（人民同盟から分裂），イタリアの北部同盟など8党，1980年代にはスペインのガリシア国民連合，カナリア同盟，バスク連帯党（バスク民族主義党から分裂），アラゴン協議会が創立された。スペインの場合はフランコ独裁の終焉と民主化，憲法に明記された自治州の成立がこの叢生の背景にある。また，いくつかの政党の前身は1920年代や1930年代に遡る。

中央政府レベルの政権参加については，ベルギーではフラームス・ベラングを除く3党は1970年代に政権に参加し，イタリアの北部同盟は1990年代に連立政権に加わり，スペインの「集中と同盟」（政党番号⑰）やバスク国民党（⑭），カナリア同盟（⑩）は閣外支持の形で政権与党となっている。中央政府に関しては政権への直接参加が5党，閣外支持5党であり，合計45％が中央政府の事実上の与党の経験がある。地域政府への政権参加経験はもっと多く，24政党中19政党，79％の政党にその実績がある。つまり，ここで取り上げている政党は，もはや一般的に考えられてきたような小政党ではなく，政権運営や政党システム，地域政治において不可欠な存在になっているのである。

選挙動向を見てみよう。盛衰の変動が激しい政党や減少傾向にある政党もあるが，スコットランド国民党（㉒）やカタルーニャの「集中と同盟」（⑰）のように時代状況に適応し，目標を再定義し，長期・短期の戦略を練り直し，勢力を大きく拡大している政党もある。

図表2-4は，トロンコーニが政治的な左右の軸及び目標（文化・言語の保護政策から独立まで）を基準にこの系列の政党の政治空間における位置を指定したものである（Tronconi 2009：45）。その政治位置は極左から極右まで多様であるが，いくつかの特徴が読み取れる。第一に，創立当初から政治位置を変化させていない政党が15と6割強を占めている。第二に，イタリアの北部同盟（Ln），

第Ⅰ部 「再国民化」の視角

図表2-4 政治空間におけるエスノ・リージョナリスト政党の位置

	極左	左翼	中道	右翼	極右
保護政策			Sfp Ln(1979)	Fdf(1965-71)	
自治権拡大		Bng Pc	Uv	Pnv, Ciu Cc, Svp, Par	
連邦制		Psdaz(1979-87) Ee(1986-89) Pa, Rw	Psdaz(1992-01)	Vu(1961-68) Fdf(1971-91)	Ln(1983-94) Ln(2001)
分離独立	Hb Sf	Vu(1971-78, 99) Snp(1987-01) Ee(1977-82) Erc, Ea, Sdlp	Vu(1981, 91) Snp(1962-83)	Vu(1985-87) Vu(1995)	Vb Ln(1996)

　サルデーニャ行動党（Psdaz）やベルギーの人民同盟（Vu）の3党は，左から右への移動，つまり，左翼・中道から中道・右翼・極右に移動している。逆に中道から左翼への移動はスコットランド国民党（Snp）の1党だけである。第三に，上から下への移動，つまり，保護政策（少数民族の言語や文化の保護）から連邦制や分離独立への移動が顕著である（年の記入のない政党は移動がない）。

　これらの政党の出現・台頭と地域の経済状況との関係はどうであろうか。ベルギーのフランドル，北イタリアやスペインのカタルーニャ，バスクなどは経済的に豊かな地域であり，イギリスのスコットランドやウェールズはイングランドと比べて経済的地位が相対的に低いが，貧しい地域ではない。スペインのガリシアやアラゴンはスペイン内では相対的に貧しい地域である。つまり，経済的には様々であり，経済的要素だけではこれらの政党の台頭原因を説明できない（Tronconi 2009：111-129）。やはり，エスニックな要素が決定的要因であり，それが地域問題と結合することによって，クリーヴィッジとして再浮上してきたと考えるのが妥当である。

6　エスノ・リージョナリスト政党の展開の二つの類型

　21世紀初頭におけるエスノ・リージョナリスト政党は，いわばナショナリズ

ムの現代版と言うことができる (Tronconi 2009：180)。1960-70年代の新しい社会運動の出現とそれに対抗する極右・新右翼の運動，いわゆる「静かなる反革命」(Ignazi 1992) がこのエスノ・リージョナリズム現象に新たな滋養を提供するとともに，その枠組みを複雑化させ，分化させた。すなわち，周辺的なエスニック・アイデンティティの擁護者にとどまらず，政党としての発展を求めて，より広範な支持者を得るために，与党体制への「挑戦者」として党を変革しようとする時に二つの方向が生じた。一つは，新しい社会運動の目標や戦略に接近し，エスニックな要求を第一とするのではなく，それを公平・平等・参加などのより広いテーマと結合する普遍主義的・左翼的立場へと移行したグループである。プライド・カムリやスコットランド国民党がその例である。もう一つは，エスニックなテーマとポピュリスティックで外国人排除のテーマとを融合することで，排外主義・極右の立場に移行（あるいは，そのような政治的立場として創立）したグループである。北部同盟やフラームス・ベラングがこの例である。後者のグループの政党を，もはやエスノ・リージョナリスト政党のカテゴリーには入れず，新右翼，極右，ポピュリズム政党という別のカテゴリーに入れる見方もある (Ignazi 1992)。

　ところで，上記の極右カテゴリーの政党を除いて，現代のエスノ・リージョナリスト政党には二つの類型がある。第一類型は「純粋な」エスノ・リージョナリスト政党，あるいは「エスニック事業者 (ethnic entrepreneurs)」と呼ばれる政党で (Tilly 1991：574)，典型は南チロル民族党である。この政党は以下の特徴を有する。①周辺的なエスニック共同体の唯一の代表をアピールする。②この共同体からの強い支持を得るが，エスニック的で地域限定であるがゆえに，全国的には極小勢力にとどまる。③エスニックな区別の強化・革新に向けた政策を推進する。例えば，公立学校での少数者言語の教育，エスニックの人口比率に応じた労働ポストやサービスの配分など。④ある社会階級に有利で別の階級に不利益なテーマなど，エスニック集団を分断する可能性のあるテーマを取り上げることを回避する (Tronconi 2009：88)。

　第二類型は，上述の排外主義的でない「挑戦者」政党である。プライド・カムリやスコットランド国民党がその例である。この類型の政党は周辺的なマイ

ノリティの主張（少数者の文化の擁護，自治権拡大など）とともに，それを全国的な政治的テーマと結合する。その特徴は，①エスニック集団に属さない人々の支持も得るため，エスニック集団以外にもアピールを展開する。②より弱いアイデンティティ資源（例えば，地域自治）を利用する。③与党から離れた抗議票を引きつけることをめざす（Christiansen 1998）。④エスニックなテーマとともに，階級，特定の社会集団の擁護，環境擁護などのエスニックでないテーマにも取り組む。その場合，エスニックなアイデンティティのテーマは二次的になることもある。1980年代初めにスコットランド国民党とウェールズのプライド・カムリが人頭税に反対した。プライド・カムリが1980年代には階級問題に加えて，湾岸戦争反対のような平和問題にも取り組んだのはこの例である。⑤政治システム全体や諸制度に対する強い反対と抗議の立場に立つ（Tronconi 2009：88-89）。

　ここで，スコットランド国民党について少し具体的に見てみよう。この党は，地方への権限移譲に熱心な労働党政権が1978年に成立させた地域議会設置法案の国民投票に敗北した後に戦略を転換した。この国民投票ではスコットランドで賛成が過半数を得たが，投票率が40％に満たず，成立要件を満たすことができなかった。1979年に成立した保守党のサッチャー政権は権限移譲を進めないだけでなく，イギリス経済構造の脱工業化への転換を押し進めるために，鉄鋼・造船などスコットランドの伝統産業の切り捨て政策を推進し，地域経済の衰退が進行した。これに対抗するために，スコットランド国民党はエスニックな主張への傾斜ではなく，広範な地域連合の形成に取り組む。保守党を除く諸政党や自治体，諸団体が参加する「スコットランド憲法会議」を設立し，権限移譲・自治権拡大についての下からの地域「合意」形成に取り組んだ。そして，労働党のブレア政権下の1997年に住民投票の実施にこぎつけ，投票率60.2％，地域議会設置に賛成74.3％，徴税権付与支持63.3％となり，スコットランド議会設立が承認された。翌1998年スコットランド法により議会が設置され，国の権限以外の分野についての一定の直接的な立法機能と域内税率変更権（3％の範囲内で独自に所得税を増減税できる権利）を得た（成廣 2014；山崎 2011）。

　これはエスノ・リージョナリスト政党が全国的な課題を同時にスコットラン

ドの地域的な課題と位置づけて取り組んだと捉えることができる。その結果，ナショナリスティックなアイデンティティを持つ者以外にも自治権拡大への賛成を拡大した。それが2014年9月の住民投票における独立賛成44.7%につながり（反対55.3%で独立は否決），2015年5月の下院議員選挙での大躍進（5から56議席）をもたらしたのである。

　他方，北部同盟による新しい動員は次の3つの相互に関連する問題と結びついている。第一は，北部同盟の連邦制や分離の要求は，1990年代を通じて世界でナショナリズムが政治の主な推進力になり，既存の政治体制の強烈な破壊力を示したことのイタリアでの表われであり，その意味で特異な現象ではない。すなわち，「アイデンティティと差異にうまく対応することは，世界的規模で民主主義が直面している政治的課題である」（Benhabib 1996：3）。第二に，イタリアの北部同盟，フランスの国民戦線，オーストリア自由党，ベルギーのフラームス・ベランクの台頭と，新移民に対する排外主義，自民族中心主義，人種主義的な感情の広がりは，ヨーロッパ社会における政治的な反動と関連しており，ヨーロッパの民主主義のゆくえは重大な試練に直面している。2014年から2015年にかけて噴出したシリア難民問題とパリ・テロへの対応はそのせめぎ合いの試金石と言えるであろう。第三に，北部同盟の自治権拡大要求はグローバル化への反応だけが原因ではなく，国家内の政治的・経済的統一性を掘り崩しているEUの政策の結果でもある。

7　ヨーロッパの「礫岩国家」化と「新しい中世」への移行

　エスノ・リージョナリスト政党による政治的動員は各国の政党システムだけでなく，政治システム・国家制度にも大きな変化をもたらした。各国で地方自治権が拡大され，何らかの形での連邦制への歩みが進んだ。それは各国内で地域による自治権の権限の大きさの相違をもたらしている。たとえば，伝統的に中央集権的な中央地方関係であった「単一国家」のイギリスにおいて，すでに地域政府の存在の有無も含めて，地域によって権限に大きな差が生じており，「複合国家」とさえ呼ばれている。スコットランドには地域議会が設置され，

医療，教育，警察，住宅，都市計画，環境，農林水産業が権限移譲されている。国税である所得税率は全国と比べて10％低く，そこにスコットランドのみの追加税率を決定でき，その部分はスコットランド政府の収入になる（2016年4月から実施）。2014年の住民投票でスコットランド独立が否決されたが，否決に持ち込むために保守党と労働党はともにスコットランドへの権限移譲のさらなる拡大を約束した。ウェールズはスコットランドへの権限移譲には遠く及ばないが，ウェールズ議会に国の法律の施行細則を定める二次立法権が与えられ，2006年のウェールズ政府法に基づいてウェールズ議会政府が設置された。北アイルランドには自治政府が設置されている。他方，イングランドには地域議会さえ存在しない（自治体国際化協会 2014）。

　イタリアでは憲法制定直後から設置されていた５つの特別州と1970年になってようやく設置された普通州との権限は，教育，医療，都市計画などの分野で異なっていた。しかし，EUの分権化政策や北部同盟の要求などにより，普通州も含めた州の財源などに関して「財政連邦主義」と言われるような自治権の拡大が進んできた。

　スペインではバスク，カタルーニャ，ナバルなどは事実上の特別州であり，カタルーニャは州内の法人税収の半分を受け取ることができるようになっているなど，他の州との権限の差は大きく，「非対称的連邦制」と評価されている。

　ベルギーはすでに連邦制に変容しており，政党もワロンとフランドルでは別々であり，全国政党は存在しない。ドイツも，ベルリン，ハンブルグやブレーメンはその歴史性ゆえに，一つの都市でありながら州と同一の権限を有しているという非対称性である。

　これらのことから，西欧諸国の多くがマルチ・エスニック国家であるだけでなく，「単一国家」でありながら諸地域が異なる権限を持って国家内に存在・帰属している形，いわば，「礫岩国家」的状態であると言って良い。一つの国家として存続するためには，これからもいっそうエスニックに異なる地域，あるいは同一のエスニックと思われていた地域からの「差異」の主張に対して，権限移譲や自治権拡大，漸進的連邦制など多様な形態でそれぞれに異なる権限の付与をしていかなければならないであろう。

第 2 章　エスノ・リージョナリズムの隆盛と「再国民化」

　1980年代末から急速に進展した経済のグローバル化は，一方では相互に密接に連関した世界市場を作り上げ，「国民経済」の国内循環の基盤を侵食するとともに，「地域」を世界やヨーロッパと直接結合する可能性を生み出した。それゆえ，地域社会の維持・発展のためには，地域の特性を生かした地域内経済循環と凝集性を作り上げることが必要となった。他方，EU統合の進展・深化は，「国内政治の地域化とヨーロッパ化」をもたらした。その結果，「アイデンティティ」と「地域」が政治的なクリーヴィッジとして再生した。エスノ・リージョナリスト政党の発展，エスノ・ナショナリズムの再活性化はこの表現である。それは，本章の冒頭で述べた国家主権の回復と「国民」の再確定を求める「再国民化」と並進している。そして，2005年の欧州憲法条約の否決と20014年ギリシアの財政危機が示したものは，一つのEUという国家の形成が不可能であることとともに，「協力と支え合い」をしつつも，「権限と資格の異なる諸国からなるEU」，いわば「新しい中世としてのEU」「礫岩国家としてのEU」の模索と言えるのではないか。「再国民化」はこのような諸相の中で把握することによって，その問題性と可能性を捉えることができるであろう。

【注】
1)　礫岩（Conglomarate）とは，礫を含む堆積岩を意味し，非均質で可塑性のある集合体で，服属組織の組換や離脱，離脱による国家の解体も視野に入っている概念である。
2)　ネイションとエスニーの二つの概念の関係についても議論があるが，曖昧である。例えば，A・スミスはヨーロッパにはエスニーとネイションの両方が存在しており，カタルーニャ，スコットランド，フランドルらは完全なネイションであり，スペインのガリシア，東ドイツのソルビア人らはエスニック・コミュニティであると両者を区別している（Smith 1986：129）。
　他方，W・コナーはスミスを批判し，エスニーとネイション，ナショナリズムを以下のように定義している。エスニーは共通の祖先で特徴づけられているという元来の意味でのネイションのギリシア語であり，両者は同義である。ネイションとは共通の祖先の神話を共有する人々の集団である。したがって，「アメリカン・ネイション」のように，ネイションを国家（state）や国家の市民（citizenry）と同義語とするのは誤った用法であるとする。ナショナリズムとは，一つのネイションへのアイデンティティと忠誠心であり，ナショナリズムを国家への忠誠心とするのは誤用である。ネイション・ステート（Nation-state）とは，エスニックに同質的な人々持つ国家のことであり，国家の境界とネ

39

第Ⅰ部　「再国民化」の視角

イションの境界がほぼ一致しているまれな国のことである。ナショナリズムについては，国家への忠誠を「シヴィック・ナショナリズム」，ネイションへの忠誠を「エスニック・ナショナリズム」と称する研究者もいるが，コナーはこれは誤用と批判する。また，スミスは愛国主義（patriotism）よりもシヴィック・アイデンティティや市民的忠誠（civic loyalty）という言葉の使用を好んでいるが，これも適切とは言えないと批判する。コナーは血縁性に基づく忠誠心がナショナリズムであり，市民性（civic）に基づく忠誠心を国家への忠誠（愛国心 Patriotism）であると定義している（Connor 2004：38-39）。

3）　エスノ・リージョナリスト政党の本格的な比較研究は少ない。ミュラー・ロンメルは，1980年から1996年までの間に少なくとも2回の国政・地方選挙において拠点地域で候補者を立てたことがあること及びその選挙で3％以上の得票を基準に，西欧の5ヶ国の17のエスノ・リージョナリスト政党（ベルギー2，フィンランド1，イタリア3，スペイン5，イギリス6）の簡単な比較をしている。彼のリストには，北部同盟やフラームス・ベラング，ワロン党，バスク左翼，ガリシア国民連合などはない。逆に，イギリスではユニオニストのアルスター民主統一党とアルスター統一党が入っている（Muller-Rommel 1998）。

【参考文献】

大島美穂編（2007）『国家・地域・民族（EUスタディーズ3）』勁草書房。
自治体国際化協会（2014）『英国の地方自治（概要版）——2014年改訂版』自治体国際化協会。
スウェンデン，ウィルフリード（2010）『西ヨーロッパにおける連邦主義と地域主義』山田徹訳，公人社。
中澤達哉（2013）「ネイション・ナショナリズムの研究の今後」『現代史研究』59号，37-54頁。
中島晶子（2014）「第9章　南欧諸国」網谷龍介・伊藤武・成廣孝編『ヨーロッパのデモクラシー』改訂第2版，ナカニシヤ出版，383-430頁。
成廣孝（2014）「第5章　イギリス」網谷龍介・伊藤武・成廣孝編『ヨーロッパのデモクラシー』改訂第2版，ナカニシヤ出版，175-215頁。
山崎幹根・自治分権ジャーナリストの会（2010）『スコットランドの挑戦と成果——地域を変えた市民と議会の10年』イマジン出版。
山崎幹根（2011）『「領域」をめぐる分権と統合——スコットランドから考える』岩波書店。
Christiansen, Thomas (1998) "Plaid Cymru: dilemna and ambiguities of Welsh regional nationalism", in De Winter, L. and Türsen, H. eds., *Regionalism Parties in Western Europe*, London: Routledge, pp.125-142.
Connor, Walker (1994) *Ethnonationalism: The Quest for Understanding*, Princeton: Princeton University Press.
Connor, Walker (2004) "The timelessness of nations", *Nation and Nationalism*, 10 (1/2), pp.35-47.
De Winter, Lieven and Türsen, Huri eds. (1998) *Regionalist Parties in Western Europe*,

London: Routledge.
De Winter, Lieven and Gómez-Reino Cachafeiro, Marga (2002) "European Integration and Ethnoregionalist Parties", *Party Politics*, vol.8, no.4, pp.483-503.
Gómez-Reino C. Margarita (2002) *Ethnicity and Nationalism in Italian Politics*, Ashgate: Aldershot.
Gustafson, Harald (1999) "The Conglomarate State: A Perspective on State Formation in Early Modern Europe", *Scandinavian Journal of History*, vol.23, issue3, pp.189-210.
Ignazi, Piero (1992) "The silent counter-revolution: Hypotheses on the emergence of extreme right-wing Parties in Europe", *European Journal of Political Research*, vol.22, no.1, pp.3-34.
Keating, Michael and Hooghe, L. (1996) "By-passing the nation state? Regions and the EU policy process", in Richardson, J, J. ed., *European Union: Power and Policy-Making*, London: Routledge.
Lane, Jan-Eric E. *et al.* (1991) *Political Data Handbook: OECD Countries*, Oxford: Oxford University Press.
Lipset, Seymour M. and Rokkan, Stein (1967) Party Systems and Voter Alignments: Cross-National Perspectives, New York: The Free Press.
Müller-Rommel, Ferdinand (1998) "Ethnoregionalist parties in Western Europe: theoretical considerations and framework of analisis", De Winter, L. and Türsen, H., eds., *Regionalist Parties in Western Europe*, pp.17-27.
Rokkan, Stein e Derek W. Urwin eds. (1982) *The Politics of Territorial Identity: Studies in European Regionalism*, London: Sage.
Smith, Anthony (1986) *The Ehnic Origins of Nations*, Oxford: Blackwell.
Tronconi, Filippo (2009) *I partiti etnoregionalisti: La politica dell'identità territoriale in Europa occidentale*, Bologna: il Mulino.
Türsen, Huri (1998) "Introduction: ethnoregionalist parties as ethnic entrepreneurs", in De Winter, L. and Türsen, H., *Regionalist Parties in Western Europe*, pp.1-16.
Urwin, Derek W. (1983) "Harbinger, Fossi or Fleabite? 'Regionlism' and the West European Party Mosaic", in Daalder H. and Mair, P. eds., *Western European Party System*, London: Sage, pp.221-256.
Zelonska, Jan (2002) *Europe as Empire: The Nature of the Enlarged European Union*, New York: Oxford Univesity Press.

第 3 章

福祉政治における「再国民化」の言説
―― 福祉ツーリズム，福祉ポピュリズムをめぐって ――

石田　徹

1　福祉政治における「再国民化」の意味

　福祉国家は，18, 19世紀における国民国家の形成を前提に，20世紀以降において国民国家の枠組みの下で成り立ったものであり，それゆえに元々国民を単位としていた。同じ国民であるという同質性の意識に基づく連帯を基盤としていたわけである。その福祉国家をめぐって今日において，自己と同質ではない外部の存在としての移民が大量に国境を越えて国家の内に入り，福祉国家の便益を受けるに及んで，国民としての同質性が脅かされるという意識が生まれて，移民を福祉国家から排除しようとする動きが欧州において急速に広がっているのである。福祉政治における「再国民化」の現れの一つは，そういう動きを指している。

　ところで，renationalization をここでは日本語で「再国民化」と表しているが，renationalization は「再国家化」という意味ももっている。国家が対外的に独立で対内的に最高の権力をもつ主権国家体制は16世紀から17世紀にかけての絶対王政期に成立したが，20世紀後半に及んでグローバリゼーションが進む中で主権国家は揺らぎを見せることとなる。とりわけ欧州においてはEUという超国家組織，より具体的にはそのEUを実質的にコントロールしているテクノクラートに権力が委ねられることになり，さらに最近では，民意による統制が十分に及ばないそれらテクノクラートが加盟国に厳しい財政規律を求めて緊

縮政策を課してきている。そうした政策が，経済危機の深化によって国民が生活困難に陥っているにもかかわらず，国民生活をいっそう脅かすことになっているとの反発をうみ，欧州の統合過程に反対する動きや国家主権の復権を呼号する動き，つまり欧州懐疑主義の台頭をもたらしているのである。こうした反EUの動きが，福祉政治におけるもう一つの再国民化の現れである。ただ，その動きは厳密には再国家化ととらえるべきであるが，ここでは再国民化と表すことにする。

　以上のように，反移民，反EUという形で再国民化の動きが現れているが，より具体的な政治勢力としてみてみると，西欧，北欧地域では反移民であるとともに反EUの立場をとる新右翼政党が大きく支持を伸ばしているのに対して，南欧地域では反EUではあるが，必ずしも反移民ではない急進左翼勢力の台頭が見られるという違いがある。南欧における急進左翼勢力の台頭はポピュリズムをめぐる新たな論議を生み出している点で注目される。

　本稿では，まず反移民，反EUの政治動向を2014年5月に行われた欧州議会選挙を中心に分析するとともに，ポピュリズムをめぐる新たな論議について考察する。ついで，福祉政治に関わる再国民化の言説，概念として最近注目を浴びている福祉ツーリズム（welfare tourism），福祉ポピュリズム（welfare populism）にかかわる議論を検討する。

2　反EU，反移民の政治勢力の動向——ポピュリズムの分岐

1　2014年欧州議会選挙とその後

　2014年5月に行われた欧州議会選挙の結果は，反移民，反EUを主張する新右翼勢力あるいは反EUの立場をとる急進左翼勢力が大きく躍進したことで衝撃を与えた（図表3-1）。

　欧州議会は5年ごとに選挙が行われるが，今回の選挙では第1会派である中道右派の欧州人民党グループ（EPP）が改選前から大幅に53議席も減らし，第2会派である中道左派の社会・民主主義進歩同盟グループ（S&D）も5議席減らしている。これに対して緑・欧州自由同盟（Greens/EFA）が15議席，自由と

第Ⅰ部　「再国民化」の視角

図表 3-1　2014年5月の欧州議会選挙の結果

会派名	2009年 議席数	2009年 得票率%	2014年 議席数	2014年 得票率%	議席の増減
欧州人民党グループ（EPP）	274	35.8	221	29.4	53減
社会・民主主義進歩同盟グループ（S&D）	196	25.6	191	25.4	5減
欧州保守改革派（ECR）	83	10.8	70	9.3	13減
欧州自由民主同盟（ALDE）	57	7.4	67	8.9	10増
欧州統一左派・北欧緑の左派（GUE/NGL）	57	7.4	52	6.9	5減
緑・欧州自由同盟（Greens/EFA）	35	4.6	50	6.7	15増
自由と直接民主主義の欧州（EFDD）	31	4.1	48	6.4	17増
無所属（NI）	33	4.3	52	6.9	19増
	766	100	751	100	15減

(出典：欧州議会 web サイト)

　直接民主主義の欧州（EFDD）が17議席増やしているが、最も伸びたのは新右翼政党が多くを占める無所属グループであり、19議席増やしている（田中 2014）。

　ただ会派間の勢力分布をみるだけでは、反移民、反EUの政党、欧州懐疑派の伸張ぶりはうかがい知れないところがある。しかし、個別の国の選挙結果をみると衝撃的事実が浮かび上がる。特に目立つのはEUの大国であるフランスとイギリスにおいて新右翼政党が第1党に躍進したことである。フランスの国民戦線（FN）は前回の3議席から23議席へと大躍進し、イギリスのUK独立党（UKIP）も13議席からから24議席へと大きく議席を積み上げた。その他に新右翼政党では、デンマーク国民党（DF）が4議席をえて第1党になったことや老舗のオーストリア自由党（FPÖ）が4議席をとって第3党となったこと、またスウェーデン民主党（SD）が初議席を獲得したことが注目される。

　反EUつまり欧州懐疑主義に立つ点では共通するものの政治的には右ではなくリベラルないし左翼に位置する政党も、特に南欧諸国で議席を伸ばしている。ドイツ主導のEUによる緊縮政策の影響をもろに受けたギリシャでは急進左派連合（SYRIZA）が6議席をえて第1党に躍り出、イタリアでは反汚職、反緊縮、環境主義を掲げる「五つ星運動」（M5S）が欧州議会で初でありなが

ら，17議席を獲得して第2党に躍進した。スペインでは，結党4ヶ月も経たない左派政党のポデモス（PODEMOS）が5議席をえて第4党となった。ドイツではユーロ離脱を主張する「ドイツのための選択肢（AfD）」が初の7議席を獲得した。

欧州懐疑主義の政治勢力が著しく伸びたとはいえ，今回の選挙の投票率は前回をかろうじて上回ったものの43％に留まっており，国政選挙と比べて有権者の関心が薄い中での躍進であることや欧州懐疑派が躍進したとはいえEU統合を推進してきた既成政党がなお7割以上の議席を有していることにも留意しなければならない。

けれども，2009年12月発効のリスボン条約において，欧州連合理事会と完全に同等な立法権限を持つ政策分野が拡げられたことや欧州委員長の選出において欧州議会選挙の結果を考慮することが義務づけられたことなど，欧州議会の役割が強化された中での欧州懐疑派の伸長であることから，従来よりも事柄のもつ意味は大きかったといえる。

欧州懐疑主義にみられるEU統合への遠心力については，二つのexitとして語られる事態も存在している。すなわち，Grexit（ギリシャのユーロ離脱）とBrexit（イギリスのEU離脱）である。前者は，急進左派連合政権が2015年7月の国民投票後に緊縮政策受け入れへと方針転換したことによってひとまず遠のいた感があるが，後者は2015年5月の総選挙の結果保守党が第1党の座を守り，EU離脱を問う国民投票の実施が必至となったことにより，なお現実性は失われていない。

反移民との関連では，2011年のアラブの春以来急増したアフリカ，中東地域からの難民の数は2014年には60万人を超え，2015年にはさらに100万人以上にも達したとされているように，欧州は第2次世界大戦後においてもっとも深刻な難民危機に直面しているとされている。こうした中で，2015年1月にはイスラム原理主義を信奉するテロリストがフランスの風刺週刊紙シャルリ・エブドを銃撃するという事件が起こった。この衝撃的事件の影響は大きく，ドイツの「西欧のイスラム化に反対する愛国的ヨーロッパ人」（Pegida）に代表されるような反イスラム，イスラム迫害の運動がヨーロッパ全域で広がりをみせている。

2　左翼ポピュリズムの登場？

　欧州懐疑主義の立場に立つ南欧の左翼勢力，特にギリシャの急進左派連合とスペインのポデモスの伸長は，政治学的に興味深い新たなテーマを生み出している。1980年代以降，欧州においてはポピュリズムの台頭が注目されたが，それらの政治勢力は政治的スペクトル上では右翼として位置づけられてきた（石田 2013）。これに対して南欧の新しい政治勢力はあきらかに左翼に属する。そして，これらの政治勢力を否定的にみる側のみならず，肯定的にみる側もそれらの動きをポピュリズムととらえていることが注目されるのである（Stavrakakis 2014）。

　ギリシャの急進左派連合は，2004年に左翼とエコロジー派の連合組織として結成され，2009年の総選挙では第2党に躍進し，先にみたように2014年の欧州議会選挙で第1党になるまでにいたった。その後，2015年1月に行われた国内の総選挙でも勝利し，旧来の2大政党である中道右派の新民主主義党（ND）と中道左派の全ギリシャ社会主義運動（PASOK）を打ち破り，連立でありながらも急進左派連合の党首であるツィプラスを首相とする政権を樹立することとなった。

　他方，スペインのポデモスは，政治腐敗や不平等に対する抗議運動として2011年に起きたインディグナス（怒れる若者たち）と呼ばれる市民運動をルーツとしており，政党としては2014年の1月に結成されたばかりにもかかわらず，その直後の5月に行われた欧州議会選挙で上記のように4議席を獲得するというように急伸長を遂げたのである。その後，2015年5月に実施された統一地方選挙（自治州および市町村）において，国政レベルの2大政党である保守派の国民党（PP）と中道左派の社会労働党（PSOE）が後退する中，ポデモスとそれと連携する政治勢力が大きく躍進し，首都マドリッド，第2の都市バルセロナではポデモスの支持する市長が誕生するまでにいたった。

　急進左派連合とポデモスは，いわゆるトロイカ，すなわちEU，IMF（国際通貨基金），ECB（欧州中央銀行）が推し進める緊縮政策の下で増えていった失業者や貧困層の間で支持を広げた。2009年10月のギリシャ政権交代による国家財政の粉飾決算の暴露に端を発する欧州債務危機に際して，トロイカから金融

支援を受ける代わりに財政赤字を削減するために緊縮政策の実施を求められたギリシャ、スペイン等の政府は、社会保障費の削減や賃金の引下げ、労働市場の規制緩和などを実施していった結果、失業者や貧困層の増加を招いたのである。

ギリシャ、スペインで急速に支持を集めているこれらの新興左翼勢力に対しては、既成政党やジャーナリズムの多くは、ポピュリズムのレッテルを貼った上で、デモクラシーやヨーロッパ的価値への脅威として描いた。そこではポピュリズムは悪であり、そのかぎりにおいて、それらの政治勢力は1980年代以降に西欧、北欧地域で勢力を伸ばしてきた右翼ポピュリズム政党と同等であるとみなされたのである。

これに対して、それらの政治勢力をポピュリズムととらえつつも、右翼ポピュリズムとの違いをあきらかにしながら、ポジティブに評価しようとする論者もいる（Stavrakakis 2014；Moufe 2014）。右翼ポピュリズムと同様にポピュリズムであるというのは、次のような点においてであるとされる（Mudde 2015）。社会は、同質的で敵対的な2つのグループ、すなわち、純粋な人々（the pure people）と腐敗したエリート（the corrupt elite）から成り、政治は、人々の一般意志（volonté générale）の表現であるべきと考えているところである。

では、左翼ポピュリズムは右翼ポピュリズムとどう違うのか。それは、前者における包摂性（inclusiveness）と後者における排除性（exclusiveness）にあるとされる。前者においては従来社会的に排除されていた貧困層を人々の中に包摂しようとする志向性があるのに対して、後者では人々の中から自国民以外の外部者すなわち移民を排除しようとする志向性があるという違いがある[2]（Mudde and Kaltwasser 2012）。あるいは、人々の概念化において、前者は能動的、包摂的、民主主義的、そして解放的としてみるのに対して、後者は受動的、人種的・民族的に純血主義的、反民主主義的でかつ権威主義的ととらえるという違いがあるともされている（Stavrakakis 2014）。

デモクラシーとの関係でいえば、左翼であれ右翼であれ、ポピュリズムが、政治は人々の一般意志の表現であるとの立場から、人々の多くが関心をもちながらも、政治エリートたちが議論を回避しようとしている争点——緊縮政策、

EU統合,移民など——を前面に掲げ,アジェンダにしようとしていることは評価すべきであるとされる。このように現在のリベラル・デモクラシー＝代表制民主主義が民意を十分反映していないという問題点を突いている点を肯定的にとらえつつも,ポピュリズムであるかぎり,一般の人々と腐敗したエリートの区別は絶対的であり,両者の間の妥協はありえないという立場に立つがゆえに,非和解的な二極化の政治文化をもたらす危険性があることを指摘する向きもある (Mudde 2015)。

　他方で,左翼ポピュリズムの意義をより積極的に論じようとする主張もある (Moufe 2014)。ネオリベラリズムにもとづくグローバル化の進行に対して,中道左派であれ中道右派であれ,既成政党が代替案を提示できない中にあって,一般の人々の意思を体現しようとするポピュリズムが登場するのは必然であるとした上で,ポピュリズムの受け皿が主に移民を敵視し,排除しようとする右翼ポピュリズムになっていることこそが問題であり,それに対抗するための唯一の方法はもう一つのポピュリズム,すなわち移民や労働する一般の人々を包摂しようとする左翼ポピュリズムを育てることである,というのである。そうした観点から,ギリシャの急進左派連合,スペインのポデモスの躍進を高く評価するのである。

3　福祉ツーリズムの言説をめぐって

1　欧州における「人の移動の自由」とシェンゲン協定

　昨今の福祉政治における「再国民化」という事態を象徴的に表す言説,概念は2つある。福祉ツーリズム (welfare tourism。benefit tourism ともいう) と福祉ポピュリズム (welfare populism) である。前者は,欧州の域内における自由移動の権利を利用して受け入れ国の福祉を目当てにして移住することを批判的にとらえる言説である。まずこの言説を考察する。

　福祉ツーリズムという言葉は1990年代に政治的につくられた造語であるが,移民と受け入れ国の福祉,社会保障との関係が欧州の多くの国々で実際に大きな問題として浮上することになったのは,2000年代に入ってからである。この

時期に争点化するにいたる経緯をみてみよう。

　欧州における人の移動の自由に関していえば，EUの前身であるEEC（欧州経済共同体）を設立するために1957年に調印されたローマ条約では，単一市場の形成を目標に定め，商品，サービス，資本とともに人の移動の自由に対する障がいを除去することをうたっていた。人の移動の自由を現実に実現しようとすれば，他国に移動したとしても福祉や社会保障に関して不利益を受けることのないようにしなければならない。しかし，それは達成すべき目標であって，社会保障のレベルが国によって違うかぎり，福祉，社会保障の対象や給付の範囲などに関して加盟国間において調整が必要であり，EECの時期のみならず今日のEUにおいてもそれは重要な課題となっている（松本 2012）。ただ，実際には，2000年代に入って中・東欧諸国がEUに新規に加盟するまでは，福祉，社会保障目当ての人の移動，すなわち福祉ツーリズムが問題視されることはあまりなかった。経済，社会保障の水準において，旧来の加盟国の間ではそれほど大きな格差がなかったからである。

　と同時に，人の移動の自由にとっての大きな障がいの一つは国境管理であるが，その撤廃にまで行き着くためには1985年に締結されたシェンゲン協定を待たねばならなかったこともある。その協定では，出入国審査の廃止や共通査証の発給，不法移民の取り締まりなどについて取り決めが行われた。しかしながら，その協定の締結時における参加国は，フランス，ドイツ，オランダ，ベルギー及びルクセンブルクの5ヵ国にとどまった。国境管理に関しては国家主権に関わっているため，国家間の意見調整が難しかったからである。その後，1997年に採択されたEUの改正基本条約であるアムステルダム条約の附属議定書として，シェンゲン協定およびその5年後の1990年に調印された施行協定が他の関連法規とともに組み入れられたことにより，ようやく人の移動の自由がEUの法体系の中で保障されるようになったのである（加藤 2007）。

2　EUの東方拡大と福祉ツーリズム言説の台頭

　アムステルダム条約が1999年に発効して以降，人の移動の自由に関する政策がEUの制度として完全に一本化されたことによって，域内における人々の

第Ⅰ部 「再国民化」の視角

移動がよりスムースにいくはずであったのだが，実際にはその後EU加盟国が増えていく中で，移民と受け入れ国の福祉，社会保障との関係の問題の難しさがかえって浮かび上がっていくことになる。2004年と2007年に行われたEUの東方拡大において，中・東欧諸国の10ヵ国が一挙に加盟することにより，大規模な労働力の移動が起こるのではないかという懸念が旧加盟国から出されることになった。新加盟国は，西側資本主義国で構成されていた以前のEU15ヵ国との関係でいえば，旧社会主義諸国であるとともに経済水準において劣っていたことが影響している。これに対してEUは，7年間と期限を決めて，2004年に加盟したポーランド，ハンガリー等の東欧8ヵ国および2007年に加盟したブルガリア，ルーマニアからの労働力の流入を一時的に制限する措置を認めるという形で対処した。

とはいえ，2004年の東方拡大以降において，制限措置を講じていたドイツやオーストリアなどにおいても移民は直実に増加していき，さらに制限措置をとらなかったイギリスやアイルランドでは想定以上の移民が押し寄せた。その後，2008年のリーマン・ショックがもたらした経済危機の局面では，東から西への移民の流れは一旦勢いが落ち，その代わりに経済危機の影響をもろに受けて大量の失業者が現れたギリシャ，スペインなど南欧諸国から比較的に経済が良好なドイツなど西・北欧地域への移民が増えていった。

しかし，上記制限措置が廃止される2011年，2014年近くになると，福祉目当ての移民の増加を恐れる世論やそれを問題視する声が移民受け入れ国の間で高まっていくことになった。特に後者における廃止は対象がEU域内最貧国であるブルガリア，ルーマニアがあったこと，受け入れ国においてもリーマン・ショック後の経済的に困難な時期であったこと，そしてそれらを背景にして移民排斥を唱える新右翼政党への支持が急速に広がっていたことが背景にある[3]（Benton & Petrovic 2013；田中 2015）。

そのことを象徴する出来事が2013年4月に起きた。ドイツ，オランダ，オーストリア，イギリスの内務大臣が連名で欧州連合理事会議長国に移民規制の申し入れを行ったのである。域内自由移動の権利は尊重するが，権利行使の条件を満たさない移民が学校教育や医療，住宅などのサービスの給付を受けること

により，また移民のかなりの多くが資格を持たないまま社会扶助を受けることにより，受け入れ国の市町村に過重な財政負担を生じさせている。負担を強いられる自国民の権利と正当な利益を守るためにも移民の規制が必要であり，EUとしてもその問題を議題に上せ，規制に踏み込むべきである，と主張したのである。これに対して欧州委員会は直ちに，申し入れ文には，福祉ツーリズムの現象について触れられてはいるが，主張を裏付ける事実や数字は示されていないと反論した (EurActiv 2013a)。

欧州委員会の委託を受けてコンサルティング会社 ICF-GHK が提出したレポートも，次のように福祉ツーリズムの言説を批判した。移民の圧倒的多数は，福祉給付を受けるためではなく働くために国を移るのであり，移民が受け入れ国の国民よりも福祉給付を多く受けているということはない。大半の国では，移民は福祉の受益者の 5% 以下にすぎない，と。それを受けて欧州委員会は，総合的に見れば，移民は福祉給付を受けるよりも多くの税金を納めることにより受け入れ国の国家財政に貢献している，と主張した (EurActiv 2013b; ICF-GHK 2013)。福祉ツーリズムの言説への同様の批判は，OECD (OECD 2013) やイギリスの移民研究分析センターによっても行われた (Dustmann and Frattini 2013)

3　イギリスの EU 離脱問題と福祉ツーリズム

内務大臣が移民制限に関して EU に申し入れを行った 4 ヵ国も含めて移民を受け入れている多くの国において福祉ツーリズムの言説が浸透してきているが，なかでも福祉ツーリズムがこの間大きく政治問題化しているのは，イギリスである。この問題が，2017 年末までに実施することが決まっている EU 加盟継続の是非を問う国民投票において最大の争点になるであろうからである。2015 年 5 月の総選挙で勝利した保守党のキャメロン首相は，社会保障給付の制限や失業者の国外退去などに関して加盟国の裁量権を認めるように EU および他の加盟国に要望を突きつけた。キャメロン政権の閣僚も，それらの要望が認められない場合には，イギリス国民は EU からの離脱を選択する可能性もあることを示唆した。

第Ⅰ部　「再国民化」の視角

　キャメロン政権が移民問題に関して強硬な姿勢をとる背景には，EU からの離脱を切り札にして EU に対して交渉できるという有利な政治的状況にあることに加えて，次のような要因もある。1つは，EU 域内外からの移民がこの間に大きく増加していることである。4半期毎に行われる移民に関する統計レポート（Migration Statistics Quarterly Report）の2015年8月版によれば，2015年3月までの1年間におけるイギリスへの移民の純流入数は33万人にも上り，過去最高の水準になったとされている（ONS 2015）。2つには，イギリスの世論の動向である。世論調査によれば，イギリス国民は，移民問題がこの間の最も重要な争点であると考えている，欧州の他の国やアメリカと比べて移民への不安が大きく，また反対の度合も大きい，そして国民の4分の3が移民を減らすことに賛成しているとのことである（Blinder 2015）。3つは，5月の総選挙で事前の予想に反して保守党が勝利し，しかも単独過半数を獲得したことである。4つとしては，EU 脱退とともに移民制限を掲げる UK 独立党が急速に支持を拡げていることである。2014年の欧州議会選挙で第1党に躍進したことはすでに紹介したが，2015年の総選挙では小選挙区制の仕組みが影響して議席は1議席にとどまったものの，得票率では第3党になった。これらの要因が保守党の移民制限に向けての強い姿勢をもたらしているのである。

　とはいえ，イギリスの要望は EU の基本条約の根幹に触れるところがあり，場合によってはその改正を要する。基本条約の改正には，EU 加盟全28ヵ国の賛同と各国議会での批准が必要であり，国によっては国民投票も必要とする。また，当然のこととして，域内の移民の送り出し国である中・東欧諸国はその要望には強く反対している。基本条約の改正にまでいかないまでも移民の制限に向けて EU レベルで何らかの措置がとられるかどうかは，イギリス国内における国民投票をめぐる世論および政治がどう展開するか，また急増するアフリカ，中東からの難民問題に EU および加盟国がどう対処するかとも関わって，予断を許さない。

第3章　福祉政治における「再国民化」の言説

4　福祉ポピュリズムの概念をめぐって

1　福祉ショーヴィニズムと福祉ポピュリズム

　次いで福祉ポピュリズムについて。これは、平等主義を支持しつつ、現在の福祉国家が移民や官僚などによって牛耳られていると批判する政治勢力を特徴づける概念であり、言説でもある。福祉ツーリズムが現実政治においても多大な影響を与えていることにおいて注目されるのに対して、福祉ポピュリズムは新右翼勢力の福祉にかかる言説を新たな視点で捉え返そうとしている点で理論的にみて興味深いところがある[6]（Derks 2006；Koster *et al.* 2012）。

　ところで、福祉国家と移民との関連をめぐる言説としては福祉ショーヴィニズム（welfare chauvinism）がよく知られている（Kitschelt 1995；宮本 2004）。第2次世界大戦後における極右ないし急進右翼勢力の興隆の歴史は3つの時期に区分される（石田 2013）。第1期は、時期的には戦後初期、具体的には1950年代初頭までであり、戦前との繋がりが強く、ネオ・ファシズム、ネオ・ナチズムとでもいうべき思想、運動が中心であった。第2期は、1950年代後半から1970年代にかけてであり、思想、運動の特徴は「反税」（tax revolt）という点にあり、新自由主義的な経済政策に共鳴する立場から福祉国家には反対の姿勢をとった。これに対して1980代以降の第3期に登場した新右翼勢力は、移民排斥や国民的伝統の擁護など文化政治重視の立場をとるとともに、富の再分配については支持し、その立場から福祉国家に賛同する姿勢をとっているとされている。福祉国家を擁護しつつ、その便益を受ける対象から移民を排除しようとするところから、福祉ショーヴィニズムと呼ばれたのである。

　では、福祉ポピュリズムは福祉ショーヴィニズムとどういうところが違うのか。いうまでもなく、福祉をめぐって新右翼の政治勢力がポピュリスト的特徴をもっていることに着目するところに、その概念の特徴がある。ポピュリズムに関しては多様な捉え方、定義づけがあるが、そのイデオロギーとしての特徴は、すでに言及したように、社会を純粋な人々と腐敗したエリートから成り、政治を人々の一般意志の表現であるべきと考えているところにある。新右翼の

53

場合はさらに，社会のあり方と関わって，人々は同質的なまとまり（a homogeneous body）をなすものであり，その一体性を脅かすものとして外部者すなわち移民が存在するとみる。また，政治の捉え方としては，人々の一般意志はカリスマ的リーダーとの直接的な一体化，つまり直接民主主義によって実現されるとみる。また，今日の福祉国家の仕組みについては，制度化が進むことによって，ますます複雑化して不透明になり，その結果疎外を生みだすことになっている，ととらえるのである。

　福祉ショーヴィニズムに替えて福祉ポピュリズムの概念を用いるのは，現在の新右翼勢力が，同質的な人民にとっての外部者である移民だけでなく，腐敗したエリートも福祉のたかり屋（welfare scroungers）と捉えて批判の対象にしていることを示そうとするがためである。また，福祉国家を擁護するのではなく，批判すべきものとみていることを表そうとしてである。福祉国家が汗水垂らして働く一般の貧しい人々を助けることなく，自己利害で動く官僚＝エリートに恵まれた待遇と居心地のよい仕事を与えるばかりになっていること，また媒介的な諸制度からなるとともに大規模化，複雑化して普通の人々にとって疎遠な存在になっていることを新右翼勢力は批判しているとみるのである。

　とはいえ，福祉ポピュリズムの概念を用いる論者は，新右翼およびその支持者が福祉国家を批判しているといっても，新自由主義のごとく市場主義，自由放任主義の立場から批判しているのではないという。また，規制なき資本主義には反対であるし，グローバリゼーションに対しても保護主義を支持する姿勢をとる。そして，経済的平等を求める立場から，再分配や社会保障をも支持するというのである。しかしながら，従来においては，経済的平等の支持と福祉国家の支持とは同一の立場（two of a kind）であったと考えられ，またそれらを推進してきたのが左翼政党であり，その政党を支持してきたのは労働者層であったはずである（Achterberg et al. 2011）。

2　下層労働者がなぜ新右翼政党を支持するか

　実をいえば，福祉ポピュリズムは，欧州において，かつてであれば左翼政党を支持した低学歴で経済的に下層の労働者層が今日においては新右翼政党を支

第3章　福祉政治における「再国民化」の言説

持するようになっているという「不自然な」投票行動がなぜ起こるようになったのかという問題を検討する中で考え出された概念である。左翼と右翼の経済問題をめぐる関係は，従来においては，前者が経済的平等を求めて国家による再分配，すなわち福祉国家を推進する立場をとり，後者は市場主義を重視するところから国家介入，つまり福祉国家の解体を主張する立場をとると考えられてきた。そうだとすると経済的に平等を求めるはずの下層労働者層が右翼政党を支持することについて，首尾一貫した説明がつかないことになる。

　こうした下層労働者層が右翼政党を支持するという不自然な投票行動に対しては，S. M. リプセットらの「労働者階級の権威主義」(working class authoritarianism)（リプセット 1963）の概念にみられるように文化的要因に説明根拠を求める研究が存在する（Achterberg and Houtman 2006）。リプセットは，次のようにいう。「貧困階層は，経済的争点に関してはより進歩的ないし左翼的である。すなわち福祉国家政策，高賃金，累進所得税，労働組合支持等に賛成である。だが，進歩主義が経済以外の言葉－市民的自由，国際主義の支持のごとき－で定義される場合には，その相関関係は逆転する。裕福であるほど進歩的になり，貧しい人間ほど非寛容である」（リプセット 1963：95）と。貧困階層における非寛容さは，権威を無批判に受け入れて，少数者を憎むという権威主義的性格からくるとみている。つまり，貧困階層，下層労働者層の再分配を支持する立場と右翼政党の市場主義に優位をおき国家介入を否定する立場というように経済的観点からみれば両者の間には矛盾があることから，リプセットらは下層労働者層の右翼政党支持の理由を文化的要因によって説明しようとしたわけである。

　文化的要因に説明根拠を求めながら1980年代以降に台頭した新右翼勢力を分析したのはP. イニャーツィである（Ignazi 1992）。彼は，今日の脱工業社会においては，対立軸が物質的価値をめぐるものから自由，参加，自己実現などを重視するリバータリアン対共同体，国家，法と秩序などを重視する権威主義といったように脱物質的価値をめぐるものへと変化したという。脱工業社会における，こうした変化に左右の既成政党が十分に対応できずにいる中，1980年代以降にまずはエコロジーや左翼リバタリアンといったニュー・ポリティックス

第Ⅰ部　「再国民化」の視角

(New Politics) が台頭し，それに脱工業型の新右翼が続いたのである。前者がイングルハートのいう「静かなる革命」(silent revolution) (Inglehart 1977) によって惹起されたのだとすれば，後者はまさしく「静かなる反革命」(silent counter-revolution) によって生みだされたとされるのである。

　このような文化的要因重視の議論に対して福祉ポピュリズムの概念を用いる論者は，下層労働者層が新右翼政党を支持するという一見すると両立しがたい関係もポピュリズムの概念を用いて，その特質に照らすことによって，経済的要因の観点から見ても首尾一貫した説明がつくと考えた。グローバル化や移民の増加，社会的格差の拡大等にみられる経済的，文化的発展に脅威を覚えている，その意味で「近代化の敗者」(the losers of modernisation) である下層労働者層は当然のこととして経済的な平等を求める。その立場は従来であれば福祉国家を推進する左翼政党への支持へと向かったのであるが，現在の福祉国家に不信を感じる彼らは新右翼のポピュリスト的主張，つまり福祉国家が腐敗したエリートの道具になっているとか，本来資格のない移民が福祉国家の便益を受けて，自国民の普通の人々がないがしろにされているとかいった主張にアピール力を感じて，新右翼を支持するようになっているというのである。

3　再国民化と福祉ポピュリズム

　福祉ポピュリズムの概念は，主としてオランダ，ベルギーにおける新右翼政党（オランダ自由党，ベルギーのフラームス・ベラング (Vlaams Belang)) とその支持者の分析から考え出されたものであり，他のヨーロッパ諸国の新右翼政党にも適用可能な一般性をもった概念であるかどうかは，今後の研究によるところがある。しかし，昨今の欧州における再国民化の動きと関連させてとらえ返してみると福祉ポピュリズムの概念が有効であることが分かる。

　欧州における再国民化は，一方では反移民として，他方では反EU，つまり欧州懐疑主義として現れているが，反移民は主として西・北欧地域で勢力を伸ばす新右翼政党が主張し，欧州懐疑主義はそれらの新右翼政治勢力のみならず主に南欧地域でこの間急速に支持を拡げる左翼政治勢力も同様の立場に立つ。欧州懐疑主義は，福祉・雇用政策との関連でいえば，EUが中心となって推し

進める緊縮政策が加盟国において雇用の減少と社会保障の削減をもたらし，その結果失業と貧困が増大することになったことを批判するという形で現れている。

　欧州の福祉・雇用政策に関していえば，2000年のリスボン戦略の採択以降，開かれた協調手法（open method of coordination）というソフトな手法であるとはいえ，EUが加盟国との関係で政策の方向付けにおいてより積極的に関与するようになってきている。EUが追求する政策は「欧州社会モデル」といわれるものである。それは，知識基盤経済の実現を目指して成長と雇用の増大をはかるとともに社会的結束や社会的包摂をも重視するというものであり，新自由主義の路線とは一線を画すものであることは間違いない。しかし，2000年代中頃以降において成長と雇用が伸び悩む中で，EUの福祉・雇用政策は，就労支援型のアクティベーションから新自由主義に親和的な就労義務型のワークフェアへとますます傾斜してきているといわれる。さらに，リーマン・ショックおよび欧州債務危機以降の経済危機への対応過程において，EUは加盟国に対して肥大化した財政赤字を抑えるために強い財政規律を求める政策をとり，加盟国もそれに追随せざるをえない状況におかれてきている。

　こうした状況の下で，加盟国の普通の人々が，福祉・雇用政策が民意による統制の及ばないEUのエリートたちによって，民意とはかけ離れた内容のものがつくられていると感じて，理念はともかく現実の福祉国家に対して激しく反発したとしても不思議はない。金融支援を受けてより厳しい緊縮政策を強いられた国の国民においてだけでなく，それらの国への財政支援のために増税が求められる国の国民においても，なぜ自分たちの血税を怠惰な国民を救うために使われなければならないのかという反発が生まれているのである。つまり，欧州懐疑主義の福祉・雇用政策分野における現れは，福祉ポピュリズムの構図でとらえることができるといえるのである。

　とはいえ，福祉ポピュリズムには，上記の定義に基づけば，反EUに加えて福祉からの移民排除という主張も入っている。この主張は，いうまでもなく新右翼政党がもっとも重視するものである。だが，2の2でみたようにポピュリズムのカテゴリーには，排除的ポピュリズムとは異なる包摂的ポピュリズムも

第Ⅰ部　「再国民化」の視角

含めうるとするならば，現実の福祉国家を厳しく批判しつつも，移民をも包摂した別の福祉国家を求めるという，もう一つの福祉ポピュリズムの言説も成り立ちうることになる。南欧諸国に登場した新たな左翼勢力の言説がそれに当てはまるかどうかは興味深いテーマであるが，その検証のためには彼らの主張内容と実際の行動をより詳しくたどる必要がある。

【注】
1) 1980年代以降に欧州において登場した新しい政治勢力については，政治的に右翼であるとする点では認識の共有がみられるものの，具体的にどういう名称で呼ぶかに関しては研究者でも意見が分かれている（石田 2013）。一般的に極右（extreme right）という言葉を使うときは，戦前のファシズムとの連続性がある場合である。そういう政治勢力もいるが，欧州の新しい政治勢力の多くは戦前とは断絶している。その点から，本章では新右翼，新右翼政党という言葉を使う。
2) ミュデとカルトヴァッサーは，元々においては，欧州における右翼ポピュリズム＝排除的ポピュリズムとラテンアメリカにおける左翼ポピュリズム＝包摂的ポピュリズム（ベネズエラのチャベス政権，ボリビアのモラレス政権など）という対比で論じていた（Mudde and Kaltwasser 2013）。
3) 福祉ツーリズムは，第一義的にはEU周辺国（中・東欧諸国）から中心国（西・北欧諸国）への移民に伴って起こる問題，すなわち「域内」における人の移動の自由がもたらす問題である。しかし，「域内」と「域外」の関係はそれほど単純ではない。EU拡大によってEUの境界線は東に移動したが，新規加盟の中・東欧諸国は「域外」の移民・難民にとって経由国であって，最終的な移民希望先の国は西・北欧諸国である場合がほとんどであるとすれば，新規加盟国の国境管理のあり方次第では，「域外」問題はただちに「域内」の問題に転じる。最近のアフリカや中東からの難民の急増は，EUの境界線にある諸国の負担を過重にし，また域内における事実上の国境管理を復活させるという事態を招いたりして，シェンゲン協定の崩壊が取りざたされている。
4) 4ヵ国内務大臣による欧州連合理事会議長国への申し入れの書簡に関しては，以下を参照。http://docs.dpaq.de/3604-130415_letter_to_presidency_final_1_2.pdf, last visited 18 December 2015.
5) 他方で，低技能労働者の場合は，移民が受け入れ国の賃金や雇用にネガティブな影響を及ぼす場合があり，また不況期には既存の仕事をめぐる競争を激化させて，経済に悪い影響をもたらす場合があるともされている（Benton & Petrovic 2013）。
6) 福祉ポピュリズムに関する以下の叙述については，この概念の有効性を主張するA. Derks氏に対して筆者が2015年2月25日に行ったインタビューにも依っている。それについては，石田（2015）を参照。

第3章　福祉政治における「再国民化」の言説

【参考文献】

石田徹（2013）「新しい右翼の台頭とポピュリズム――ヨーロッパにおける論議の考察」高橋進・石田徹編著『ポピュリズム時代のデモクラシー――ヨーロッパからの考察』法律文化社，44-69頁。

石田徹（2015）「福祉をめぐる『再国民化』――欧州における新たな動向」『社会科学研究所年報』（龍谷大学）第45号，187-194頁。

加藤眞吾（2007）「人の自由移動政策――労働移民と国境管理」『総合調査　拡大EU――機構・政策・課題』国立国会図書館調査及び立法考査局，129-142頁。

田中友義（2014）「反移民・反EUポピュリスト政党躍進の経済的社会的背景」『季刊　国際貿易と投資』2014秋，75-91頁。

――（2015）「大量の移民流入，連鎖する反移民に苦慮する欧州――内政を不安定にするリスクの高まり」『フラッシュ219』国際貿易投資研究所（http://www.iti.or.jp/flash219.htm, last visited 18 December 2015）。

松本勝明（2012）「国境を越える人の移動に対応した社会保障の調整――新たなEU規則の意義と課題」『青山法学論集』第53巻第4号，143-181頁。

宮本太郎（2004）「新しい右翼と福祉ショービニズム――反社会的連帯の理由」斎藤純一編著『福祉国家／社会的連帯の理由』ミネルヴァ書房，55-85頁。

リプセット，セイモア・マーチン（1963）『政治のなかの人間』内山秀夫訳，東京創元新社。

Achterberg, Peter and Houtman, Dick (2006) "Why do so many people vote 'unnaturally'? A cultural explanation for voting behavior", *European Journal of Political Research*, vol.45, no.1, pp.75-92.

Achterberg, Peter *et al.* (2011) "Two of a Kind? Anti-Welfarism and Economic Egalitarianism among the Lower-Educated Dutch", *Public Opinion Quarterly*, vol.75, no.4, Winter, pp.748-760.

Benton, Meghan and Petrovic, Milica (2013) *How free is free movement? Dynamics and drivers of mobility within the European Union*, Migration Policy Institute.

Blinder, Scott (2015) *Briefing UK Public Opinion toward immigration: Overall Attitudes and Level if Concern*, The Migration Observatory at the University of Oxford.

De Koster Willem *et al.* (2012) "The new right and the welfare state, The electoral relevance of welfare chauvinism and welfare populism in the Nederland", *International Political Science Review*, vol.34, no.1, pp.3-20.

Derks, Anton (2006) "Populism and the Ambivalence of Egalitarianism. How do the Underprivileged Reconcile a Right Wing Party Preference with their Socio-Economic Attitudes?", *World Political Science Review*, vol.2, no.3, pp.175-200.

Dustmann, Christian and Frattini, Tommatso (2013) "The Fiscal Effects of Immigration to the UK", *CReAM Disscussion Paper Series*, No.22/13.

EurActiv (2013a) Commission doubtful over 'benefits tourism' claims, 26/04/2013 (http://www.euractiv.com/socialeurope/commission-gets-cold-feet-push-l-news-519366, last

第Ⅰ部　「再国民化」の視角

　　　visited 18 December 2015).
── (2013b) 'Benefits tourism' in the EU is a myth, report says, 17/10/2013 (http: //www.euractiv.com/socialeurope/little-evidence-benefit-tourism-news-531128, last visited 18 December 2015).
European Social Survey (2012) *Welfare attitudes in Europe : Topline Results from Round 4 of the European Social Survey*, ESS Topline Results Series 2 Issue.
ICF-GHK (2013) "A fact finding analysis on the impact on the Member States' social security systems of the entitlements of non-active intra-EU migrants to special non-contributory cash benefits and healthcare granted on the basis of residence" (2013.10. 14) (http://ec.europa.eu/employment_social/empl_portal/facebook/20131014%20GHK %20study%20web_EU%20migration.pdf, last visited 18 December 2015).
Ignazi, Piero (1992) "The silent counter-revolution : Hypotheses on the emergence of extreme right-wing parties in Europe", *European Journal of Political Research*, vol.22, no.1, pp.3-34.
Inglehart, Ronald (1977) *The Silent Revolution : Changing Values and Political Styles Among Western Publics*, Princeton : Princeton University Press.
Kitschelt,Herbert,with Anthony J. MacGan (1995) *The Radical Right in Western Europe: a Comparative Analysis*, Michigan : University of Michigan Press, Ann Arbor.
Moufe, Chantal (2014) "Populism is a necessity", *The European 02.05.2014* (http://www. theeuropean-magazine.com/chantal-mouffe-4/8420-why-the-eu-needs-populism, last visited 18 December 2015).
Mudde, Cas (2015) "Populism in Europe : a primer", *open Democracy* (https://www. opendemocracy.net/can-europe-make-it/cas-mudde/populism-in-europe-primer, last visited 18 December 2015).
Mudde, Cas and Kaltwasser, Cristóbal, R. (2013) "Exclusionary vs Inclusionary Populism : Comparing Contemporary Europe and Latin America", *Government and Opposition*, vol.48, no.2, pp.147-174.
OECD (2013) *International Migration Outlook 2013*, OECD Publishing.
Office for National Statistics (ONS) (2015) *Migration Statistics Quarterly Report ─ August 2015* (http://www.ons.gov.uk/ons/dcp171778_414818.pdf, last visited 18 December 2015).
Stavrakakis, Yannis and Katsambekis, Giorgos (2014) "Left-wing populism in the European periphery: the case of SYRIZA", *Journal of Political Ideologies*, vol. 19, no.2, pp.119-142.

＊本稿は，龍谷大学社会科学研究所年報第45号所収「福祉をめぐる『再国民化』──欧州における新たな動向──」を大幅に加筆修正したものである。

第4章

リベラルなヨーロッパの憂鬱
―― EU 市民権と移民をめぐる一考察 ――

野田　葉

1　EU 市民権とヨーロッパのリベラル化

　本来シティズンシップとは，国家が付与する成員資格に付随する権利である。それはある国に生まれたことによってなかば自動的に与えられるため，一般的にはあまり意識されることなくごく自然にあるもののように享受される。つまりシティズンシップとはその国のネイティブにとっては一般的にはほとんど当然の事実のようなものである。反対にそれが常に問題となるのは外来者にとってである。外から来た人間がその国に定住することになったときに，それを獲得することをめぐって問題に直面するのである。

　トーマス・ハンマーは，定住する外国人に対してその国の国民が享受する市民権に準じた一定の権利を付与するための概念としてデニズンシップを提案した。国内に居住する人々をシティズン（citizen），デニズン（denizen），エイリアン（alien）と区別し，長期間滞在する定住外国人すなわち「合法的な永住者の資格を有する外国籍市民」をデニズンと位置づけ，一定期間の居住の事実を基盤に一定の権利を付与すべきだとしたのである（ハンマー 1999：26-29）。彼が想定していたのは戦後ヨーロッパにおけるゲストワーカー，つまり移民労働者に対して国家が付与すべきシティズンシップとは何か，という問題だった。

　ヤセミン・ソイサルは1990年代半ばに，ハンマーと同様にヨーロッパの移民労働者を念頭におきつつ，シティズンシップが付与される基盤は「人であるこ

と」にあるという考え方を打ち出した。彼女によれば，シティズンシップは今や国家による付与ではなく，また居住に基礎づけられるのでもなく，「人の権利の脱領域的な観念」に根ざす「ポスト・ナショナルなシティズンシップ」へと移行しつつあるのではないかという (Soysal 1994：3)。「人であること」に権利付与の根拠を設定することで，これまでの国民国家と市民権の結びつきの自明性に根源的な疑問を投げかけたところにこの議論の新しさがあった。しかしシティズンシップは国家から切り離しうるものなのだろうか。その答えは簡単ではないが，現在のヨーロッパ諸国におけるシティズンシップは，欧州連合 (European Union，以下EU) のもとで創設された連合市民権 (以下，EU市民権) という超国家的な新しいシティズンシップの影響を受けて変化しつつある。

では1990年代前半のヨーロッパに登場したEU市民権とはどのようなシティズンシップなのだろうか。EU運営条約においてそれは以下のように定められている。

「連合市民権をここに設立する。加盟国の国籍を持つ者はみな連合の市民となる。連合市民権は，各国の市民権を補足するものであり，それに取って代わるものではない。」(EU運営条約第20条1項)

ここでEU市民権は「加盟国の国籍を持つ者」に与えられた「各国の市民権を補足する」もの，つまり加盟国の国籍に付随する権利として位置づけられている。そして同条第約21条でその権利の主たる意義について以下のように定める。

「連合市民はすべて，本条約に定める制限及び条件ならびにその適用のために採択される措置に服して，加盟国領域内において自由に移動し及び居住する権利を有する」(EU運営条約第21条1項)

EU市民に付与される権利とは，何よりもEU域内を自由に移動する権利である。EU法とその法的解釈を担うEU司法裁判所 (旧称ヨーロッパ司法裁判所 (ECJ)，本稿では以下，ECJとする) は，この域内移動の自由を保障するためのEU市民の権利拡大を積極的に推進してきた。それは市場統合による要請だけでなく，ヨーロッパがリベラルで平等を志向する価値観を共有しているという認識に支えられている。EU条約前文には，加盟国が「人間の不可侵かつ不可

譲の権利，自由，民主主義，平等および法の支配という普遍的価値が発展する源となったヨーロッパの文化的，宗教的および人文主義的遺産から示唆を受け」（第2段），そうした諸原則への支持を確認し，EU が利益の共同体であると同時に価値の共同体でもあることが謳われている（庄司 2013：26）。このような価値規範にもとづいて，EU 市民権は，国境を越える人々が移動先で内国民と同等の権利を保障されることをめざすヨーロッパ単位のシティズンシップとして進化してきたのである。

　しかし，EU レベルで推進されてきたこのリベラルな権利の拡大は，EU 加盟諸国にさまざまな影響を与えている。諸政府は EU 法に従うよう求められ，ときに国内の法や政策を変更することも余儀なくされるが，それが国民の利益に反する場合もあり得る。また，国内で民主的合意を通じて達成されてきたルールさえ否定されることもある。市民権をめぐる EU レベルのリベラルな平等化の推進が国内レベルの法や政策を変質させ，民主的国内合意をもくつがえしてしまうという逆説がみられるのである。ヨーロッパ各国における「再国民化」は，こうした動きへの反作用でもあるといえる（Kostakopoulou 2010：933-934）。

　筆者の関心は，リベラルであろうとしてきたヨーロッパが，そのことによって現在，どのような問題に直面しているのかという点にある。本章では国境を越えて移動する人々に内国民と同様の権利を保障することをめざすという，まさにリベラルな性格をもつ EU 市民権を中心的な題材として取り上げる。まず国境をこえるシティズンシップとしての EU 市民権について，その権利内容の進化や拡大の過程を整理しつつ，EU 域内を移動する人々にどのような影響を与えているかを確認する。その上で EU と国家という異なるレベルが重層する生活空間に暮らす人々に生じてくる問題のいくつかに焦点をあてる。そして最後に，以上のことをふまえながら移民との向き合い方の問題を取り上げ，戦後ヨーロッパが共有する普遍的価値として EU 統合をも支えてきたリベラリズムが，今日のヨーロッパの社会においてどのような矛盾を抱えているかについて若干の考察を試みたい。

第 I 部 「再国民化」の視角

2　EU 市民権の拡大

1　EU 域内を移動する人々

　EU の加盟国は現在，28ヵ国であり，総人口はおよそ 5 億人にのぼる。ヨーロッパの経済統合は，物・人・サービス・資本の 4 つの域内自由移動を確保し，競争原理にもとづくヨーロッパ域内市場の発展を目的にしてきた。つまり EU がもともと対象としていた「人」とはいわゆる「マーケット・シティズン」だった。域内市場発展のため，国境を越えて経済活動を行う人々の移動の自由を保障するべく国家間を調整する法整備が行われてきたのである。そして 1993 年発効のマーストリヒト条約で「EU 市民」という地位が創設され，経済活動を行わない人々にも EU 域内移動の自由が保障されることになった。しかし EU 域内を移動する人々は加盟国国民，つまり EU 市民だけではない。EU 域外からの外来者もいる。その多くを占めるのが移住労働者，いわゆる一般に「移民」とよばれる人々や難民申請者などである。EU 市民権の導入は，実はこうした非 EU 市民の権利の拡大にも影響を与えてきたのである。
　以下では EU 域内を移動する人々を EU 市民とその家族，そして非 EU 市民に分け，EU 市民権の導入によってそれぞれに付与されている諸権利がどのように拡大したかをみておこう。

2　EU 市民の権利とその進化

　EU 市民が享受する主な権利には，①加盟国領域内を自由に移動し居住する権利，②欧州議会選挙および居住先加盟国の地方参政権，③出身加盟国が代表を置いていない第三国の領域において，すべての加盟国の外交及び領事機関の保護を同一条件で受けることができる権利，などが挙げられる（EU 機能条約第 20 条 2 項）。
　しかし先に述べたように，EU 市民の権利とは何よりもまず国境を越えて移動する自由が保障されることだった。つまり EU 市民権によって直接にその権利を享受するのは域内を移動する人々である。他方，ある加盟国に生まれてそ

の国から出ることなく暮らす人々は，国内法に従う。

　したがってEU市民権によって直接に権利を付与される人々，すなわち他の加盟国へ移動し，居住しているEU市民とは，2011年時点で約1280万人であり，EU総人口のおよそ2.4％にあたる（庄司 2014：12；Vasileva 2012）。この総人口のわずか数パーセントにしか相当しないEU市民の権利が，ECJ判決による積極的な司法解釈などを通じて拡大してゆくことになる。

　とりわけ2001年のグルゼルチク事件判決は，EU市民権固有の意義を決定づける重要なものだった。この判決が画期的だったのは，外国人留学生であってもEU市民であるならば，加盟国政府は彼を国民と同等に扱うべきであると判断した点にある（Case C-184/99[2001]ECR I-6193）。

　アルバイトで生活費を稼ぎながらベルギーの大学に留学していたフランス人学生が，留学して4年目に学位論文執筆のためアルバイトを続けることが困難になり，居住していた市当局に最低生活手当（ミニメックス Minimex）を申請したが却下された。ベルギー政府は留学生が労働者ではなく，かつ「十分な資力」をもたないことは申請を却下する理由になると判断したのだが，ECJは「連合市民権は加盟国国民の基本的地位となるべき定めにあり，国籍を問わず，同一の状況にある者は，同一の法的な待遇を受けられるようにするものである」という判断を下したのである（庄司 2007：104-105）。フランス政府はこの件について「ある加盟国に定着したEU市民とその国の国民との間に完全な平等を確立することとなり，そうすると国籍に付随する権利との調和が困難に陥る」という考えを表明したが，ECJはこの判決を通じてまさにこの「完全な平等の確立」を実現しようとしたのだった（ヨプケ 2010：234）。

　ECJがこの判決を通じ，EU市民権の創設によってEU法体系が大きく転換したと位置づけたことは重要である。つまり経済活動をしない人の域内移動の不自由を原則としていた既存法がEU市民権の創設によって覆され，加盟国国民すべてが自由移動・居住の原則を享受することになったとし，そこから経済活動の有無にかかわらず「加盟国国民の基本的地位となるべき定めにあ（る）」EU市民権にもとづいて，EU市民が移動先の受入国において内国民と同等の公的扶助を受けられることを明確化したのである（中村・須網 2010：254-258）。

このグルゼルチク事件判決はその後の判例展開における分水嶺的な判決となった。

このようなECJの積極的解釈を受けて，EUは2004年に「市民自由移動指令」(Directive 2004/38/EC, OJ L229/35) を制定し，EU市民とその家族の移動・居住の自由についてさらにその権利保障を充実させていくことになる。

3　派生的権利によるEU市民の家族の権利

EU域外の国籍をもつ「第三国国民」であってもEU市民の家族である場合には，EU市民権に準じた権利内容が派生的権利として認められるようになっていく (Besson and Utzinger 2007：580)。「EU市民の家族」に該当するのは，配偶者，同性登録パートナー，21歳未満の子，21歳以上であっても被扶養者である子，ならびに本人および配偶者それぞれの父母である。彼らには「派生的権利」として，①その国籍にかかわらず，EU市民とともに他の加盟国へ移住でき，②受入れ先の加盟国において就労でき，そして③受入れ先の加盟国国民と平等な待遇を享受できる (庄司 2014：14-15)。

2011年のサンブラーノ事件判決において，難民申請の却下をめぐってEU市民の家族の権利がいかに守られるべきかについてECJはその判断を示した (Case C34/09[2011]ECR I-1177)。コロンビアから来た夫婦がベルギーに難民の地位を申請したところ却下された。しかしノン・ルフールマン原則によってただちには送還されなかったため，その間に生まれた二人の子がベルギー国籍を取得し，EU市民となった。二人の子はベルギーから出たことがないため，いわゆる「まったく国内的な状況」にあるベルギー国民ということになり，本来ならベルギーの国内法に従うことになると考えられる。しかしECJは，二人の子が加盟国国民としてEU市民権を享受していることを確認した上で次のようにいう。

「その状況において，EU運営条約第20条は，連合市民としての地位により付与される権利の実質を現実に享受することを連合市民から奪う効果を有する国内措置を妨げる。」

つまり，第三国国民である両親の居住権の付与が拒否されれば，EU市民で

ある二人の子も EU 域外に去らねばならないし，また父親に労働許可が与えられなければ，EU 市民である二人の子を扶養することができないため，やはり EU 領域を去らねばならなくなる。このように二人の子の EU 市民としての地位によって付与される権利の実質が行使できなくなる状態（地位剥奪同等効果）を避けるために，コロンビア人の夫婦は EU 市民の親としてベルギーに居住し就労することを認められたのである（庄司 2014：21-22）。

域内越境的要素が皆無であっても，EU 市民としての二人の子の権利は保護されるべきという ECJ の積極的な条約解釈に支えられ，これに付随する家族の派生的権利として両親にもベルギーでの居住が認められることになったのである（中村 2012：148-149, 151）。

4　非 EU 市民の権利

では，EU 域外からやってきてヨーロッパに居住している非 EU 市民についてはどうだろうか。いわゆる EU 加盟国ではない「第三国」の国籍をもつ移住者，つまり一般的に「移民」と呼ばれて EU に居住する第三国国民は，2013年時点でおよそ2040万人（総人口の約 4 %）にのぼる（COM（2014）288final：3）。

1990年代には，EU が「連合協定」を結んでいる第三国の出身者である移住労働者については「明示的なヨーロッパの法的権利」を享受することが取り決められていた。「連合協定」を結んでいた国々とは，トルコ，モロッコ，アルジェリア，チュニジアである。それらの国々の出身者の合計数は1994年時点でおよそ400万人にのぼる。その彼らが享受していた権利とは，かなりの程度，EU 加盟国国民の権利に近似するものだった（ヨプケ 2010：236）。つまり「連合協定」を結んだ国の国民に限定されてはいたものの，すでに1990年代半ばに相当数の EU 域外からの移民に対して，加盟国国民にかなり近似した社会的権利が付与されていたのである。

1999年にアムステルダム条約が発効すると，それまで主に各国ごとの権限で行われてきた移民政策についても EU が本格的に関与するようになり，反差別や難民申請手続きなどについても EU 指令が採択されていく。とりわけ2003年の「長期在留者たる第三国国民の地位に関する指令」（Directive 2003/109/EC,

以下,「長期居住者指令」)によって,EU市民ではない外国人が永続的な長期在留の資格を得ることがかなり容易になった。ただしこの長期居住者の地位の付与にあたっては,EU法に従いつつも,各国政府に広い裁量の余地が認められている(佐藤 2012:121-122)。

この「長期居住者指令」によって,一つの加盟国に5年間,合法的かつ継続的に居住すれば,いくつかの条件は付されるものの,長期在留資格を取得することができる。この指令はEU市民対象の市民移住指令と基本的には同じ発想にもとづいている。ただし,加盟国の公的扶助に頼らなくてもよい程度の安定した定期的収入の有無を加盟国が事前に査定すること(この点は市民移住指令よりも厳格になっている),かつ疾病保険へ加入していることが必要である。そしてこの長期居住者指令が出されたことを機に,多くの加盟国における帰化申請資格の条件もまた,合法的かつ継続的な5年間の居住に引き下げられた。この長期在留資格が与えられると,就労,教育,職業訓練,社会保障,税法上の恩典,労働組合への加入の自由など,さまざまな点で加盟国国民と同等の扱いを受けることができるようになる(庄司2007:113-114;Arcarazo 2015:202)。

しかし注意しておくべきことは,EU市民との区別はあり,いくら近似していても決して同じではないということである。非EU市民,つまり国籍をもたない外国人の諸権利にはEU市民にはない細かい条件が付されており,あくまでEU市民権とは別のものとして区別されている。たとえば他の加盟国への居住の権利はEU市民には直接付与される権利だが,外国人の場合には上述のとおり,まず一つの加盟国に5年間合法的に居住していることが必要とされる。また非EU市民である家族との同居についても,EU市民には無条件の権利として与えられているが,外国人の場合,外国から家族を呼び寄せる権利については別途指令(家族呼び寄せの権利に関する指令 Directive 2003/86)にもとづくことになっている。さらに学生や難民申請者および短期労働者はこの「長期居住指令」の適用範囲から除外されており,さらにイギリス,アイルランド,デンマークについてはそもそもこの指令の適用除外とされている。つまりヨプケが指摘するように,こまかく階層化されて「いつでも回収されうる権利」であるという点で,EU加盟国の国籍をもたない非EU市民である外国人に付与され

る権利とは,「本質的に脆弱な権利」なのである（ヨプケ 2010：115-134）。

とはいえ，ECJ 判決や EU 指令および各加盟国の国内法によって外国人に付与される諸権利が，その権利内容としてはどの加盟国にあっても相当程度に近似するものとなってきており，EU 市民の享受する権利にかなり近づいたものになってきていることは確かである（Arcarazo 2015：217）。

3　リベラルな EU の超国家性がもたらすもの

1　誰に給付されるべきか？――ドイツの給付政策の挫折

では，国境を越えることなく一つの加盟国のなかに暮らす一般的な市民は，上述のような域内自由移動の権利保障の拡大のなかでどのような影響を受けているのだろうか。加盟国国民として EU 市民権をもっていても，国籍のある国内に住んで生活している――いわゆる「まったく国内的状況にある」――限りはその EU 市民権の権利は「起動」しない。そしてそのような人々こそが実は EU 域内人口の大部分を占める。もちろん彼らも EU 法の影響を受けないわけではない。EU 指令等にしたがって国内法が改正され，そのルール変更がさまざまな社会変化をもたらしてきた。しかしそれだけではなく，域内の自由移動の「障害」を除去しようとする EU の取り組み自体が各国の社会政策にも無視できない影響を与えている。

たとえば各国政府は，EU 法や ECJ 判決の動向に照らして影響を受けそうな政策立案については場合によって慎重になり，そのことが政策内容――とくに福祉給付のような分配をめぐる政策――に反映される。そうした事例は統一を直前に控えたころの旧西ドイツにおいてすでに経験されていた。

コール政権期の1988年，政府内で国内の高い物価に対する高齢者の生活支援のための補助的年金事業（フィンク・モデル）が立案された。これは標準的な年金保険の受給資格を満たせない退職者のための生活補助を目的とし，貧しい年金生活者の最低保障を行おうとするものだった。

しかし移動労働者の権利を保護する観点から，ECJ がこうした給付政策は「輸出可能」であるとの判断を下すことが予想された。もしそうなれば，ドイ

ツにおける短期の就労によってこの補助的年金の受給資格を得た労働者は、その後ドイツ以外の加盟国のどこに居住しようとそれを受給できるということになる。

　生活費が高くなりがちなドイツ国内に居住する退職高齢者の生活援助を企図していたドイツ政府は、この給付の「輸出」が避けられないことが明らかになったことで、国内政治的には左右両派の支持を得ていたこのフィンク・モデルの議会提出を断念した（Conant 2004：305-306）。当時のブリューム労相はこうした給付政策を導入すれば、それが「短い保険期間をドイツで過ごして最低保障の請求権を獲得し、その後それを故国にもって帰る誘因となる」と述べ（リッター 2013：67 註69）、コール首相らドイツ首脳は、これは「司法の束縛」だとしてECJを批判した（Conant 2004：306）。うわべは"進歩的な"EU法やECJ判決が、ドイツ国内の貧しい年金生活者の生活の"進歩"を妨げているではないか、というわけである（Conant 2004：306）。

　政府がフィンク・モデルを放棄したのは、それが国民国家の税を基盤とした社会給付である以上、国内に居住する国民を対象とするものにしたかったが、それができなかったからである。

　しかし、受給資格を得て国外に移住するのは外国人であるとは限らない。そうであるとすれば、政府がこの給付政策案を放棄したのは、その給付対象者をドイツ国民に限定できないからというよりも、「ドイツ国内に居住している者」に限定できなかったからだったとも考えられる。つまりドイツ政府は、ドイツ国籍の有無よりも「ドイツ国内に居住していること」の方を重視したとみることもできるのである。もとより国籍と居住地は人が移動するものである限り、決して完全に一致することはないが、国民国家は、その両方を自らの管理下におくことによって領域内統治をより堅固なものにしてきた。しかしEU法が「移動する人々」という新しい権利主体をカテゴライズしたことによって、国籍にもとづく権利付与という国民国家と国民をつないでいる権利関係の意義が揺るがされるようになってきたのである。

2　ECJ判決と労使自治——超国家的司法解決とデモクラシー

　ECJはヨーロッパ諸国における戦後デモクラシーの基盤となってきた社会的パートナーシップにも大きな影響を及ぼしている。

　従来，ヨーロッパ諸国の労働組合は国内労働者を束ね，集団的な政治主体として，労使交渉等を通じ，労働条件の規律に深く関わってきた。そのなかで国ごとに労使関係の慣行が形成されてきたが，労働協約等によって労使合意にもとづき労働条件を整えてきた国も少なくない。

　しかしECJは近年，そうした加盟国内における労使関係の慣行や労働協約のあり方に否定的な判断を示してきた。2つの具体的事例をみてみよう。

　まずスウェーデンのストックホルム市の公共事業をめぐって起きたラヴァル事件である。市の学校改修を請け負ったラトヴィアのLaval社がスウェーデンの平均よりも約4割低い賃金でラトヴィア人労働者を雇用していたため，スウェーデンの建設労働組合が，Laval社に対してスウェーデンの労働協約を適用するよう要求した。しかしLaval社は拒否したので労組側が争議行為を行い，これが裁判で争われることになった。

　2007年，ECJは以下のような判決を下す。スウェーデンはすでに「労働者派遣指令」(Directive 96/71/EC) を国内法化している。しかしスウェーデン政府はそれにしたがって最低賃金を立法化する，もしくは労働協約による最低賃金の設定を明示するという手段をとらず，従来から国内の労使関係において一般的に行われていたように最低賃金の決定を労使関係に委ねていた。ECJはこれを不適切であるとし，また労組の行った争議行為もEU法違反であるとしたのである（Case C-341/05［2007］ECR I-5751；網谷 2011：329；庄司 2014：120-121）。

　もうひとつはドイツのリュッフェルト事件である。これはニーダーザクセン州政府が公共事業を発注するにあたって，契約する企業に対して同州内の建設業における集団的労働協約の適用を求めていたのに対して，これを下請けしたポーランドの企業が協約にもとづく賃金を払っていなかったことから訴訟となったものである。2008年にECJは，州政府が契約条件で集団的労働協約の適用を求めたことについて，立法による最低賃金の設定や一般的効力宣言のよ

うな，EU 指令が求める基準設定方法を守っていないとして，これを EU 法違反とした（Case C-346/06 [2008] ECR I-1989）。

スウェーデンやドイツはもともと労使自治にもとづいて労働協約を結び，労働組合が使用者団体とともに労働市場全体に及ぶ労働条件を自律的に規律するシステムを形成してきた国である。

スウェーデンは労使自治による協約システムによって，労使の合意に基づいて集団的に労働条件を決定することを基本としてきた。組織率の高い労組の結ぶ協約が労働市場のほぼ全体に適用され，そこでの国家の介入は最小限に抑えられていた。とくに賃金決定は「労使自治の聖域」とされ，「公平」な賃金の実現は，何が「公平」なのかを具体的に明らかにすることも含めて労使の任務だとされ，賃金の問題は，裁判所ではなく労使交渉の場で解決されるべきだと考えられてきた（両角 2010：139）。スウェーデンには，超国家的な ECJ 判決という命令的手段による是正よりも，国と労使が協力して目標に向かう過程で，労働組合などが「適切な判断や行動をすることによって」，個々の労働者の権利が守られていくというやり方への支持が今もあるという（両角 2010：152）。

一方，ドイツにも「協約自治」という概念があり，労働者の団結や集合行為は基本法によって規定されているという考え方が確認されてきた。連邦憲法裁判所も「集団労働協約システムの核となる領域それ自体」を国家が労使に委ねたものとする解釈を示している。上記の ECJ 判決がこうしたドイツの集団的労働協約のあり方を否定するものであったため，国内では反発が起こり，EU 研究者のシャルプ（Fritz Scharpf）は「唯一の道は，ECJ に従わないことである」という論説を発表して EU 法優位の原則自体をも拒否する考え方を主張し，議論を巻き起こした（網谷 2011：332-333）。

これに対し，ECJ がこれらの判決で強調していたのは，個人の権利保障を確実にする観点から，労働条件の規律は――労使の協約等によるのではなく――国の立法あるいはそれと同等の法的効果をもつ措置を確保することによって達成されるべきだという考え方だった。ECJ は個人の利益保護を中心におき，それを守る公的秩序は原則として国家の関与により構築されるべきだと考えているのである。この点については，こうした態度が ECJ の「「超国家的

な」「司法部」という性格そのものに起因している可能性」が指摘されている（網谷 2012：138-139）。すなわち ECJ は，具体的事件の解決を任務とする司法であることから「具体的な事件のなかで個人の権利を守る」ことのほうを，「集団的妥協を成立させることや，将来の政策の方向性を決定する」ことよりも自ずと重視する。また，超国家性をもつ主体であることから「各国レベルの司法部と異なり，集団的秩序に関する特定の理解や理念に依拠することが困難である」ことによって，上記のような判断が導きだされやすいのだという（網谷 2012：139）。

いずれにせよ，このように超国家的な見地からの司法的判断と各国内それぞれにおける政治的判断の形成の間に生じてくるズレは，各国のデモクラシーのあり方に少なからぬ影響を与えることになるのである。

4　ヨーロッパ・リベラリズムの抱える矛盾

ここまでは EU 市民権および域内移動の自由の問題を切り口にして，「開かれたリベラルなヨーロッパ」をめざす動きが，同時にヨーロッパにどのような問題を引き起こすことになっているのかということについて事例をあげて論じてきたが，EU 統合を支え，ヨーロッパ諸国が共有してきたこの理念の矛盾がもっとも大きく現れるのは，「移民」というマイノリティとどのように向き合うかという問題をめぐってである。

なかでも2000年代初めにオランダで起きた一連の出来事は，今振り返ると，現在のヨーロッパのリベラリズムが抱える矛盾を集中的に表徴するものだったといえるだろう。ひとつは2001年から2002年にかけてのピム・フォルタインのイスラム批判と彼への政治的支持の高まりであり，もうひとつは2004年のムスリムの女性差別を告発する映画を制作したテオ・ファン・ゴッホの殺害事件である。この 2 つの事件はいわばひとつながりとなって，リベラルな価値規範を重視してきたオランダ社会に深い打撃を与え，その後の政治と社会を大きく変化させることになったといえるだろう。最後にこのオランダの事例を取り上げ，ヨーロッパの抱える矛盾をめぐる問題の所在を明らかにしたい。

第Ⅰ部　「再国民化」の視角

　まず一連の動きの引き金となったのはピム・フォルタインのイスラム批判である。ピム・フォルタインは1989年に労働党を離れてからは政権（労働党は与党）や既成政党を批判する右派の論客となり，その歯に衣きせぬ発言で社会的注目を集める存在となった。彼はムスリム系移民について，国内に多数流入しながら自らの文化をかたくなに守って集住し，オランダ社会へ統合しようとしていないと批判していた。彼はイスラムを「根本的に近代西欧文明と異なる原理に基づく，西欧社会とは共存不可能な」「時代遅れの」宗教であるとし，したがって政教分離，個人の自立，男女平等といった西欧的価値規範とは決して相容れることがないものだという考えを公言していた。

　ここで注目すべきなのはフォルタインが人種差別や民族差別的主張に拠るのではなく，西洋啓蒙の伝統に由来する「普遍的な」価値観にもとづいて「遅れた」イスラムを批判するという論法をとったことである。彼の主張は，ファシズムや暴力的極右運動に由来する部分を持ち，民族的・国家的価値を重視して排外的主張を行うような勢力とは一線を画していた（水島 2012：113-116）。つまり彼によれば西欧のリベラリズムを守るためにこそ，ムスリム移民の流入が問題となるのである。そしてこのような彼の主張が支持を集めるようになる。

　フォルタインは2001年夏に次期総選挙への出馬を表明して以降，難民をめぐる問題発言などによって物議をかもしながらも翌2002年2月にはフォルタイン党を設立してさらに支持を伸ばし，連立次第では首相の座さえ夢ではないところまできていた。ところがその総選挙を目前にした5月に，環境保護運動家の白人男性の銃撃を受けて殺害されてしまう。しかしフォルタインの死後も，彼のイスラム批判とムスリム系移民に対する厳しい態度は，総選挙後に成立した中道右派政権によって引き継がれ，移民・難民政策の厳格化への政策転換というかたちで実現されていく。オランダの政治はまさに「フォルタインなきフォルタイン化」（水島 2012：145）へと進んでいくのである。

　フォルタインは自らのムスリム批判を西欧リベラリズムの擁護という理由から正当化した。しかし本来リベラリズムは常に2つの顔をあわせもち，この2つがともに備わっていてはじめてリベラルたりうるというべきであろう。すなわちここでいうリベラリズムの2つの顔とは，ひとつは自律と理性を優位にお

第4章　リベラルなヨーロッパの憂鬱

いてそれを理想とする生き方の追求であり，もうひとつは多様な生き方が存在する社会に対して，手続き的に寛容かつ非干渉たるべく自制して向き合う態度である。この２つが互いに必要とするのは，不寛容な者に対してひたすら寛容であることも，また逆にそのような彼らを容赦なく抑圧することも，いずれもリベラリズムそのものを破滅させてしまうからである（ヨプケ 2010：191-192；cf. グレイ 2006）。２つの側面が備わっていてこそリベラルたりうるのだとすれば，イスラムを西欧と共存不可能な宗教とし，ムスリムであることを根拠に移民を批判するフォルタインの主張は，西欧の普遍的価値の擁護を掲げながらも，実は西欧リベラリズムそのものを破壊する論理を含むものであるということになる。しかし2001年秋にアメリカで起きた9.11テロの世界的衝撃をも背景にしつつ，ムスリムか否かを標識に人々をリベラルと非リベラルに区別できるかのような彼の主張が支持を広げるようになっていった。そして彼亡き後の「フォルタイン化」は，まさにヨプケが『ヴェール論争』で指摘したように「リベラリズムがレイシズムやナショナリズムを通じて行われていた類の「排除」の役割を担う」（ヨプケ 2009：4-5）ことによってもたらされたのである。

　フォルタイン的主張に対する支持の高まりから移民政策の厳格化へ向かうという政治的展開が，オランダに暮らすムスリム系住民に対する社会的圧力となったであろうことは容易に想像がつく。そしてこうした政治的，社会的変化のなかにあったオランダ社会で，ゴッホ殺害事件が起きることになった。

　フォルタイン旋風が吹き荒れた約２年後の2004年11月２日，映画監督のテオ・ファン・ゴッホがムスリム系移民２世の若者に殺害された。その数カ月前の８月，ゴッホの撮ったイスラムの女性差別を告発する短編映画がTV放映された。この若者はこの映画に激しい怒りを感じていたという。

　元々この映画をゴッホに提案し，脚本を書いたのはソマリア出身の黒人女性，ヒルシ・アリという若手下院議員だった。元ムスリムである彼女は父親に強いられた結婚から逃れてオランダで難民申請し，その後まもなくしてイスラム信仰を離れた。イスラムを批判的にみるようになった彼女は2003年に自由民主人民党から出馬して当選し，メディアの注目を集めるイスラム批判者となった。

第Ⅰ部　「再国民化」の視角

　他方，この映画に憤激してゴッホを殺害したのはモロッコ出身の移民労働者の家庭に育ったモハメド・ブエリという当時26歳の移民2世である。モハメドは元は向学心が強く，社会的関心も高い若者で，暴力事件を起こして禁錮刑を受けるまでは会計士をめざして高等専門学校に通っていたという。将来への夢が失われた後，彼は急進的なイスラム信仰へ傾倒していった。彼は「この社会はどこかおかしい」「ムスリムは真面目に扱ってもらえない」と不満をもらしていたという（水島 2012：164-165）。
　急進的イスラム批判を展開する元ムスリムで難民出身の黒人女性と，オランダに生まれ育ったムスリム系移民2世の若者のはざまで，みずからのリベラルな信条に従って映画を撮ったゴッホはその命を奪われることになった。移民社会ヨーロッパが抱える深刻なジレンマが彼の死を通じてあらわになったといえるだろう。
　フランスにおける2015年1月のシャルリ・エブド襲撃事件もまた，類似した文脈のなかでとらえることができる。仏週刊紙「シャルリ・エブド」は「リベラルな立場」からイスラムを風刺して攻撃された。襲撃犯はフランス生まれのアルジェリア系移民の2世であり，犠牲者のひとりもまた，アルジェリア系移民2世の警官だった。
　フォルタインのような主張がヨーロッパ社会で支持を広げていくとすれば，ヨーロッパに生まれ育った多数のムスリム系移民の2世・3世はこれをどのように受け止めるだろうか。もちろん出自も環境もさまざまなムスリム系移民をひとくくりに論じることはできないが，彼らは家族から宗教的，文化的影響を受けつつ，他方でヨーロッパで教育を受け，ヨーロッパ的価値にも触れながら成長してきた。そして両親の故郷は必ずしも自身にとって近い存在であるとも限らない彼らは，もはや確実にヨーロッパ社会の一部を構成する人々である。
　しかし，にもかかわらず彼らの多くは社会のなかで周辺化され，上昇するチャンスも大きくはない。そうした彼らは自らの帰属意識をどこに見いだすことになるのだろうか。彼らにとって「開かれたリベラルなヨーロッパ」という謳い文句はどのように映っているだろうか。むしろリベラルな価値を標榜するヨーロッパが主張されるからこそ，彼らのアイデンティティ・クライシスはよ

り深刻になるのではないだろうか。彼らはおそらく，それが普遍的価値と称揚されてはいるが自分たちのためのものではないと感じているのである。

5　誰のためのリベラリズムか？

　以上みてきたように，EU 域内移動の自由が加盟国国民全体で享受されるものとなり，ECJ 判決や EU 指令等が EU 市民の権利を積極的に保障してきた。そこでは，経済的自由の強化とともにリベラルで開かれたヨーロッパという自画像の実現が志向されてきたのである。

　しかし，このことは，国境移動しない大多数の加盟国国民にとっては，これまでにはなかったようなさまざまな社会的変化が身辺に起きるということを意味している。たとえばそれは，他の EU 加盟国から移住してきた外国人が，EU 市民であることによって国民である自分たちと平等待遇を受けるのを目撃することである。あるいは国内居住者を念頭に立案された社会給付政策が「輸出」と同視されるために撤回されるということであり，また，国内労使間で合意していた最低賃金の取決めを ECJ が違法とするということである。さらに，「ポーランドの配管工」といった言葉に象徴されるような，東欧新規加盟国からの移民の流入やそれによる失業への不安が醸成されることも，そのひとつにほかならない。こうした「開かれたヨーロッパ」に対する不信や疑念の広がりとともに，リベラリズムの防衛に名を借りた排除の論理が主張されるようになる。

　その一方で，ヨーロッパで生まれ，ヨーロッパ的価値に触れながら育ってきた移民労働者の 2 世・3 世は，「リベラルである」はずのヨーロッパ社会から事実上，排除された扱いを受けている。この社会のリベラリズムは自分たちのためのものではないと感じるがゆえに，彼らはいっそう深刻な帰属意識の危機に陥ることを余儀なくされる。

　EU 市民権に連動するかたちで，ヨーロッパ各国のシティズンシップ自体も，リベラルな価値規範に対応する「軽いシティズンシップ」へと進展し（ヨプケ 2013），またベンハビブがすでに指摘していたとおり，EU は「「薄い」自

第Ⅰ部　「再国民化」の視角

由民主主義的な制度基準」のもとで進化を続け,「第三国の国民のEU権利レジームへの統合」も進み,もはやそれは後戻りすることはないだろう（ベンハビブ 2006：151-152）。とはいえ,このような「薄く」「軽い」統合へのシフトによって,上で述べたような人びとの不安や帰属意識の危機が解消されるわけではない。

つまるところ,「開かれたリベラルな社会」とはそこで暮らすすべての人にとってそうであるものでなければならないというのが,シンプルだがおそらく唯一の答えとなるのだろう。しかし移民や難民の流入が増加するなかで,ヨーロッパは今後,この難題にどのように向き合っていくことになるのだろうか。

【参考文献】
網谷龍介（2011）「集団主義的秩序と個人的権利——EU社会政策の二つの顔とその相克」田村哲樹・堀江孝司編『模索する政治——代表制民主主義と福祉国家のゆくえ』ナカニシヤ出版, 319-341頁。
網谷龍介（2012）「オルド自由主義の呪縛？——EU社会労働政策における集団と個人」EUIJ-Kyushu Review 1号, 123-154頁。
グレイ, ジョン（2006）『自由主義の二つの顔——価値多元主義と共生の政治哲学』松野弘監訳, ミネルヴァ書房。
佐藤俊輔（2012）「欧州における市民統合法制の現在」『比較法学』46巻1号。
庄司克宏（2007）『欧州連合——統治の論理とゆくえ』岩波新書。
庄司克宏（2013）『新EU法　基礎篇』岩波テキストブックス。
庄司克宏（2014）『新EU法　政策篇』岩波テキストブックス。
中村民雄・須網隆夫（2010）『EU法基本判例集［第二版］』日本評論社。
中村民雄（2012）「判例にみるEU市民権の現在——移動市民の権利から居住市民の権利へ？」『日本EU学会年報』第32号, 135-157頁。
ハンマー, トーマス（1999）『永住市民と国民国家——定住外国人の政治参加』近藤敦訳, 明石書店。
ベンハビブ, セイラ（2006）『他者の権利——外国人・居留民・市民』向山恭一訳, 法政大学出版局。
水島治郎（2012）『反転する福祉国家——オランダモデルの光と影』岩波書店。
宮島喬（2004）『ヨーロッパ市民の誕生——開かれたシティズンシップへ』岩波新書。
両角道代（2009）「変容する「スウェーデン・モデル」？——スウェーデンにおけるEC指令の国内法化と労働法」『日本労働研究雑誌』509号, 46-54頁。
両角道代（2010）「雇用差別禁止法制——スウェーデンからの示唆」水町勇一郎・連合総研

編『労働法改革——参加による公正・効率社会の実現』日本経済新聞社, 135-154頁。
ヨプケ, クリスチャン (2013)『軽いシティズンシップ——市民, 外国人, リベラリズムのゆくえ』遠藤乾・佐藤崇子・井口保宏・宮井健志訳, 岩波書店。
ヨプケ, クリスチャン (2015)『ヴェール論争——リベラリズムの試練』伊藤豊・長谷川一年・竹島博之訳, 法政大学出版局。
リッター, ゲルハルト (2013)『ドイツ社会保障の危機——再統一の代償』竹中亨監訳, ミネルヴァ書房。
Arcarazo, Diego Acosta (2015) "Civic Citizenship Reintroduced? The Long-Term Residence Directive as a Post-National Form of Membership", *European Law Journal*, 21(2), March 2015, 200-219.
Besson, Samantha and André Utzinger (2007) "Future Challenges of European Citizenship — Facing a Wide-Open Pandora's Box", *European Law Journal*, 13(5), 573-590.
Conant, Lisa (2004) "Contested Boundaries: Citizens, States, and Supranational Belonging in the European Union", in Migdal, Joel ed. *Boundaries and Belonging*, New York: Cambridge University Press, 284-317.
Communication from the Commission to the European Parliament and the Council, 5th Annual Report on Immigration and Asylum, (2013), COM (2014) 288 final.
Kostakopoulou, Dora (2010) "The Anatomy of Civic Integration", *The Modern Law Review*, 73(6), 933-958.
Soysal, Yasemin Nuhoglu (1994) *Limits of Citizenship: Migrants and Postnational Membership in Europe*, Chicago: The University of Chicago Press.
Vasileva, Katya (2012) "Nearly two-thirds of the foreigners living in EU Member States are citizens of countries outside the EU-27", Eurostat Statistics in focus 31/2012.

第Ⅱ部

ナショナリズムと「再国民化」の諸相

第5章

「再国民化」と「ドイツのための選択肢」
——移民問題およびユーロ問題との関連で——

中谷　毅

1　はじめに——揺れるヨーロッパと「再国民化」

　2015年7月，財政危機に喘ぐギリシャへの新たな金融支援をめぐる駆け引きに出口が見えかけたかと思うと，今度は中東・アフリカからの難民流入の急増への対応が破綻しかねない状況になるなど，ヨーロッパは大きな諸課題に直面することになった。こうしたなか，ヨーロッパ統合の推進役であり，移民国家の道を歩んできたドイツにおいて変化が現れているように思われる。今回のギリシャへの財政支援において，ドイツは支援を受ける側の緊縮財政を強硬に主張し，ギリシャがユーロから離脱すると生じうる様々な影響の大きさが喧伝されたにもかかわらず，一案としてこの国を一定期間ユーロ圏から強制的に離脱させることも辞さなかった。また，ドイツでは近年移民・ムスリムに対する風当たりが強まっていたが，2015年夏には激増する難民をメルケル政権が多数受け入れる方針を打ち出したものの，間断ない大量流入への対応に各地の行政が追い付かず，国内では彼らの受け入れ反対や送還を求める運動が盛り上がり，難民収容施設には極右勢力による襲撃が繰り返された。

　ヨーロッパでは，ヨーロッパ統合の進展（ヨーロッパ化）の途上において，このプロジェクトが何らかの欠陥や行き詰まりをみせるなかで，ヨーロッパとは逆方向のベクトル，すなわち，国民国家に向かうベクトルが表面化してきている。また，国内的には異質なものを排斥する動きも存在する。換言すれば，

この地域では自国・自国民の利益擁護，ナショナルな言説，それらを鼓吹し，浸透させるべく活動する勢力の台頭など，いわばネイションへの内向きの動きが看取できるのである。こうした動向を「再ナショナル化（Renationalisierung：以下，「再国家化」も含め「再国民化」）」としておこう。

　本稿の課題は，ドイツにおける「再国民化」の動きを，反ユーロを掲げて2013年に誕生し注目された政党「ドイツのための選択肢（Alternative für Deutschland：以下，AfD）」との関連で考察することである。その際，反移民・反イスラム（移民・イスラム問題）および反ユーロ・反EU（欧州懐疑主義）という2つのテーマから検討する。移民問題は国民の同質性やそれを前提にして発展してきた福祉国家をめぐる問題などと関連するし，ユーロ問題は主権国家体制を克服すべく形成された超国家的な政治体に対する諸国民の不満から起こった（石田 2015：187）。両者はいわば「再国民化」の代表例と考えられる。そして，AfDはこうした「再国民化」を改めて提示することによって国民の支持を得，「AfD現象」とまで呼ばれる状況が現れたと思われる。

　ここではまず2節，3節において，ドイツで表面化する反移民・反イスラムの動き，続いてユーロやEUをめぐる批判・議論を紹介することで国民や国家に向かう一定の言説，社会状況を確認する。次に4節では，「再国民化」をAfDとの関連で検討する。この新党はドイツのための選択肢としてさらなる「再国民化」を推進しようとしたと理解できようが，新自由主義勢力とナショナルな保守主義勢力の混成チームであったがゆえに，設立当初からその路線をめぐる齟齬が指摘されてきた。そして実際，2015年7月には分裂に至る。しかし逆に，混成部隊であったがゆえに，CDU/CSU（キリスト教民主・社会同盟）よりも右に位置するとされる政党が長年躍進を阻まれてきたこの国において，一定の快進撃を遂げてきたともいえる。この政党の誕生から分裂までを移民・イスラム問題やヨーロッパへの懐疑といった視点を中心に概観することで，この政党の特徴を浮かび上がらせる。そして終節では，「再国民化」との関連でAfDの今後を展望しておく。

第5章 「再国民化」と「ドイツのための選択肢」

2 燻る反移民・反イスラム

1 移民国家ドイツ

『移民報告書2013』（Bundesministerium des Innern 2015：142-147）によると，同年のドイツの人口は8061万人で，そのうち「移民の背景を持った住民（狭義：広義の数字1653万から，一貫した背景の鑑定ができない62万を差し引いた数字）」は1591万人（19.7％）である。その内訳は移民の背景を持ったドイツ人909万人（11.3％），外国人683万人（8.5％）となる。移民系住民1591万のうち279万（17.6％）を占めるトルコ系が最大の集団である。

西ドイツ時代から多数の外国人をガストアルバイター（ゲスト労働者）として受け入れてきたこの国が，実態的にはそうであったにもかかわらず長年認めてこなかった「移民国家」の道を本格的に歩むことになったのは，1998年に誕生したSPD（社会民主党）と緑の党によるシュレーダー連立政権が1999年に国籍法を改正し，2004年に移民法を制定してからである。2005年に誕生するCDU/CSUとSPDによる大連立政権でもこの路線を踏襲し，労働移民の受け入れと規制，移民の社会的統合に取り組むことになる。

しかし，連邦政府肝いりの統合政策（ドイツ語講座への参加義務，統合サミットなど）はうまくいかなかった。その頃すでにベルリンなどでの教育崩壊が話題になり，かつて非移民国の立場と対立してきた多文化主義に代わって，移民がホスト国の文化や生活様式（主導文化）を尊重することを要求する主張が優勢になっていった。また，移民がホスト国の社会と交わらない「平行社会」を形成するだけでなく，彼らの多くが社会の下層に留まる現実を前に「統合の破綻」が議論された（近藤 2007：199-200）。この延長線で2010年10月，メルケル首相が「多文化主義の切っ掛けは完全に破綻した」と発言したのである。

2 反移民・反イスラムの現在

すでに人口の約20％が移民の背景を持っているドイツであるが，移民やムスリムに対するドイツ人の立場はどのようなものであろうか。O. デッカー等に

よる2014年の調査研究（Decker et al. 2014）によれば，経済的好況の影響もあり（S.65），2010年の調査研究に比して移民過多や外国人による社会国家の搾取などに関する問いへの回答ではネガティヴ度が低下している（S.32）。しかし，ドイツには不等価というイデオロギーを受け入れる素地がいまだ存在し，特に庇護申請者，ロマ，ムスリムを低くみる傾向が驚くほど強い。たとえば，「ムスリムに対しドイツへの移住は禁止すべきである」との問いに対し，おおむね支持と全く支持を合わせると36.6%（2010年：22.6%）が，「ロマは犯罪を犯す傾向がある」には55.9%（同44.2%）が「その通り」と答えた。庇護申請者に対しても，「庇護申請の審査に際して，国は寛大であるべきである」に反対した者が76%（同25.8%），「たいていの庇護申請者は実際には，故郷で迫害される恐れがない」との質問を肯定した者が55.3%（同46.7%）いた（S.50）。

　次に，ドイツ社会の移民・ムスリムに対する考えを窺い知るために，『自滅するドイツ』（Sarrazin 2010）という一冊の本とその反響を紹介する。著者は当時ドイツ連邦銀行理事の地位にあったT. ザラツィン。彼はSPDの古参党員でベルリン市の財務大臣を務めたこともある政治エリートであった。この本で著者は移民，特にイスラム系移民に対する批判を展開する。彼らは統合に応じず，独自の社会を作り，社会保障に頼り切っているとし，また，子供を教育に参加させないため，教育レベルは低いままで，多産の彼らが多くの子供を産むとドイツに負の影響を与えるとする。そして，このままではドイツは自滅してしまうと警告する。

　こうした内容の本書は出版3カ月余りで120万部の売り上げを記録する文字通りのベストセラーとなり，新聞，雑誌，テレビなどのメディアが一斉に関連のテーマを取り上げた。『シュピーゲル』誌のアンケート（Der Spiegel 51/2010）からは，本書の出版とそれをめぐる議論を回答者の7割以上が歓迎し，ザラツィンの核心的主張（「誤った移民・統合政策により，さらに異質な文化的影響やドイツ社会国家の濫用の広がりにより，ドイツが衰弱している」）を8割以上が何らかの形で支持している。メルケル首相やSPDのガブリエル党首などの政治家はザラツィンのテーゼに批判的な立場であったが，彼の著書をめぐる論争はドイツにおける移民問題に関する世論状況を変化させることにもなった。この国の

イスラム系移民の統合が社会問題であり，その統合が必要であることが公然と語られるようになり，政治リーダーもそうした発言をするようになっていったのである（佐藤 2013：144-145）。

　ドイツにおける反イスラムの状況となると，「西欧のイスラム化に反対する愛国的ヨーロッパ人（Pegida）」による運動にも言及する必要があろう。「「キリスト教的-西洋的」という原理は，ある意味でエスニックなネイションという使い古された慣用句の代替物である」との指摘がある（ヨプケ 2015：105, 133）。キリスト教や西洋（西欧）は他のヨーロッパ諸国の右翼政党も頻用する言葉であるが，まさに過去の歴史によりネイションに汚点を残すことになったドイツでこうした名称の団体が抗議行動を起こした点に留意したい。

　2014年10月に始まったデモへの参加者は毎週増え続け，フランスにおけるシャルリ・エブド事件後の2015年1月12日の月曜デモでは25000人（ドレスデン警察）を記録した。また，ドレスデンで始まった運動に啓発され，東西問わずドイツ各地でこれに類似した団体が，明らかに小規模ながら運動を繰り広げた。活動としては「散歩」と称する抗議デモにインターネットを通して市民を招待し，時にはゲストスピーカーが招かれる。幕開け式の講演に続いて参加者は，「非暴力かつ団結してドイツの地での宗教戦争に反対する」との横断幕を先頭に掲げ街を「散歩」した。ただ，フランスでのテロ直後に頂点に達したこうした抗議デモが，バッハマン代表が民衆扇動の廉により捜査を受け，いったん団体の幹部を退いたことなどにより，その後衰退していくことになる。（Rucht 2015：2-7）。ところが，2015年夏以降ドイツに流入する難民が激増するなかで，Pegidaによる（受け入れ反対）デモが息を吹き返すことになった。

3　右翼の「跳躍板」？

　1980年〜90年代の西欧ではナショナル・アイデンティティをめぐる議論が右翼ポピュリズム政党の成功を決定づけたことからもわかるように，移民をめぐるテーマはこうした勢力にとって国民を動員する決定的なテーマである。社会的変化を嫌い，社会的同質性を再生するという国民の要求は単純なテーマに行きつくが，移民はその際格好の標的になる。移民は多様性や多元化のシンボル

第Ⅱ部　ナショナリズムと「再国民化」の諸相

として道具化され，社会的諸問題への「身代わり」とされる（Lochocki 2012：32）。ドイツにおいても移民・イスラムに対するネガティヴな感情が燻っていることは既述のとおりである。しかし，ドイツではこれまで右翼政党がこのテーマを政治舞台への「跳躍板」に利用して国政に進出したことはない。

　いくつかの理由が考えられる。まず，ドイツ社会で時間をかけて形成され，浸透してきた反ナチス＝反人種差別的な公共規範の存在である。ナチスを擁護してはならないという厳しい姿勢，極右政党の活動が憲法擁護庁の観察対象になるなどである。次に CDU/CSU が示してきた外国人問題に対する一貫した保守性で，これが国民のなかにある排外主義を代弁し，極右に票が流れるのを阻止してきたことである。また，SPD も1980年代の外国人参政権，1990年代の庇護権問題や2重国籍問題などで移民や難民の受け入れに制限的で慎重な立場をとり，CDU/CSU との対立（すなわち，この問題の争点化）を避けた（佐藤 2013：141-142）。移民をめぐる政党間論争から利を得る右翼政党にとって，既成政党（ドイツの場合，特に上記の2大政党）の態度が決定的な意味を持つ（Lochocki 2012：34）。三つ目に選挙制度における5％阻止条項の存在がある。この条項の適用のため，右翼政党は連邦レベルはいうにおよばず，州レベルでも基本的に議会進出は難しい。NPD（ドイツ国家民主党）は連続してザクセン州議会に進出を果たしていたが，2014年8月の選挙で9.7％を獲得した AfD に票を奪われる形で議席を失い（4.9％），残る議席は2011年に6.0％（5議席）を獲得したメクレンブルク・フォアポメルン州のみである。

　ただし，阻止条項が適用されない市町村議会では小勢力ではあるが右翼政党の進出がみられる。地方議会に進出した右翼政党が取り上げるテーマでは地域密着型問題や既成政党による政治への批判が多くなるのは当然であるが，移民・イスラムといったテーマも最重要なテーマになる。モスクの建設阻止はいうにおよばず，治安，教育，福祉，さらにはドイツの憲法規範や文化にまで関連するからである（中谷 2013：81-83, 86-89）。移民はドイツに（価値の低い）異質なものとして，そして実利的にはドイツ社会にとっての負担（福祉，教育），社会への脅威（治安）といった観点から取り上げられる。

第 5 章　「再国民化」と「ドイツのための選択肢」

3　ヨーロッパへの懐疑

1　ドイツ・ヨーロッパ関係とユーロ危機

　第 2 次世界大戦後，西ドイツの歴代首相は CDU 出身であれ，SPD 出身であれ，ヨーロッパ統合を推進し，その枠組みのなかで輸出に強い経済大国となったドイツは EC に根差し，様々な面で統合の強力な推進役となった。その際，基本的にドイツは多国間主義のなかで自己主張を控え，自己抑制的な態度をとった（中谷 2015：81）。しかし統一後，ヨーロッパ統合がテンポを速め，ドイツのヨーロッパ化も進展するなか，自国通貨を手放すことへの世論の強い懸念やマーストリヒト条約に対する違憲訴訟など，ドイツ社会における様々な反対・批判が出てくることになる。2005年，フランスとオランダの国民投票で立て続けにヨーロッパ憲法条約の批准が小さくない差で否決された。これは両国民が急激に進んだヨーロッパ化，その結果生じた EU の在り方や政策などに示した強烈な拒否反応であった。

　アメリカに端を発するサブプライム危機やリーマンショックを引き金に発生したユーロ危機は，ドイツ政府のギリシャに対する厳しい姿勢を明らかにし，またドイツ国民におけるギリシャ救済策やユーロへの，さらには EU への批判や不満を浮き彫りにした。この危機に対するドイツの反応は鈍く，独仏間の見解の対立もみられたものの，ようやく2010年 3 月にドイツがギリシャ救済を承認したことで事態が動く。その後欧州金融安定化ファシリティ（EFSF）が設立され，さらに，2012年に EFSF を引き継ぐ欧州安定メカニズム（ESM）が構築されるなどして，2012年末には今回のユーロ危機はひとまず収まった。

　そもそも有力通貨マルクを捨て，ユーロを導入したドイツ（ユーロ制度における「ドイツのヨーロッパ化」）は，その採用に当たり自らの要求をヨーロッパ側に受け入れさせていた（「ヨーロッパのドイツ化」）。欧州中央銀行のフランクフルトへの誘致，物価の安定，政治からの中央銀行の独立性などと並び，①財政連帯責任制の否定，②中央銀行による自国国債の直接購入の禁止，③「安定成長協定」（財政赤字 3 ％以下，政府債務60％以下）の順守などの原則が取り入れられ

89

たのである。しかし，こうした原則の一部は守られてこなかったし，また一部はユーロ危機に対応するEU・ユーロ諸国によって乗り越えられてしまった。そして，最終的には危機においてドイツ主導の対応をとらざるを得なくなり（「ヨーロッパのドイツ化」），救済される国の緊縮財政などドイツの要求が賦課されることになった（田中 2015：7-13）。

　結局，メルケル政権の対応はEUによる救済要請と国内から出る安易な救済への反対との狭間で折り合いをつけたものであったといえようが，EU諸国との交渉において世論に配慮し，ドイツ国民の税金を安易に支援に使わせないとするメルケルの厳しい態度は国民に好感をもって迎えられもした。そして，ユーロ危機は落ち着き，経済状況の好調を背景に，国民に安心感を与えた彼女は2013年9月の連邦議会選挙で勝利することになる（野田 2014：129，133）。

　ところで，ヨーロッパ統合の推進役を自他ともに認めてきたドイツであったが，特にシュレーダー政権以降，発言力を強め，ヨーロッパとの一体感が弱まっている。しかし，ドイツはヨーロッパで力をつけてきたにもかかわらず，歴史的な背景のため指導権を握れないし，握ろうとしない。W. パターソンは，こうした状況をユーロ危機時のドイツの対応を踏まえて，「乗り気のしない覇権国」と命名する。そして，ドイツのヨーロッパに対する使命感の変容には外的環境の変化やドイツ統一といった要因と並んで，世論，世代交代した政治家，連邦憲法裁判所，連邦銀行などドイツ国内のアクターにおける統合への抵抗の高まりが影響している，と指摘する（Paterson 2014：169-180）。

2　ヨーロッパへの懐疑と反ユーロ運動

　進展するヨーロッパ統合への疑念は左右を問わず幅広い政党スペクトルにおよぶ。ドイツでも右翼ポピュリズム政党や後述のAfDによるユーロ批判はいうにおよばず，理由は違えど左翼党も政府のユーロ政策を批判する立場をとる。さらに，ユーロ危機後将来的なEUの形態に関する議論も盛んに行われた。

　国民国家の役割を重視する例としては次のような主張がある。ヨーロッパ通貨統合はその成立と目標からして政治プロジェクトであって，そこでは共通通

貨の役割としてナショナリズムへの逆戻りを防ぐことが意図され，「通貨的再国民化」はヨーロッパ諸国間の対立・軍事的衝突の発端になると考えられた。しかし危機後，ユーロはヨーロッパにおける不和を搔き立て，ナショナルなルサンチマンを目覚めさせている。危機の圧力の下で，マーストリヒト条約に規定されたドイツ的秩序モデルは疎まれた。ドイツはヨーロッパ的諸制度に順応するには強すぎるが，ドイツの政治を他国に押し通すには弱すぎる（「中途半端なヘゲモニー」）。そこで，危機後のヨーロッパの形態として諸祖国からなるヨーロッパが擁護され，国家の債務危機においても連帯ではなく，各国の自己責任が強調される（Geppert 2013：11-16）。

　また，別の観点から，すなわちハイエク流の市場自由主義から民主主義を守る枠組みとして国民国家が擁護される場合もある（Streeck 2013）。ちなみに，政治統合に向けたさらなる歩みを訴える見解（たとえば，ベック 2013）も存在したが，こちらは少数派であった。

　世論のEU・ユーロへの信頼も低下していった。ギリシャの粉飾決算発覚直後の2009年11月には，共通通貨への大きな信頼は44％（あまり信用しない31％，ほとんど，全く信用しない12％）であったが，2011年8月には17％（49％，27％）に急落し，2013年7月には盛り返して28％（47％，16％）となった。また，「ヨーロッパはあなたにとって何を意味するか」との問いには，2006年に「経済共同体」と答えた者が67％であったが，2013年には76％に増えている。さらに，「暴利をむさぼる官僚制，巨大で見通せない官僚機構」と答えた者が40％から60％に，「規制されなくてよいものを規制する規制への熱狂」が32％から60％に急増した（Institut für Demoskopie Allensbach 2013）。

　ギリシャ救済策やユーロに反対する運動は決して大規模な街頭デモには発展しなかったが，ネットなどを通じて着実に広がっていった。ここではそうした活動のために結成された主な組織を紹介する（中谷 2014：238-243；Niedermayer 2015：177-188；Häusler und Roeser 2015：65-78）。まず，2010年10月，ハンブルク大学教授（国民経済学）で，後にAfDの中心人物となるB. ルッケらは，経済学者のネット組織である「経済学者総会（Plenum der Ökonomen）」を立ち上げる。この組織は2012年2月，ユーロ救済策を拡大し，

第Ⅱ部　ナショナリズムと「再国民化」の諸相

永続的な救済メカニズムを制度化すること（ESM）に反対を表明し，世の注目を集めた。ユーロ救済策には既成政党のなかでも反対の声が上がった。CDU/CSU では「中小企業・経済連盟（Mittelstands-und Wirtschaftsvereinigung）」が，FDP（自由民主党）では「自由の躍進（Liberaler Aufbruch）」がESM に反対した。

　2012年半ばに連邦議会で ESM が承認される前に，政治的成功を目指して諸勢力を結集させるべく，「市民意志同盟（Bündnis Bürgerwille）」が結成される。この組織は設立声明で自らを「いわゆるユーロ救済策およびそれに伴う連邦議会の禁治産宣言に厳しく反対する市民と団体の超党派的結集運動」と位置づける。最初の賛同者リストからは政治・社会的に多様な人物が窺える。たとえば，10数名の「経済学者総会」のメンバー，中小企業経営者，彼らの利害を代表する政治家（F. シェフラー（FDP），J. シュラールマン（CDU），K.-P. ヴィルシュ（CDU）など）などの他，元連邦議会副議長 B. ヒルシュ（FDP），元 SPD 議員団経済スポークスマンの U. イェンスらが名連ねる。その他，納税者連合会長，「直接民主主義行動同盟（Aktionsbündnis Direkte Demokratie）」副代表，「自由有権者」ザクセン-アンハルト州委員長，消費者団体「フードウオッチ」創設者，ハイエク協会・ハイエク財団共同創始者などが賛同した。後の AfD の設立に加わるメンバーとしては，ルッケ，ヘンケル，B.v. シュトルヒの名前も確認できる。シュトルヒは極めて保守的な組織「市民連合（Zivile Koalition）」の代表である。

　そして，2012年5月 CDU/CSU と FDP 所属の連邦議会議員10名が「反ESM 同盟（Allianz gegen den ESM）」を結成するが，これに「市民意志同盟」，さらには家族経営企業家，納税者，若手企業家といった様々な系列の団体が協力することになる。こうして新自由主義的，保守主義的な学者，政治家，企業家などを中心に様々な人物，団体が ESM 阻止に向けて結集した。諸団体が既成政党内の反対派と連携して政府の翻意を促したのであるが，うまくいかなかった。その結果，ESM が始動する直前の2012年9月には，2013年の連邦議会選挙を視野に入れ，「選挙選択肢2013（Wahlalternative 2013）」が設立される。

　結成に動いたのが，ルッケ，CDU で中小企業の利益を代表する G. ロバヌ

ス，ヘッセン州首相府次官や地方誌編集長を務めた経験を持つ保守派 A. ガウラント，フランクフルター・アルゲマイネ紙やヴェルト紙で活躍した保守派評論家 K. アダムである。ガウラントは次官時代に，ズデーテン同郷人会の民族主義組織に属していた人物に首相府における指導的ポストを与えたし，また，新聞への寄稿でドイツ人が軍事力を悪とみなしていると批判した。またアダムに関しても，新右翼系週刊誌『ユンゲフライハイト』が CDU/CSU の政治路線を批判する彼の記事を掲載していた。その他，ヘンケルやシュトルヒも支援者であった。ヘンケルは2011年9月，長年支持してきた FDP からの離反を表明し，同党と競合し，同党のユーロ政策とは違った路線を採る新党設立の可能性を示唆していたし，またその頃，リベラルな価値と目標を有して，協力できる相手として「自由有権者（Freie Wähler）」を挙げていた。

　実際，「選挙選択肢2013」は「自由有権者」（地方政治に取り組む地域政党。地域差があるが，支持者は国政では保守中道に親近感）と組んで2013年1月のニーダーザクセン州議会選挙に挑むことになった。しかし，得票率1.1%という結果に終わり，自身候補でもあったルッケは協力相手を見限り，結党に動くことになる。そして，早くも同年2月に AfD の設立へと至る。3人の党代表にはルッケ，アダムに加え女性実業家 F. ペトリが，また，3人の副代表にはガウラントと他の2人が就任した。

4　選択肢としての「再国民化」——「ドイツのための選択肢（AfD）」

1　AfD と「再国民化」(1)

　結党にかかわった人物は3つのグループに大別できる。まず，ルッケに代表される市場原理主義的な経済学者グループ，次に中小企業系経営者およびその支持者たちである。経済界はユーロ危機をめぐって2つの陣営に分かれていた。主流派は安定したユーロの安定がドイツ経済に資するとの考えで支援に賛成であったが，家族経営企業家や若手企業家などは反主流派として他国の負債の肩代わりを拒絶した。第3が「市民連合」などのナショナルな保守的諸団体のメンバーあるいはそうした考えに近い人物である。AfD における強い保守

93

性はこのグループが代表する（野田 2014：149-150；Häusler 2013：26f., 39）。3グループとも反ユーロでは一致していたが，主導したのは小さな政府や自己責任などを強調する市場原理主義的なグループである。ただ，後述のように彼ら自身のなかにナショナル保守との親和性があったと思われる。

　2013年9月の連邦議会選挙のための選挙綱領（AfD 2013；中谷 2014：244-245）では第1項目に通貨政策，第2項目にヨーロッパ政策が掲げられていることからもその位置価値がわかる。通貨政策では冒頭に「ユーロ通貨圏の秩序だった解体を要求する。ドイツはユーロを必要としない。ユーロは他の国々に損害を与える」とある。続いて，ドイツ・マルクを含む国民通貨の再導入ないしは小規模で安定した通貨連合の創設が説かれる。その他，ドイツによるESM救済クレジットのさらなる負担の阻止，銀行・ヘッジファンドなどによる救済コストの負担，債務国による債務削減の自己責任などが要求される。

　ヨーロッパ政策では「共通の域内市場を持った主権的諸国家よりなるヨーロッパ」が肯定され，中央集権化されたヨーロッパ国家への移行が拒否される。その他，国民議会の制限されない予算権限，立法権限の国民議会への返還，EU改革によるブリュッセル官僚制の解体，透明性と市民への近さなどが要求される。2014年5月のヨーロッパ議会選挙にむけた選挙綱領（AfD 2014；中谷 2014：250-251）では，より包括的にヨーロッパ関連の方針が語られているが，上記の内容は引き継がれている。AfDは反ユーロではあっても，EU自体には反対しないソフトな欧州懐疑主義の立場に立つ。この新党は経済学者による合理的説明で理論武装し，ドイツとその国民の利害を（ドイツ政府以上に）擁護すべく，果敢に反ユーロの論陣を張った。

　そして，掲げた反ユーロの看板の下には様々な思惑の人々が集ってきた。反ユーロはナショナル保守，新自由主義など様々な政治陣営から唱えられるテーマでもあり，多くの勢力をつなぐ接着剤の役割を果たした（近藤 2015：19）。当然，勢力拡大を視野に拠点を求める右翼にとっても加入の敷居は低くなる。ユーロは移民・イスラムといったテーマと違い「安全」なテーマでもあった。もっとも，反ユーロ戦略が選挙で威力を発揮したとは必ずしもいえない。選挙戦でAfDはユーロというテーマを前面に押し出したが，既成政党はその争点

化を避けた。これが功を奏し，この新党は注目される選挙結果（4.7%）を収めたものの5％の壁を超えられず，議会入りを阻まれた（Busch 2014：209）。また，多数のドイツ人にとりAfDは真剣に受け止める政党ではなく，ユーロ問題でもメルケル首相の危機管理を信頼しており，新党を当てにしたのは3％にすぎなかった（Niedermayer 2015：192）。そして実際，AfDへの投票者は必ずしもその政策や主張を重視したわけではなく，67％が既成政党への失望を投票理由に挙げ，また投票数日前に同党への投票を決めた「駆け込み投票者」は46％にのぼった（野田 2014：151）。

2　右傾化

　AfDには上記の2つの選挙綱領がある（他に政治指針[2014年5月]がある）。O. ニーダーマイヤーはこうした文書を分析して，社会経済的には市場自由主義，社会文化的にはCDU/CSUの右に位置するが，NPDのような極右政党ではないとしている（Niedermayer 2015：193-194）。K. アルツハイマーはヨーロッパ議会選挙綱領を分析したうえで，同党のナショナリスティックな側面，性的多様性やジェンダー主流化への反対，市場自由主義などからドイツの政治スペクトルにおいては右端に位置づける。彼は一番右端にNPD，その左にCSU，さらにその左にAfD置く。そして，同党はラディカルではなく，その特徴はソフトな欧州懐疑主義とする（Arzheimer 2015）。

　連邦議会選挙綱領では，秩序のない移民流入は厳禁されるが，専門知識を持った，統合の意志のある移民の必要性は認められ，カナダを模範とした移民法が主張される。重大な政治的迫害者の庇護は認められる。また，ヨーロッパ議会選挙綱領では「性のアイデンティティーの廃止を狙う「ジェンダー主流化」を拒否する」とはっきりと謳われているなど，保守的な一面をのぞかせるが，全体としてみればCDU/CSUなどとも大差ないと考えられる。したがって，党の主要文書を読み込んで評価すれば上記のような結論に行きつく。

　しかし，演説，ポスターの標語，ネットでの発言などを分析すると評価は変わる。たとえば，ネットに張られたAfDのキャンペーンポスターに「ジェンダーの狂気を止めよう。簡単な真理：男女は違う」や「多文化主義の再教育で

第Ⅱ部　ナショナリズムと「再国民化」の諸相

はなく，古典的な教育を」がある。これらは右翼政治の語彙であり，前者はドイツ人家族の消滅（危機に瀕する種としてのドイツ人の民族的理念），後者は多文化主義に脅かされた国民の問題にかかわる。こうした側面を析出して，また，強い反体制的態度，さらに抗議，世論とのコミュニケーション，草の根アピールなどの特徴を勘案し，この研究は AfD を右翼ポピュリズム政党と機能的に同じものと結論付ける（Berbuir et al. 2013：165-167）。

　AfD は結党当初から右翼の影が指摘されていた。「自由の党（Die Freiheit）」にまつわるエピソードを紹介しよう（Häusler und Roeser 2015：33-34）。この政党は2010年に CDU からの離党者が設立し，反イスラム・右翼ポピュリズム的思想傾向を特徴とする。その党首に就任する R. シュタットケヴィッツは CDU 党員時代，ベルリンでモスク建設反対運動を活発に展開していた。この「自由の党」の応援にオランダの自由党党首 G. ウィルデルスがやってきて，両者の共通性を強調した。そしてこう述べた。「ドイツは右翼の政党を必要としている。しかし，その政党はネオナチとの結びつきや反セム主義により負担をかけられてはおらず，礼儀正しく，尊敬に値し，なおかつ毅然としている，そういう政党である」。ただ，「自由の党」は，人種主義的運動のネットワークに巻き込まれ，またシンボル的な人物にも恵まれず，成功しなかった。そこで，AfD に可能性をみたシュタットケヴィッツは2013年の連邦議会選挙に候補者を出さず，選挙後「自由の党」を解体して，AfD に合流することになった。彼によれば両党の綱領は少なくとも90％が一致しているという。

　要するに，こうした勢力が AfD には入り込んでいた。彼らが声を挙げ，自らの主張を押し出してくるのは当然のことで，党内では早くから不協和音が聞こえていた。連邦議会選挙後，党としての一体性を保持していくことが重要になったが，逆に勢力争いが激化する。諸州における右翼関連の話題は多岐にわたるが，2例紹介する（中谷 2014：249-250）。共同代表の一人ペトリの地元ザクセン州は右翼勢力が強い土地柄であるが，AfD には「自由の党」から移ってくるものが続出し，ルッケはペトリに元党員の入党審査を厳しくするよう要請した。また，ルッケ自身は西欧諸国の右翼ポピュリズム政党との連携を否定し，ヨーロッパ議会ではキャメロンのイギリス保守党との協力を望んでいた。

しかし，ヨーロッパ議会選挙前の2014年3月，ルッケの反対にもかかわらずAfDの青年組織がケルンで開いた集会にUK独立党のファラージが招かれた。

同党はヨーロッパ議会選挙で7議席（7.1%）を獲得して，議会入りを果たすが，党の右への重心移動は続いた。2014年8月にザクセン州，9月にテューリンゲン州，ブランデンブルク州で州議会選挙が実施され，AfDはそれぞれ順に9.7%，10.6%，12.2%を獲得し州議会への進出を果たし，これらの州は党内での存在感を強めていく。そして，A. ホイスラー/R. レザーによれば，この東部3州における成功でAfD内におけるテーマ選択と政治的攻撃の方向性が変わった。すなわち，それまで同党の中核を担っていたエリート・市場自由主義的立場よりも右翼ポピュリズムのそれが優勢になった（S.143）。

この点は各州の選挙綱領や政治家の発言などで確認できる。たとえば，ザクセン州の選挙綱領では，移民統合に関しては二重国籍反対，ミナレットをともなうモスク建設計画に関する国民投票実施などが主張され，アイデンティティの項目では，ラジオ・テレビ放送におけるドイツ語番組放送の拡大，ジェンダー・男女平等イデオロギーに基づいた世界観の押しつけ拒否などが要求されている。ザクセン州とテューリンゲン州の綱領では家族が筆頭のテーマである。また，ザクセンとブランデンブルクでは国境犯罪，外国人犯罪が取り上げられた。これとの関連でブランデンブルクの綱領では国外退去の拡大と迅速化，違法滞在克服のための厳罰化が要求されている（AfD Sachsen 2014；AfD Thüringen 2014；AfD Brandenburg 2014；Friedrich 2015：56-59；Häusler und Roeser 2015：141-144；近藤 2015：11-17）。

2015年1月，フランスでシャルリ・エブド事件が起こる。その直後，ザクセン州委員長でもあるペトリがPegidaの代表数名と共通点を探る話し合いの場を持った。ブランデンブルク州の委員長でもあるガウラントは襲撃によって反イスラム運動の正しさが証明されたとし，PegidaをAfDの「自然な盟友」と呼んだ。ナショナル保守派のこうした動きに対しヘンケルは，テロ襲撃を乱用し，反外国人の気分を掻き立てることになると警告した（tagesschau 07/01/2015）。この事件が反イスラムの風潮に油を注いだことは否定できず，AfD内においてもイスラムに対する戦いが重点テーマになっていった。その

後も党の内紛が激しさを増すなか，2015年2月のハンブルクと5月のブレーメンで議会選挙が実施され，それぞれ6.1%（8議席）と5.5%（4議席）を獲得して議会進出を実現した。この間の4月には新自由主義陣営のヘンケルが党路線の違いを理由に副代表を辞任していた。

　7月にはエッセンで臨時党大会が開催され，新自由主義・自由主義的保守主義陣営に属するルッケが，ナショナル保守・右翼陣営の支持を受けたペトリに党首選で敗れた。この結果を受けて，ヘンケルは直ちに離党した。彼は，いまや「理性的で，礼儀正しく，寛容なAfD人」が離反し，それにより「右翼，喧嘩師，不寛容人」の影響がさらに増すとし，「こうした人々がAfDを羊の皮をかぶったNPDへと導く」と警告した (spiegel 05/07/2015)。党大会後1週間で党員21000人の10%弱が離党した (tagesschau 10/07/2015)。しばらくして今度はルッケも続き，7月中に考えを同じくする仲間と新党「進歩と躍進のための同盟 (Allianz für Fortschritt und Aufbruch：以下，ALFA)」を設立する。AfDのヨーロッパ議会議員7名中5名がALFAに移った。

　新党ALFA結成後，ルッケはインタヴューで，「我々がもともと追及していた政治目標とは全く違うものを求める非常に多くの人々が入党したことで，私は失敗してしまった」とし，こうした勢力の強大さに気付くのが遅すぎたと答えている。ただ，彼はこのインタヴューでも，ザラツィンの主張に関して，遺伝的条件についてのテーゼは共有できないが，統合，移民，教育政策など他の多くの問題に関する彼の主張が全く不当にタブー化されているとして，彼のテーゼを基本的に擁護している (Spiegel 31/2015)。また，彼がそれまでに同性愛批判，古典的家族像の称賛，移民批判などを口にしたことからもわかるように，彼自身におけるナショナル保守主義者や右翼との親和性が疑われる。

3　AfDと「再国民化」(2)

　2015年1月，AfDが一気に右に動いたと注目されたのが，戦略ペーパー「党綱領への道」であった。前年度の東側3州における選挙戦ですでに右翼勢力の躍進は明らかであったが，連邦レベルの文書でも変化が明確に現れた。32頁にわたる内部文書では，通貨・税制政策は重きをなさず，イスラム，庇護政

策，治安などに関する項目が冒頭から並んだ。認定されなかった庇護申請者の徹底的な国外退去，犯罪外国人のより素早い国外退去，重要な公共の場の包括的ビデオ監視などが要求された（berliner-zeitung 23/01/2015）。フランスでのテロ事件の直後とはいえ，これまでのメインテーマである経済・財政政策などが完全に背後に退き，イスラムや外国人といったテーマが紙面を埋めた。

　こうした移民やイスラムへの攻撃はすでに AfD 関係者の口から出てきていたが，ザクセン州の選挙綱領では移民や統合問題をドイツ人のアイデンティティとの関連で扱っている。「第 4 章　ドイツと世界におけるザクセン」において，移民，統合，アイデンティティという 3 つの項目が取り上げられているが，そこでは，移民は必要最小限に抑え，移民よりは家族政策やドイツ人の資格取得などに重きを置いて労働力を確保しようとしている。また，移民の統合にしても，平行社会を避けるようにザクセン人に世界に向けての開放性や反差別の教育をするのではなく，移民自身に向けて活発な統合政策を推進するべきであるとされる。さらに，移民がドイツに一体化するのを望むなら，自分たちドイツ人が自身のアイデンティティをはっきりとさせ，それに自信を持たなければならない。そのために歴史の授業を重視し，祝典の機会における国歌を斉唱することが主張される。

　こうした「再国民化」を主導したのはナショナルな保守主義者ないし右翼であるが，彼らにとり伝統的な家族像は重要で，そこから逸脱する同性愛やジェンダー主流化にも反対する。テューリンゲン州 AfD の委員長 B. ヘッケは記者会見の席でジェンダー主流化に対し，「我々は強制的同質化傾向の時代に生きている」とナチス時代を髣髴とさせる用語を使って毒づいた。また，新聞とのインタヴューでは，イスラムは自分たちとは両立しないものとし，アイデンティティの問題が21世紀における人類の中心問題であると述べている（Häusler und Roeser 2015：143）。彼が代表を務める同州の選挙綱領では，こうしたむき出しの表現はもちろん用いられてはいないが，明確なルールに従いながらの必要に応じた移民政策が要求され，移民の方式と規模は国民投票で決定することが求められている。

　ところで，先にオランダのウィルデルスが「自由の党」の応援演説をし，ド

イツに右翼政党が必要な旨発言したと記したが，そこには前置きがある。彼はザラツィンの本がベストセラーになったことに触れ，ドイツ社会が転換するのに熟してきているのに，有権者の支持を受けてそれを推進する政党がないと指摘していたのである（Häusler und Roeser 2015：10）。右翼ポピュリズム研究で著名なホイスラー等は，右翼がAfDのなかにこの数十年で初めて，「政治的なものの再国民化」という目標を推進する，現実的な政党政治上の選択肢を見ている，と述べている（Häusler und Roeser 2015：145）。

5　おわりに——AfDの今後と「再国民化」

　S. フリードリッヒはAfDを保守主義とナショナルな新自由主義の同盟と捉えている。CDU/CSUですらドイツを移民国家と認識し，同性愛や両性の平等が社会で受け入れられるドイツの現状は，既存の秩序を維持し，それを危険な変化から守ることを中核の目標とする保守主義にとっては危機的状況である。また，ユーロ危機で新自由主義の原理に反し，ドイツの利益にならない対応がとられたことはナショナルな新自由主義者にとって危機的状況であった。両者が協力し，こうした危機から脱するべく結成されたのがAfDであった（Friedrich 2015：11-13）。

　本稿との関連でいえば，2つの危機は2つの「再国民化」に対応するが，それぞれの危機に対して，それぞれの「再国民化」の兆候がドイツ社会においてすでに現れていた。その「再国民化」の流れに掉さす形で，さらにそれを推進しようとしたのがAfDといえる。しかし，反ユーロ戦略は必ずしもうまくいかず，ナショナルな新自由主義者の危機感は解消されていない。そして，彼らはナショナルな保守主義者や右翼勢力に指導権を奪われ，AfDと袂を分かち，新党の立ち上げへ動いた。残った保守主義者は国民のアイデンティティや一体性における「再国民化」をテーマにして，主に東側の諸州で一定の成果を上げているが，16の州をまとめ，党中央としてどこまでこのテーマを徹底させていくのか予想できない。いずれにせよ，こちらでも危機感が解消されたわけではない。結局，危機を抱えたまま，両者の協力関係が解消されたということであ

第 5 章　「再国民化」と「ドイツのための選択肢」

ろう。

　ドイツでは，2016年3月のヘッセン州地方議会選挙を皮切りに，同月他の3州で州議会選挙が実施される。AfD および ALFA の政治勢力としての消長は，これらの選挙まで待たねばならない。しかし，前途は多難である。人的には AfD のほうが ALFA よりも右に位置するが，ALFA の綱領をめぐるゴタゴタ——自党の綱領を ALFA が模倣したという AfD による非難とそれに対する ALFA の反論——に表れているように，両者の紙面に表れた政策的違いが明確ではない。右傾化した AfD が以前の選挙綱領を党文書にしてるというのは実態に合わない。現在，AfD は党綱領の作成作業中ということであるが，地域差があるなか党をどのような方針でまとめていけるのか，疑問が残る。

　AfD が極端に右に寄りすぎるとマスコミの批判，世論の警戒が強まる。すでに2013年の連邦議会選挙の際に，この党の右翼ポピュリズムとの関係をテーマにした報道が有権者に抑止的に働いたともいわれる（Niedermayer 2015：192）。分裂したことで勢力が分散されたこの2党は FDP，CDU/CSU，NPD との関係でどのような位置取りをするのか，難しい選択を迫られることになろう。

　ただし，だからといって，既成政党が安穏としていられるわけではない。債権国・機関による債務の帳消しなどよほど思い切った政策をとらないと，ギリシャの財政危機は繰り返すことになる。また，現在進行中の難民問題では庇護申請を認定した後に統合という課題が待ち受けている。こうした必ずしも楽観できない近未来を視野に入れたとき，ネイションに向かう「再国民化」の動きは止むことはない。右翼政党はこの追い風を利用することになる。これまで同様，「ユーロ・EU」や「難民・移民・イスラム」といったテーマの争点化が今後も避けられるのであろうか。

【参考文献】
石田徹（2015）「福祉をめぐる「再国民化」——欧州における新たな動向」『社会科学研究年報』（龍谷大学）第45号，187-194頁。
近藤潤三（2007）『移民国としてのドイツ——社会統合と平行社会のゆくえ』木鐸社。

第Ⅱ部　ナショナリズムと「再国民化」の諸相

近藤正基（2015）「ドイツ政党制のなかの「ドイツのための選択肢」」（2015年度比較政治学会報告ペーパー）。
佐藤成基（2013）「ドイツの排外主義――「右翼のノーマル化」のなかで」駒井洋監修／小林真生編著『移民・ディアスポラ研究3　レイシズムと外国人嫌悪』明石書店，136-147頁。
田中素香（2015）「ユーロ危機とドイツ」『ドイツ研究』第49号，信山社，6-18頁。
中谷毅（2013）「ドイツにおける抗議・市民運動としての右翼ポピュリズム――プロ・運動の事例を中心に」高橋進・石田徹編『ポピュリズム時代のデモクラシー――ヨーロッパからの考察』法律文化社，73-94頁。
――（2014）「反ユーロ政党「ドイツのための選択肢」――その誕生・選挙戦・今後の展開」『社会科学研究年報』（龍谷大学）第44号，237-255頁。
――（2015）「「民主主義的なポスト古典的国民国家」ドイツと岐路に立つヨーロッパ――ユーロ危機にみるドイツ・ヨーロッパ関係」『政策科学』（立命館大学）22巻3号，77-93頁。
野田昌吾（2014）「2013年ドイツ連邦議会選挙」『法学雑誌』（大阪市立大学）第60巻第3・4号，122-186頁。
ベック，ウルリッヒ（2013）『ユーロ消滅？　ドイツ化するヨーロッパへの警告』島村賢一訳，岩波書店。
ヨプケ，クリスチャン（2015）『ヴェール論争　リベラリズムの試練』伊藤豊・長谷川一年・竹島博之訳，法政大学出版局。
AfD（2013）*Programm für die Bundestagswahl.*
AfD（2014）*Programm für die Wahl zum Europäischen Parlament.*
AfD Sachsen（2014）*Wahlprogramm zur Landtagswahl 2014.*
AfD Thüringen（2014）*Wahlprogramm zur Landtagswahl 2014.*
AfD Brandenburg（2014）*Wahlprogramm zur Landtagswahl 2014.*
Arzheimer, Kai（2015）"The AfD: Finally a Succesful Right-Wing Populist Eurosceptic Party for Germany?", *West European Politics*, Vol.38, No.3, pp.535-556.
Berbuir, Nicole et al.（2015）"The AfD and its Sympathisers: Finally a Right-Wing Populist Movement in Germany?", *German Politics*, Vol.24, No.2, pp.154-178.
Bundesministerium des Innern, hrsg.（2015）*Migrationsbericht 2013.*
Busch, Andreas（2014）"Germany and the Euro", in Padgett, Stephen et al. eds., *Developments in German Politics 4*, Basingstoke, Palgrave Macmillan, pp.188-210.
Decker, Oliver et al.（2014）*Die stabilisierte Mitte. Rechtsextreme Einstellung in Deutschland*. Die "Mitte"-Studie der Universität Leipzig, Leipzig. (http://research.uni-leipzig.de/kredo/Mitte_Leipzig_Internet.pdf), last visited 19/12/2015
Friedrich, Sebastian（2015）*Der Aufstieg der AfD, Neokonservative Mobilmachung in Deutschland*, Berlin, Bertz + Fischer.
Geppert, Dominik（2013）"Halbe Hegemonie: Das deutsche Dilemma", *Aus Politik und*

Zeitgeschichte, B6-7, S.11-16.

Häusler, Alexander (2013) *Die "Alternative für Deutschland"—eine neue rechtspopulistische Partei? Materialien und Deutungen zur vertiefenden Auseinandersetzung*, Düsseldorf, Heinrich Bell Stiftung Nordrhein-Westfalen. (http: //www. boell-nrw. de/sites/default/files/afd_studie_forena_hbs_nrw.pdf), last visited 19/12/2015

Häusler, Alexander und Roeser, Rainer (2015) *Die rechten "Mut"-Bürger, Entstehung, Entwicklung, Personal & Positionen der Alternative für Deutschland*, Hamburg, VSA-Verlag.

Institut für Demoskopie Allensbach (2013) *Das Vertrauen in die Europäische Union wächst.* Eine Dokumentation des Beitrags von Dr. Thomas Petersen in der Frankfurter Allgemeinen Zeitung, Nr.163 vom 17. Juli. (http://www.ifd-allensbach. de/uploads/tx_reportsndocs/FAZ_Juli.pdf), last visited 19/12/2015

Lochocki, Timo (2012) Immigrationsfragen : Sprungbrett rechtspopulistischer Parteien, *Aus Politik und Zeitgeschichte*, B5-6, S.30-36.

Niedermayer, Oskar (2015) "Eine neue Konkurrentin im Parteiensystem ? Die Alternative für Deutschland", in Niedermayer, Oskar hrsg., *Die Parteien nach der Bundestagswahl 2013*, Wiesbaden, Springer VS, S.175-207.

Paterson, William E. (2014) "Germany and the European Union", in Padgett, Stephen et al. eds., *Developments in German Politics 4*, pp.166-187.

Rucht, Dieter (2015) *Pegida&Co. — Aufstieg und Fall eines populistischen Unternehmens.* Analyse-Reihe "betrifft : Bürgergesellschaft", Friedrich-Ebert-Stiftung. (http://library. fes.de/pdf-files/dialog/11260.pdf), last visited 19/12/2015

Sarrazin, Thilo (2010) *Deutschland schafft sich ab. Wie wir unser Land aufs Spiel setzen*, München, Deutsche Verlags-Anstalt.

Streeck, Wolfgang (2013) "Was nun, Europa? Kapitalismus ohne Demokratie oder Demokratie ohne Kapitalismus", *Blätter für deutsche und internationale Politik*, 4/2013, S.57-68.

Der Spiegel, Nr.51/2010, S.41, Nr.31/2015, S.32-34.

http://www.berliner-zeitung.de/politik/anti-islam-statt-anti-euro-afd-plant-grossen-rechtsruck,10808018,29645478.html(23/01/2015), last visited 19/12/2015

http: //www.spiegel.de/politik/deutschland/alternative-fuer-deutschland-hans-olaf-henkel-verlaesst-die-afd-a-1042192.html(05/07/2015), last visited 19/12/2015

http://www.tagesschau.de/inland/pegida-193.html(07/01/2015), last visited 19/12/2015

http: //www.tagesschau.de/inland/afd-lucke-petry-103.html (10/07/2015), last visited 19/12/2015

第 6 章

Pegida 現象と「現実にある市民社会」論

坪郷　實

1　2014年ヨーロッパ議会選挙の結果が意味すること

1　ヨーロッパ議会選挙の結果と「再国民化」の傾向

　2014年から2015年は歴史の節目といえる年である。2014年は第一次世界大戦勃発から100年，東欧の平和市民革命から25年を迎える年であり，2015年は第二次世界大戦後70年，ドイツ統一から25年を迎える年である。
　この歴史の節目である2014年に行われたヨーロッパ議会選挙において極右政党や右翼ポピュリズム政党が台頭した。特に，イギリス，フランス，イタリアにおいてヨーロッパ懐疑主義の右翼ポピュリズム政党が高得票を獲得している。UK 独立党（UKIP），フランス国民戦線，イタリアの「五つ星運動」は，いずれも20％を超える得票を達成した。ドイツでも，連邦議会に議席を持たないユーロ離脱を主張する「ドイツのための選択（AfD）」が初めて連邦レベルの選挙で5％を超える7.1％を獲得し，7議席を獲得した。西ドイツ期の1989年ヨーロッパ議会選挙での共和党の議席獲得以後，統一ドイツにおいて，極右政党や右翼ポピュリズム政党は連邦レベルで議席を獲得できなかった。
　ヨーロッパ議会選挙は，これまでも国内政治の観点から政権党への批判票が多く，右翼ポピュリズム政党の台頭がみられた。今回の主要国での多くの議席獲得は，ヨーロッパ社会に大きなショックを与えている。ただし，主要な右翼ポピュリズム政党が同一会派に属することは達成できず，ヨーロッパ議会での

議論や決定に影響力を行使することは限られている (Niedermayer 2014：544-545)。

2015年1月のドイツ第2テレビのポリトバロメーター（定例の世論調査）によると，市民によって認識されている社会的挑戦の第1位のテーマとして，「移民」が急速に浮上した (zdf 2015)。一方では，市民の3分の1が移民・難民に対して「強力な歓迎文化」を要求しており，外国人や移民を敵視する傾向に対する懸念が表明されている (Zick und Küpper 2015：9)。政党レベルでは，AfDという右翼ポピュリズム政党への支持の急拡大や，後述するPegida現象のような新たな右の社会運動の出現に象徴されるように，このところナショナリズムや国家を強調する「再国民化」の傾向が顕わになっている。この傾向の特徴は，「中道の中の右翼」という議論 (Neu und Pokory 2015；Zick und Küpper 2015) が行われているように，従来の右翼ポピュリズム政党や極右政党のみならず，自由民主党（FDP）の元党員などリベラルのメンバーが加わっていることである。

すでに，1990年代半ばから，時折，右翼ポピュリズム政党や極右グループによる州議会選挙での議席獲得がみられた。これには，共和党，シル党，国家民主党（NPD）などがあげられる。この動きは，州議会レベルにとどまり，連邦レベルにおいては議席獲得に至らなかった。これを変えたのは，AfDであり，2013年連邦議会（9月，4.7％）では，僅かに5％条項を突破できなかったが，前述のように2014年5月のヨーロッパ議会選挙（5月，7.1％）に続いて，2014年後半にザクセン州（8月，9.7％），ブランデンブルク州（9月，12.2％），チューリンゲン州（9月，10.6％）において議席を獲得し，さらに旧東ドイツのみならず，2015年には西の州，ハンブルク都市州（2月，6.1％），ブレーメン都市州（5月，5.5％）において議席を獲得している。この「再国民化」という新たな傾向の「政治の窓」を開いたのは，2009年以降のユーロ危機であり，2014年からのヨーロッパ・ドイツを目指す新たな避難民の流れである。なお，AfDを象徴する人物であったルッケが2015年7月の党首選挙で敗れ，新党の結成に動き，AfDのより右傾化がみられる中で，その動向は不透明である。

さて，一方でグローバル化が進行する中で，他方で移民の統合や難民問題へ

の反発，ユーロ懐疑主義や反ユーロ，反 EU の動き，ナショナリズムの再来など，「再国民化」の傾向がみられる。こうした「再国民化」の中で，既存の極右政党や右翼ポピュリズム政党とは区別される「中道の中の右翼」の社会運動と位置付けられる Pegida 現象が生じている。Pegida は，「西欧のイスラム化に反対する愛国的ヨーロッパ人（Patriotischen Europäer gegen die Islamisierung des Abendlandes）」の略称である。この Pegida 現象は，旧東のドレスデンで，2014年10月に，反移民・難民を主張する，非暴力的な「月曜散歩」として始まった。本稿では，この Pegida 現象を取り上げ，「現実にある市民社会」論と関連付けながら議論をしたい。以下では，第 1 に Pegida 現象とは何か，第 2 に Pegida 運動の実態を探る研究を手掛かりにして，Pegida 運動の目標と組織，その社会構成と政治的立場について論じる。その上で，第 3 に，Pegida 現象が市民社会の外ではなく，市民社会の中で生じているので，特に「現実にある市民社会」の議論を取り上げる。最後に Pegida 現象に対する市民社会の対抗戦略について，若干の論点を述べたい。

2　Pegida 現象とは何か

まず，Pegida 現象とはどのようなものかを概観しよう。ドイツにおいては，2014年10月以降，上記の AfD とは異なる Pegida 運動と略称される「中道の中の右翼」の社会運動が生じている。これは，2014年10月20日以降，旧東ドイツのザクセン州の州都であるドレスデンで，毎週月曜日にデモンストレーションを行う運動として始まった。「月曜散歩」への参加として呼びかけている。デモのプラカードで，「ドイツ領内での宗教戦争に反対。非暴力と調和を」あるいは「宗教的熱狂主義とあらゆる種類の過激主義に反対し，暴力なしで共同する」などのスローガンを掲げる。さらに，メディアに対しては「嘘つきジャーナリズム」，政治に対しては「国民を裏切るもの」というスローガンがことさら強調される。彼らのイスラム化批判はむしろあいまいなものであり，Pegida の代表者は「左でも右でもない」と標榜するが，移民・難民など，その関心やテーマからして，右翼の抗議運動である。Pegida の設立者たちは，個人として参加し，極右の既存の政治組織によるものではない。中心メンバー

に，旧FDPの自治体議員が含まれている。なお，極右の政治組織のメンバーも参加しているが，全体として周辺的役割にとどまっている（Pfahl-Traughber 2015）。

　ドレスデンで始まったPegida運動は，旧東ドイツの都市，さらに旧西ドイツの都市にまで波及し，例えば，ライプチヒPegidaは，ライプチヒのLをPの代わりにつけてLegida，ボンPegidaは，BoをつけてBogidaと称する。ドレスデンのみで見られる現象でも，旧東ドイツに限られる現象でもない。他方，Pegida現象に対して，同時にそれぞれの都市で，緑の党や左翼党などの政党，労働組合も含めて，市民による対抗デモが展開されている。アルミン・プファール＝トラウクバーは，ドレスデン以外の都市の場合，組織化された極右主義のグループからの参加者の割合が高く，むしろPegida反対デモの人数がその数倍に達していることを考慮すべきであると指摘する。これは旧東のライプチヒにおいても妥当する。この限りでは，Pegida現象がある程度まで，旧東の現象ないしドレスデンの現象である特別性があり，この理由が探求されるべきであると指摘している（Pfahl-Traughber 2015）。

　ドレスデンのPegidaデモは，フェイスブックなどソーシャル・メディアを駆使して，開始以来毎週のように参加人数が拡大した。2014年10月20日350人から，11月3日1000人，11月10日1700人，11月17日3200人，12月1日7500人，12月22日17500人である。2015年1月12日には25000人にまで拡大した（Pfahl-Traughber 2015）。このように参加者数が急増したのは，地域紙の報道のみならず，急増する11月には全国で販売されている新聞やテレビメディアにおいて広く報道されたこと，さらに，多くの都市での反対デモが注目され，Pegida系のデモとPegida反対デモの参加者数を競うように報道されたことが一定程度の影響を与えていると思われる[1]。

　しかもこの時期までの最大動員数の25000人は，警察発表によるものであるが，この人数について過大であるという批判がある。ディーター・ルフトたち（抗議・運動研究研究所）は，複数の方法で計算をし直し，その結果として最高17000人と算定している（Rucht 2015）。警察とは違った方法で，計算チームが設置され，その後も計算をしている。

第Ⅱ部　ナショナリズムと「再国民化」の諸相

しかし，2015年1月後半以降，主要メンバーの脱退と「ヨーロッパのための直接民主主義」という新しい団体の結成により，Pegida運動は一旦沈静化する（Pfahl-Traughber 2015；Geiges, Marg und Walter 2015：11-12）。ところが，ドレスデンのPegida運動は，2015年夏以降ヨーロッパ・ドイツを目指す難民の数が急増したことにより，後述するように再び参加者数を増加させている。

2　Pegida運動の目標・組織，そして「参加者は誰か」

1　Pegida運動の目標・組織

　ドイツの極右主義の研究者であるプファール＝トラウクバーは，Pegida運動を「不安とルサンチマンの間の抗議運動」と捉える（Pfahl-Traughber 2015）。また，Pegidaに関する初めてまとまった社会科学的分析の書籍を出版したラース・ガイゲス，スティーネ・マーク，フランツ・ヴァルター（ゲッチンゲン大学デモクラシー研究所）は，この進行中の同時代の現象に関して，「市民社会の汚れた側面――文化的疎外と政治的故郷喪失の時代」と形容している。彼らの研究に依拠して，Pegida現象の目標と組織をみよう。

　ドレスデンにおいて，毎週月曜日にデモンストレーションを継続したPegidaの「組織チーム」，例えばPegidaの顔として知られるバッハマン，エアトル（女性），ヤーンは，「普通の市民」といわれる。彼らは，80％が独立した，たいていはサービス業部門（警備，レストラン，住宅管理人など）の，前回の選挙では多数がAfDに投票した，かつてのキリスト教民主同盟（CDU）と自由民主党（FDP）の支持者であり，「リベラル，保守，業績志向の，自由を求める」（カトリン・エアトルの表現）者たちである。彼らの多くは，ドレスデン近郊の同じ学校に通い，同じ自治体に居住し，共にエルベ川の洪水と闘った者たちである（Geiges, Marg und Walter 2015：13-16）。

　Pegidaはフェイスブックのグループから設立された。デモは，計画的に準備し実施された。フェイスブックのネットワークを通じて，2014年10月末から2015年1月半ばまで，週毎にデモの参加者は増大する。デモの始まりに，デモのルールが読み上げられ，参加者に「瓶や犬は家に置き，飲酒せず，対抗デモ

のルポライターや先導者を無視すること」を求めた（Geiges, Marg und Walter 2015：16-17）。

　ガイゲス，マーク，ヴァルターは，「Pegidaの支持者は，非暴力，中道的，市民的であっただろうか——彼らは何を要求したのか」とその目標を問う。第1に，彼らの要求はあいまいであり，「『超党派的行動同盟』として，宗教的少数派の——特にイスラムの——社会への侵害を押し戻すことを望む」。集会では，「嘘つきジャーナリズムと主流ジャーナリズム」，「（政治家は）国民代表ではなく国民に対する裏切者である」，あるいは「私たちは分別のある市民である」と語られる。2014年12月10日に公表された「Pegidaの19項目」という「見解文書」によれば，最初の14項目は「…に賛成」と肯定的な表現をする。しかし，分野は「統合と移民」，「キリスト教的-ユダヤ教的に刻印された西欧文化」に限定されている。最後の5項目では，「体制敵対的な禁止された組織への武器提供に反対」，「私たちの言語の性的な中立化に反対」，「宗教的ないし政治的過激主義に反対」，「憎悪の伝道者に反対」すると，「…に反対」と否定形が並んでいる。2015年1月12日のデモで，バッハマンは，これらの項目に加減し，より具体化し，「移民法」，ドイツとヨーロッパにもっと直接民主主義を，国内治安に財政措置を，ロシアとの講和（ウクライナ危機に対して）を挙げている（Pegida 2014；Pfahl-Traughber 2015；Geiges, Marg und Walter 2015：17）。

　デモへの参加者は多様であり，Pegidaは政治に取り組むために，フェイスブック・グループから，「市民的」組織構造を持つ「行動同盟」として組織化され，2014年11月14日に法人格のある登録社団（非営利法人制度）になった。この登録社団になったことにより，対外的に「本気」を示し，信頼性を獲得することのみならず，「内部の結合力」を強めた。この規約を有する登録社団化により，12月からその設立者は，「市民的中道」ではない極右の立場の運動と距離を置くことになった。しかし，2015年1月20日に明らかになったバッハマンの外国人への侮辱発言や，彼がヒットラーを模した自らの写真を公表していたことも明らかになった。このため，エアトルとその支持者らはPegidaを離れ，新たに「ヨーロッパのための直接民主主義（DDfE）」を結成する（Pfahl-Traughber 2015；Geiges, Marg und Walter 2015：19-21）。

Pegida の組織チームは、「中道市民の活動」であることを自ら主張し、市民的な活動スタイルを取り、非暴力的で統制のとれた運動を展開している。しかし、他方で極右や右翼ポピュリズム的動きとの接点がある。このような意味で、「中道の中の右翼」と位置づけられる。

2　Pegida デモ参加者は誰か——その社会構成と政治意識

　ガイゲス、マーク、ヴァルターによるゲッチンゲン大学デモクラシー研究所グループは、同時代の問題発見的な研究のために、2014年1月12日と26日の間にスナップショットとしてアンケート調査を実施している。このアンケート調査は、旧東ドイツのドレスデン、ライプチヒ、旧西ドイツのハノーファー、ブラウンシュヴァイク、デュースブルクにおいて、Pegida デモの参加者（回答数547、部分的に未回答182）と Pegida 反対デモの参加者（回答数743、一部未回答126）の両方に対して、その社会構成及びデモクラシーと社会に対する態度に関して最初の情報を獲得するために実施された。これはオンラインアンケート（web にアクセスをして回答）であり、それぞれのデモの際、約3500枚を任意で配布し、「黄色い用紙？私たちはすでに持っている」と回答があるまで繰り返した。彼らは、オンライン調査が匿名性から、「社会的に望まれる回答」がより少ないことが利点であると述べている。また、Pegida デモの参加者のメディアへの拒否的態度から、この調査自体を拒否するものがいるが、彼らは、この拒否者のグループは同質的なサブグループを構成しておらず、調査の参加者と拒否者の違いはより少ないものと見ている（Geiges, Marg und Walter 2015：61-63；Reuband 2015：134-136）。

　Pegida デモの参加者に対する調査（Reuband 2015：133）は、複数実施されており、ドレスデン工科大学のハンス・フォーアレンダー、マイク・ヘーロルト、シュテーベン・シェーラーによる調査『誰が Pegida に参加するのか、なぜ』（Vorländer, Heroldund Schäller 2015）、ドレスデン大学のヴェルナー・パッツェルトの調査（Patzelt 2015）、抗議・運動研究研究所のルフトらの調査（Rucht u.a. 2015）などがある。ガイゲス、マーク、ヴァルターは、それぞれ方法や質問の詳細に相違があるが、いずれの調査も社会構成の結果では一致して

第 6 章　Pegida 現象と「現実にある市民社会」論

いると述べている。従って，彼らは，「Pegida デモ参加者は，平均以上の高学歴で，相当数のフルタイム雇用であるドレスデン地域からの宗教帰属のない主に中年の男性である」ことが議論の余地がないと結論付ける。同様に，参加者の「右翼由来の政治的，イデオロギー的態度への方向性，議会制の主要な制度に対してほぼ一般的に不満であること，公共メディアに対する際立った不信が確認できる」（Geiges, Marg und Walter 2015：64-65）と述べている。

　図表 6 - 1 〜 4 は，ガイゲス，マーク，ヴァルターの調査結果を，Pegida デモの参加者と Pegida 反対デモの参加者の社会構成と政治的態度に関して比較したものである。その特徴を述べよう。社会構成に関して，図表 6 - 1 のように，Pegida デモの参加者は男性が 8 割を占め，平均年齢が44.2歳，教会と結びついている者は少数者で，7 割が宗派なし，既婚は半分より少なく，単身者は少ない。他方，Pegida 反対デモの参加者はほぼ半分が女性，ほぼ半分が35歳以下で若く，約 5 割が宗派なしであり，若い層が多いため単身者が多く既婚者はより少ない。

　さらに，図表 6 - 2 のように，Pegida デモの参加者は，実科半ば修了者，大学修了・専門単科大学修了が相当数おり，デモの際の聞き取りではフルタイム雇用がより少なく高校生や年金生活者の割合がより高いが，労働者や社会的に困難にあるものよりも，多数はホワイトカラー層で自由業や自営業である。5分の 1 が月額所得3000ユーロ（1 ユーロ約130円）以上である。Pegida 反対デモの参加者は，生徒の比率が高く，約 3 分の 2 が大学入学資格を獲得しているので，学歴はより高く，公務員がより多く，労働者，自由業，自営業はより少ない。

　Pegida デモ参加者の政治的立場は，明確に中道より右に位置する「社会的中道」である。図表 6 - 3 のように，4 分の 1 が前回の2013年連邦議会選挙でキリスト教民主同盟・社会同盟（CDU・CSU）に投票しており，左翼党を投票したものも一定程度いる。2015年 1 〜 2 月の時期で AfD が大きな支持を得ている。Pegida の活動的な支持者は，ガウク大統領に対して最も強い不信を表明し，人気のあるメルケル首相を信頼しない。また EU に関心を持たず，公共放送に対して民間放送よりも不信が強い。連邦憲法裁判所，警察や司法制度

111

第Ⅱ部 ナショナリズムと「再国民化」の諸相

図表6-1 「Pegidaデモの参加者」と「Pegida反対デモの参加者」
との比較：性別，年齢，宗教，家族形態

		Pegidaデモの参加者	Pegida反対デモの参加者
性別	男性	81.9%	55.5%
	女性	18.1%	44.5%
年齢	16歳未満		0.2%
	16-25歳	10.5%	19.3%
	26-35歳	18.7%	25.0%
	36-45歳	23.0%	15.6%
	46-55歳	27.5%	19.4%
	56-65歳	12.3%	15.8%
	66歳以上	8.0%	4.8%
宗教	プロテスタント	20.6%	33.3%
	カトリック	5.1%	12.8%
	イスラム	1.1%	2.2%
	他のキリスト教	1.9%	0.5%
	他の宗教	1.1%	1.1%
	宗派なし	70.2%	50.1%
家族形態（一部の家族形態を省略）	単身	14.8%	28.5%
	パートナーあり	33.5%	31.3%
	結婚	44.8%	34.7%

出所：Geiges, Marg und Walter 2015: 66-67, 73-74より作成

に対しては比較的信頼している。他方，反Pegidaは，政党システムの左翼陣営の支持者であり，緑の党が4割でSPD，左翼党の3党で8割を超える。しかし，SPDや緑の党の政治的態度や実践に満足していない。ガウク大統領を信頼し，憲法裁判所をより信頼している。若干驚くべきことに，左翼陣営の支持者においても，警察と司法システムを比較的信頼できると考える。Pegidaデモ参加者との大きな違いは，公共放送を信頼できる「情報の仲介者」と考えていることである。直接デモクラシー的要因に対して，反Pegidaの5分の1が無条件で賛成しないが，他方Pegida参加者の賛成は4分の3に及ぶ。反

図表6-2 「Pegidaデモの参加者」と「Pegida反対デモの参加者」
との比較：学歴資格と職業

		Pegidaデモの参加者	Pegida反対デモの参加者
学歴 （卒業資格）	生徒	0.7%	4.2%
	実科学校修了/総合技術教育学校	15.2%	7.5%
	専門単科大学入学資格	7.3%	6.5%
	職業学校卒業	20.8%	4.4%
	一般ないし専門単科大学修了/大学入学資格試験（ギムナジウム，EOS）取得	11.2%	11.0%
	学生	4.8%	14.1%
（一部の学歴を省略）	大学修了/専門単科大学修了	36.0%	44.8%
	博士号取得/教授資格取得	3.7%	6.1%
就業状況	フルタイム雇用	75.5%	46.0%
	パートタイム雇用	4.1%	13.7%
	僅少雇用/400ユーロ職/ミニジョブ	3.0%	8.6%
	職業教育中/実習	3.3%	4.0%
	まだ未就業（生徒など）	1.7%	11.3%
（一部の就業状況を省略）	もはや未就業（年金生活者など）	9.1%	10.1%
	未就業	2.0%	4.8%

出所：Geiges, Marg und Walter 2015：68-69, 75-76より作成

　Pegidaの活動家は大企業や銀行に大きな不信を抱き，またNATO，民間放送，教会に不信を持つ（Geiges, Marg und Walter 2015：64, 71-72）。
　Pegida活動家の多数は，図表6-4のように，「法と秩序」，つぎに「国益」を重視する。彼らは，少数者保護，平等への関心は少ない，デモ参加者にとって「非暴力」は中心的関心事である。国民投票によるデモクラシーに対する支持者が多く，同様に「こどもは母親と父親を必要とする」スローガンを支持する。しかし，予想通りメルケル首相が確認した「イスラムもまたドイツに属する」という要求は最も少ない。他方，反Pegidaは，政治社会システムに対して，より多くの連帯，平等，少数者の保護を望む。それゆえ，この点に，

第Ⅱ部　ナショナリズムと「再国民化」の諸相

図表6-3　「Pegidaデモの参加者」と「Pegida反対デモの参加者」との比較：2013年連邦議会選挙における支持政党

政党	Pegidaデモの参加者	Pegida反対デモの参加者
AfD	47.1%	0.2%
CDU/CSU	24.8%	6.4%
緑の党	2.3%	40.0%
左翼党	8.6%	18.9%
FDP	3.2%	0.8%
自由有権者グループ	1.4%	0.3%
NPD	4.6%	0.3%
海賊党	1.9%	4.3%
SPD	6.0%	28.8%

出所：Geiges, Marg und Walter 2015: 69, 76より作成

図表6-4　「Pegidaデモの参加者」と「Pegida反対デモの参加者」との比較：「ドイツの政治社会システムにおいて何が重要と思うか」

		Pegidaデモの参加者	Pegida反対デモの参加者
「政治社会システムにおいて何が重要と思うか」	法と秩序	65.4%	10.2%
	国益	51.2%	2.0%
	意見の多様性	26.0%	27.3%
	連帯	21.9%	69.1%
	個人の自由	21.2%	22.9%
	主流文化	16.8%	3.0%
	権力分立	15.7%	21.3%
	自由市場経済	13.4%	2.8%
	再分配	13.4%	37.1%
	平等	8.7%	41.4%
	強力な指導者	5.7%	1.2%
	マイノリティ保護	1.4%	35.3%

出所：Geiges, Marg und Walter 2015: 70, 77より作成

Pegida と反 Pegida の両者の間の大きな文化的違いがある。「社会は文化的多様性から利益をうる」「ドイツで生活するすべての人が同じ権利を持つべきである」という公準にも該当する。反 Pegida は，「イスラムもドイツに属する」に賛成する。「70歳からの年金」には，Pegida も反 Pegida も，賛成しない。この点，両者はドイツ社会の中道に根を下ろしている (Geiges, Marg und Walter 2015：65, 72)。

デモクラシーに関しては，「一般的な理念として」「基本法（憲法）で決められているものとして」「ドイツにおいて機能しているものとして」の三通りについて聞いている (Geiges, Marg und Walter 2015：70, 77)。Pegida デモ参加者の78％がデモクラシーの理念に満足しているが，ドイツ全体の平均値は91％である。もちろん約5％のみドイツのデモクラシーの現状を是認する。他方，反 Pegida はデモクラシーの理念に一致しているが，ドイツのデモクラシーの現状については完全に了解していないが，満足57.8％，不満足16.1％であり，Pegida 参加者の不満足77.2％とは大きく異なる。

3　Pegida 現象の評価をめぐって

プファール＝トラウクバーは，限定的な評価と断りながら Pegida を政治現象と社会現象から検証しようとする。政治現象としては，主導者がフーリガンやネオ・ナチから距離を置き，極右主義の穏健勢力と関係があるが，その見方と行動は「市民的で非暴力的」なものである。それにもかかわらず，「難民に対する敵対的意見」を述べ，移民政策を変えようとする。「市民と政治の間にある疎遠に対する不満，構想なき移民政策への批判」であり，この背後には一定程度の地域や階層にある社会問題がある。その限りで，Pegida の抗議には，感情的方法や扇動的な方法が使われ，加えて時折の「プーチン，助けて」は，プーチン称賛の表現であり，「権威的性格構造」がある。プファール＝トラウクバーの全体的評価によれば，この抗議運動は「イスラム批判」を行い，「イスラム化に反対する」という自己規定をしているが，デモ参加者にとってこの二つの側面は重要な役割を果たしていない。彼によれば，「むしろ，あいまいな抗議は，デモ参加者と政治エリートの間の緊張関係を表現している。立ち

入った議論はなく，情動的な大雑把な議論が支配的である。その限りでは，ルサンチマン運動である」（Pfahl-Traughber 2015）。

　他方，ガイゲス，マーク，ヴァルターは，Pegida運動を「文化的疎外と政治的故郷喪失の時代」における「牙を抜かれた市民社会」の「否定的動員」と位置付けている。この「否定的動員」の成立条件は，「すべての社会的グループの地位喪失と価値喪失」，「方向喪失」に根がある。つまりこのような「政治的極右の同盟は，市民社会の外にあるのでなく，その陰の汚れた側面を占めている」（Geiges, Marg und Walter 2015：192-194）のである。このように，Pegida現象の背景には，社会問題があることでは一致している。さらに，ガイゲス，マーク，ヴァルターは，Pegidaが市民社会の中の運動であることに注目している。この点は，後に，「現実にある市民社会」論のところで取り上げよう。

　ドイツでは，シュレーダー政権期以来，新たな市民活動政策が促進されており，市民社会の強化によるデモクラシーのさらなる改革が進展している。これは移民の統合政策の展開と共に，市民社会の「否定的動員」に対抗する動きである。しかし，ガイゲス，マーク，ヴァルターが述べるように，シュレーダー首相（「赤と緑」の連立政権）からメルケル首相（大連立，保守リベラル，再び大連立政権）までの時期に形成された「黒・赤・緑の体制」という「統一戦線」のもとでは，議会の場で議論が十分に行われないと，何らかの「ドイツのための選択肢」を求める政治的立場が，「まさしく中道の右翼の環境から組織され，運動，デモ，抗議に移転される」（Geiges, Marg und Walter 2015：202）のである。

　フランス，イギリス，オランダ，スイスなどのヨーロッパ諸国で，従来の「宗派をめぐる対抗軸」，「福祉国家をめぐる対抗軸」，「エコロジーをめぐる対抗軸」に加えて，「新しい政治的亀裂」として，「普遍主義　対　エスノセントリズム（反普遍主義）」という対抗軸（Geiges, Marg und Walter 2015：198-200）が成立している。従来，ドイツにおいては，この第4の対抗軸は明確でなかったが，AfDやPegida現象として出現している。つまり，一方で左翼陣営では，SPDとブルーカラー層の間の疎遠化が生じ，下層が中道左派の政党に強い不満を持っており，他方で保守リベラル陣営では，CDU・CSUに不満を持つ層

第 6 章　Pegida 現象と「現実にある市民社会」論

がおり，この 2 つの空隙を埋める右翼ポピュリズム政党が「中道右翼政党」として確立するのかどうかという問題が生じている。

さて，2015年 1 月後半以降，主要メンバーの脱退により，Pegida 運動は一旦沈静化する。その後も断続的にデモが行われていたが，2015年夏にヨーロッパ・ドイツを目指す難民の数が急増し，当初予測の40万人から年内80万人規模（さらに100万人規模）になることが明らかになり，Pegida デモは 9 月には再び参加者数を増加させている。いずれにせよ，この運動の基盤はなくなったわけではなく，デモに参加していた主要メンバーは AfD の基幹的な支持者であり，別の組織形態により，より攻撃的な，極右的な活動を継続する可能性を持っている。また，Pegida 現象の特徴として，非暴力デモ，登録社団（非営利組織）の形態をとること，ソーシャル・メディアを利用して参加者を広げることなど，市民社会的方法を利用していることがあげられる。従って，Pegida 現象は，極右や右翼ポピュリズムの傾向がみられるとしても，必ずしも従来の極右主義の枠組みで捉えられない論点を含む「中道の中の右翼」と位置づけられる。Pegida 現象は市民社会の「告発的動員」であり，市民社会の中で生じているので，つぎに，「現実にある市民社会」論を取り上げて，極右運動や右翼ポピュリズム運動がどのように位置づけられてきたかを検討したい。

3　規範的市民社会と「現実にある市民社会」

1　市民社会論の視点

市民社会という概念は，論争的な概念であり，不断に再解釈されてきており，再創造されている（Edwards 2011a：7-13；2014）。本節では「現実にある市民社会」論を取り上げるが，その前に簡単ながら，市民社会の定義と課題を挙げておこう（坪郷 2015b：62-63；2015c：12-13）。第 1 に，市民社会は，政府，市場，私的生活の間の領域において営まれる市民の自主的組織による領域である。市民社会は，アソシエーション，社会運動，協同組合などのダイナミックな緊張に満ちた空間を意味する。

第 2 に，政府，市場の領域との対比では，重視する目標と機能の違いとして

第Ⅱ部　ナショナリズムと「再国民化」の諸相

描かれる。政府部門は公平性，市場部門は財とサービスの効率的配分をするメカニズムとしての機能を持つ。これに対して，市民社会は「非営利，非政府部門」であり，「自由，平等，連帯」という規範と共に，市場の失敗，政府の失敗，社会の断片化と連帯の欠如を克服する新しい社会構想を提起するものである。

　第3に，市民社会は，他の領域から独立したものではなく，政府の制度からの影響，市場からの影響，家族などの私的生活からの影響を受ける。

　第4に，参加ガバナンスで議論されるように，市民社会部門をその基盤整備を通じて強化することにより，政府部門，市場部門，市民社会部門の3者間の新たなバランスを作り，3者による公共問題の問題解決を行う新たな仕組みを作ることが，課題として議論されている。

　第5に，各国の市民社会は歴史的に，その国の政府，市場，家族のあり方に規定されて形成されるが，グローバル化の時代において，世界市民社会の影響を受けて形成される。

　次に，規範的市民社会論と現実にある市民社会論とを明確に区別することを主張するローランド・ロートと，ジェフリー・アレクサンダーの議論を見ることにより，市民社会における市民的側面と非市民的側面の問題についてみよう。

2　現実にある市民社会論

　ドイツの新しい社会運動の研究者であるロートの「現実にある市民社会」論の重要な点を見よう。[2]第1に，ロートは，市民社会を規範性抜きに論じることはできないとする。この市民的規範は，「寛容，多元性・多様性，承認と敬意，非暴力，公開性と自由」と表現される。この規範を基準にして，市民社会の市民的側面と非市民的側面が区別される。彼は，「規範的」市民社会と「現実にある」市民社会とを混同せず，明確に区別すべきであると述べ，市民社会の理想化を批判し，「現実にある」市民社会は「『自由，平等，友愛』を常に奏でる理想世界ではない」という（Roth 2008：69-71；2004：45-48）。

　第2に，ロートは，市民社会とデモクラシーが密接に関係しているという主

張を批判的に検討する。従来から，トクヴィル・テーゼやロバート・パットナムが主張するように，市民社会つまり「社会的自主組織の多彩な，多様な形態の，密なネットワークされた領域」が，安定したデモクラシーの必要条件であるという議論が行われている。言わばこの「良い市民社会」の二つの仮説は「社会化仮説と移転仮説」から構成される。社会化仮説によれば，アソシエーションはそのメンバーがデモクラシーの美徳を実践する場であると仮定され，移転仮説により，この市民社会で獲得された美徳が政治的信頼とデモクラシーへの参加を促進すると仮定される。ロートは，この市民社会とデモクラシーの関係は自動的な関係ではないと指摘する（Roth 2004：44-45）。つまり，現実にある市民社会には，「反デモクラシー的，非市民的傾向」があることを考慮しなければならない。言わば「悪い市民社会」として，「マフィアから政治的汚職，国際的テロネットワークから税金逃れまで，経済エリートの主張を強引に押し通すリベラリズムから青年の外国人敵対的な攻撃まで」の多くの事例を挙げることができる（Roth 2004：44, 52-53）。人種主義などの「憎悪と非寛容に満ちた市民社会」は，この人たちの「悪い市民社会」と共通化される（Roth 2004：45）。

第3に，市民社会は独立した存在ではなく，むしろ政府，市場，私的生活という他の領域から影響を受けて，それぞれの国で歴史的に形成される。従って，市民社会組織の民主化作用は，非市民的領域からの市民社会に及ぶ影響に依存する。それは，政府（国家）の制度による影響，資本主義経済からの影響，家族による私的な領域からの影響にも該当する。つまり，歴史的にみて，国家権力による市民の相互間の暴力の放棄なしには，市民社会は成立しない。利益重視の市場経済への転換なしには宗教的セクト間の内乱の脅威が存続する。家族による社会化と連帯なしには社会的連帯は成立しない。合理的な協力，自己責任，自己規制は，資本主義経済の文明的副産物であり，これらは，市民性の生産の場であり，市民社会の基礎である（Roth 2004：51-52）。

アメリカ合衆国の社会学者アレクサンダーも，国家，市場，私的領域からの市民社会への影響について，三つの方向を区別して議論する。それは，「支援的入力」，「破壊的侵入」，「市民的修復」である。

第Ⅱ部　ナショナリズムと「再国民化」の諸相

　この議論によれば，一方で正規の労働関係の就業労働は通例市民活動を促進するのに対して，失業と貧困は破壊的に作用し，他方で労働権と社会政策はこの否定的作用を「修復的に」緩和させる。一方で政治的，社会的市民権の国家的保障は市民的自主組織に寄与するのに対して，他方で市民権の治安国家的制限（例えば，集会，デモ，政党，組織の禁止）は破壊的に作用しうる。例えばジェンダーの主流化のような冷遇されているグループの促進は，修復的介入である。一方で市民活動をする両親はこどものモデルとして作用し，家父長的家族構造は民主的能力を掘り崩すが，他方で家族的連帯は常に社会的排除に対抗する重要なリソースとなりうる。このように，市民社会はその内在的要因からのみならず，他の社会的領域から影響を受けるのである（Alexander 1998：8-12；2006：Part I-2, II；cf. Roth 2004：48-49；2008：76-77）。

　さて，市民社会の「民主的な質」にとって重要な事例として，ロートは，市民社会の否定である「極右主義」を取り上げる。極右の立場と行動は「市民社会の思想の反極」であり，これは「歴史的残余」ではなく，現実への反動形成であり，「現代的な」右翼急進主義と右翼ポピュリズムを意味する。しかも，極右の思想はトランスナショナルなネットワークにより広められ，とりわけ多様なスキンヘッズのような国境を越えた青年文化の提供がこれに加わる。この「非市民的」傾向に対する多様な説明，例えば「市場の拡大」，「政府の故障」，「市民社会の故障」などが指摘される。しかし，その経済的核心は「ネオリベラルのグローバル化プロセスとそれに内在する社会的不平等」にあり，このことが世界で移民と避難民を増大させている（Roth 2008：79-83）。

　そして，潜在的敗者から中間層までが，ネオ・ポピュリズムの共鳴盤になる。とりわけ，政府の政治亡命政策，避難民政策，外国人・移民政策，移民の統合政策や，人権政策の不十分さが，極右の動員に影響を与える。従って，経済的，政治的，社会心理的説明に加えて，市民社会の欠陥が指摘される。この状況では，政府の制度が決定的に市民社会の活動が活発になる枠組みを作り，自治体の活動が外国人敵対的傾向を阻止しうる。また，企業のコーポレートシティズンシップ，さらに，権威主義的家族に対して，現代的「話し合う家族」の促進が非市民的傾向を押し戻すのである（Roth 2008：79-83）。

第4に，ロートは，市民社会が資本主義経済の拡大により浸食され，同時に市民社会のさらなる国家化が進む中で，むしろその市民的自主組織の防衛的方向性が強まっていると述べる。ロートは，この防衛的方向性のため，東欧における市民の反体制運動や西欧における新しい社会運動が変革の担い手として台頭したことを忘れさせるが，これらの運動により，国家政治の制度的革新が行われ，経済体制が少なくとも市民社会の要請に矛盾しないほどには変化したと指摘する。しかし，非市民的活動の主な源泉である経済的不平等のダイナミズムを取り去る制度改革が必要であり，ネオリベラルの攻勢の時代において，政治的，社会的市民権がとりわけ重要であると述べる。この動きとして，ロートは，グローバル化に対する抗議運動と，一連の世界社会フォーラムの開催を挙げている。この社会問題は，国内的取り組みのみでは解決できず，国際的取り組みが不可欠である（Roth 2008：83-85）。

　最後に，ロートは，強力な再生能力のある民主的市民社会のために，4つの重要な前提条件を挙げる。第1に，多元的，開かれた，包摂的アソシエーション組織，である。第2に，多元的な利益間の紛争と調停する利益調整の共認の制度（ルールの制度化），第3に，人権に基づく市民性，第4に，公共性の空間である。こうした前提条件を作り出すことにより，市民社会の構造と市民社会組織自体の状態を強化することが重要である（Roth 2008：86-88）。

　ロートやアレクサンダーは，市民社会論の規範性を基準にして，市民的側面と非市民的側面を含む「現実にある市民社会」を論じる。そして，再生能力のある民主的な市民社会を形成するためには，市民社会と政府部門，市場部門，私的部門（家族）との相互関係が重要であり，政府や市場の制度革新，「話し合う家族」の形成が必要であると指摘している。Pegida 現象についても，この議論が適用可能であろう。

4　Pegida 現象に対する市民社会の対抗戦略

　最後に，「現実にある市民社会」論の議論を踏まえて，Pegida 現象に対する市民社会の対抗戦略に関して若干の論点を述べたい。これまで見てきたよう

に，Pegida 運動は，その関心やテーマは右翼に位置づけられるが，「中道の中の右翼」の社会運動であり，市民社会的方法を取り，市民社会の中の右の社会運動として展開されている。この Pegida 現象に対して，ガイゲス，マーク，ヴァルターが述べているように，「2015年に，政治，経済，メディアのエリート，学問，教会，労働組合のエリートにより，1930年代初めとは違って，右翼に対する統一戦線」が形成されている（Geiges, Marg und Walter 2015：202）。そして，市民たちにより市民社会の対抗運動が，それぞれの都市で展開されている。このような対抗運動は，次のような市民社会の対抗戦略の中に位置づけられる必要がある。

第1に，市民社会が自動的にデモクラシーを生み出すわけではなく，市民社会には，市民的側面と非市民的側面があることを認識し，非市民的活動の主な源泉となっている経済的不平等のダイナミズムを打ち破る制度改革が必要である。つまり市民社会原理主義に陥ってはならない。議会の場で，右の社会運動の背景にある社会問題について熟議を行い，政府や自治体による政策制度の対応が行われることが不可欠である。

第2に，現実にある市民社会の実態を踏まえて，市民をエンパワーメントする参加ガバナンスの形成が重要である。参加ガバナンスは，政府部門，市場部門の運営革新を伴う，市民社会部門，政府部門，市場部門の3者による公共問題を解決する機会を作るものである。参加ガバナンスが，市民のエンパワーメントのための対話と市民性教育の新しい機会を創出するものであることが決定的に重要である（坪郷 2015a；Fischer 2012を参照）。

第3に，デモクラシーのさらなる発展には，シティズンシップ（市民性）教育が重要である（坪郷 2015d）。イギリスでは，新たな議論が行われ，シティズンシップ教育（市民性教育）が2002年から全国共通カリキュラムとして導入され，政治的批判力を持つ「能動的市民」の育成を目標にしている。そして，知識・技術・価値という政治的リテラシー教育を重視し，ボランティア活動や地域活動など社会参加とともに，政治参加の重要性を強調する。ドイツの政治教育では，政治的判断力，政治的行動能力，方法的能力という3つの能力の養成を期待し，このデモクラシーのための市民性教育は反省的歴史教育と密接な関

第6章　Pegida 現象と「現実にある市民社会」論

係がある。このような市民性教育は，具体的な論争的な政治的テーマを取り上げる教育であり，18歳選挙権の導入に際して議論されている日本の市民性教育（主権者教育）における課題である。

【注】
1) 2015年3月まで一年間，ハレ市のマルティン・ルター大学日本学研究所に研究滞在中であったため，Pegida デモの報道を日々追いかけることができた。
2) 現実にある市民社会論に関しては，坪郷（2015b：66-68，73）に基づき，若干の改定をしたものである。

【参考文献】
坪郷實（2013）「ポピュリズム時代における新しい民主主義の展開と市民社会戦略——ヨーロッパ・ドイツの事例を中心に」石田徹・高橋進編『ポピュリズム時代のデモクラシー』法律文化社，25-43頁。
——（2015a）「市民参加とガバナンス——市民のエンパワーメント」岡澤憲芙編『比較政治学のフロンティア』ミネルヴァ書房，164-175頁。
——（2015b）「市民社会，ソーシャル・キャピタル，参加ガバナンス」『立命館大学　政策科学』22巻3号，61-76頁。
——（2015c）「ソーシャル・キャピタルの意義と射程」坪郷實編『ソーシャル・キャピタル』ミネルヴァ書房，1-17頁。
——（2015d）「シティズンシップ教育の取り組みとこれから」『地方自治職員研修』2015年10月号所収，17-19頁。
Alexander, Jeffrey C. (1998) *Real Civil Societies*, London: Sage.
Alexander, Jeffrey C. (2006) *The Civil Sphere*, New York: Oxford University Press.
Bob, Clifford (2011) Civil and Uncivil Society. In: Edwards, 2011, pp.209-219.
Edwards, Michael (ed.) (2011) *The Oxford Handbook of Civil Society*, Oxford: Oxford University Press.
Edwards, M. (2014) *Civil Society*, Cambridge: Polity Press, Third Edition (2004, First Edition).
Fischer, Frank (2012) Participatory Governance: From Theory to Practice. In: Levi-Faur, David (2012) *The Oxford Handbook of Governance*, Oxford: Oxford University Press (Paperback 2014), pp.457-471.
Geiges, Lars, Marg, Stine und Walter, Franz (2015) *Pegida. Die schmutzige Seite der Zivillgesellschaft*, Bonn: transcript Verlag.
Neu, Viola und Pokorny, Sabine (2015) „Ist ‚die Mitte' (rechts) extremistische?" *Aus Politik und Zeitgeschichte (ApuZ)*, B40, S.3-8.

第Ⅱ部　ナショナリズムと「再国民化」の諸相

Niedermeyer, Oskar (2014) „Immer noch eine ‚nationale Nebenwahl' ?" Die Wahl zum Europäischen Parlament vom 25. Mai 2014, in: *Zeitschrift für Parlamentsfragen*, 45. Jahrgang Heft 3, S.523-546.

Patzelt, Werner J. *Was und wie denken PEGIDA-Demonstranten? Analyse der PEGIDA-Demonstranten am 25. Januar 2015, Dresden. Ein Forschungsbericht.* (http://tu-dreden.de/die_tu_dresden/fakultaeten/philosophische_fakultaet/ifpw/polsys/for/pegida/patzelt-analyse-pegida-2015.pdf, 2015.09.27アクセス)

Pegida (2014) *Das 19 Punkte-Papier.* (http://www.i-finger.de/pegida-positionspapier.pdf, 2015.09.27アクセス)

Pfahl-Traughber, Armin (2015) *Pegida - eine Protestbewegung zwischen Ängsten und Ressentiments. Eine Analyse aus der Sicht der Bewegungs-, Extremismus- und Sozialforschung, 2.2.2015.* (http://www.bpb.de/politik/extremismus/rechtsextremismus/200901/pegida-eine-protestbewegung-zwischen-aengsten-und-ressentiments, 2015.09.16アクセス)

Reuband, Karl-Heinz (2015) „Wer demonstriert in Dresden für Pegida? Ergebnisse empirischer Studien, methodische Grundlagen und offene Fragen", in: *Mitteilungen des Instituts für Parteienrecht und Parteienforschung*, 21, 2015, S.133-143.

Roth, Roland (2004) „Die dunkelen Seiten der Zivilgesellschaft. Grenzen einer zivillgesellschaftlichen Fundierung von Demokratie", in: Klein, Kern, Geißel und Berger (Hrsg.) (2004) *Zivilgesellschaft und Sozialkapital*, Wiesbaden: VS Verlag, S. 41-64.

Roth, Roland (2008) „Exkurs — Die unzivile Zivilgesellschaft", in: Embacher, Serge and Lang, Susanne (2008) *Bürgergesellschaft*, Bonn: Verlag Dietz, S.68-88.

Rucht, Dieter (2015) *Wie viele haben demonstriert? Ein Dossier aus aktuellem Anlass*, Institut für Protest- und Bewegungesforschung. (http://protestinstitut.eu/2015/01/23/wie-viele-haben-demonstriert/, 2015.09.15アクセス)

Rucht, Dieter u.a. (2015) *Protestforschung am Limit. Eine soziologische Annärung an Pegida*, Berlin, 28. Januar 2015. (http://protestinstitut.files.wordpress.com/2015/01/protestforschung-am-limit, 2015.09.27アクセス)

Vorländer, Hans, Herold, Maik und Schäller, Steven (2015) *Wer geht zu PEGIDA und warum? Eine empirische Untersuchung von PEGIDA-Demonstranten in Dresden*, Schriften zur Verfassungs- und Demokratieforschung, 1/2015. (https://tu-dresden.de/die_tu_dresden/fakultaeten/philosophische_fakultaet/ifpw/poltheo/news/vorlaender_herold_schaeller_pegida_studie, 2015.09.27アクセス)

zdf (2015) *Forschungsgruppe Wahlen: Politbarometer, Januar 2015.* (http://www.forschungsgruppe.de/Umfragen/Politbarometer/Langzeitentwicklung_-_Themen_im_Ueberblick/Politik_II/9_Probleme_1_2.pdf, 2015.09.15アクセス)

Zick, Andreas und Küpper, Beate (2015) „Volkes Stimme?", *APuZ*, B40, S.9-16.

第7章

英国におけるナショナル・アイデンティティ論
――どういう意味での「再国民化」論が可能か――

小堀　眞裕

1　英国に関する多様なアイデンティティ

　英国において「再国民化」を考える場合，どういう意味での再国民化を考えるべきなのかということが，まず第一の問題となる。英国（あるいはイギリス）という国には，様々な自称があり（思えば，言うまでもないことではあるが，英国やイギリスという言葉は English から来た言葉であり，由来からすればイングランド England のみを指すべきであるが，ここでは UK や Britain の意味でイギリスないしは英国という言葉を使う）。正式な国名としては，グレート・ブリテン及び北アイルランド連合王国，すなわち UK という言葉があるが，これは通常，アイデンティティの対象議論とはならない。むしろ，英国人たちのアイデンティティの議論の中心にあったのは，ブリテン Britain である。Britain は厳密には UK 最大の島の名前であるが，同時に，それはイングランド，ウェールズ，スコットランドを含むもので，実質上 UK と同じ意味で使われる。そうすると，厳密にはここに北アイルランドは入らないのではないかという疑問が出てくるが，Britain という言葉の中には，北アイルランドをも含めるという理解もあり，まさしく国の一般名称としては，Britain が事実上使われてきた。なお，政治家も常に国政について語る時は，Britain について語り，UK について語ることは極めて稀である。しかし，この Britain とイングランドの関係はどうなっているのかという問題が出てくる。この点については，後に議論を紹介す

第Ⅱ部　ナショナリズムと「再国民化」の諸相

る。いずれにしても，ここで確認しておくべきことは，再国民化と言った場合，UKへの再国民化なのか，Britainへのそれなのか，あるいはイングランドへのそれなのか，ということである。

　さらに，再国民化という点では，2014年に独立レファレンダムを行ったスコットランドScotlandをどう考えるのか，また，独立論は先鋭化していないものの，権限委譲には積極的なウェールズWalesをどう評価するべきか，ということも，再国民化のポイントとなってくる。なお，本論では，上記のように様々な英国の呼称の役割や，そのアイデンティティについて議論をするために，適宜，Britain, England, Scotlandなどを原語で使う。

　このように，本稿では，英国において再国民化を考えるのであれば，必ずどの国についての再国民化であるのかという議論を避けて通ることはできない。このことから，英国の人々が，そもそもどの国にアイデンティティを持っているのかについての先行研究の整理を行わざるを得なくなる。また，順当に言って，そこから始めるべきであろう。したがって，本稿の目的は，英国におけるナショナリズムやナショナル・アイデンティティの議論の整理を行うことになる。

　そこで，以下ではまず，第一に英国の多様な呼称と，その歴史的変遷を概括し，第二に，英国をめぐるナショナル・アイデンティティやナショナリズムに関する歴史的分析に関する議論を紹介・整理し，第三に，それらに関する現代的分析に関する議論を紹介・整理し，第四に，2015年総選挙をめぐっての政治家や政党の言説を紹介・整理したい。

2　Britainかイングランドか，それともUKか——英国名の歴史的変遷

　1215年のマグナ・カルタにおいては，ジョン王は，「イングランド王国」の国王を名乗り，その後，イングランド王は，百年戦争後フランス国王も名乗る（例えば，1689年権利の章典the Bill of Rights 1689，これは形式上，フランス革命時まで続く）。イングランド王に関しては，それまでスコットランド王であったジェイムズが1603年にイングランド王ジェイムズ1世として即位して以後，イ

ングランド王とスコットランド王の同君連合の状態が続いたが，イングランド議会とスコットランド議会で1707年連合法 Act of Union 1707が成立し，英国名はグレート・ブリテン王国 the United Kingdom of Great Britain となり，スコットランド議会は廃止された。1800年連合法 Act of Union 1800では，そこにアイルランドが加わり，グレート・ブリテン及びアイルランド連合王国 the United Kingdom of Great Britain and Ireland となった。

しかし，同時に，1800年連合法には，大英帝国 the British Empire という言葉も登場する。当時から英国は，世界中に植民地を築きつつあり，ヨーロッパにおける英国本国のアイデンティティだけでなく，世界中の英国植民地を含めたアイデンティティが問題となってくる。

公式の文書で，それが問題となってくる典型的議論としては，1919年のヴェルサイユ条約がある。ヴェルサイユ条約締結に至る議論では，当初カナダ，オーストラリア，ニュージーランド，南アフリカ，インドは大英帝国の一部と考えられていたが，各植民地の代表はそれを渋り，結局，大英帝国だけでなく，カナダ，オーストラリア，南アフリカ，インドが1つの代表権を持ち，ニュージーランドが1つの代表権を持つことで決着した（Macmillan 2001：1089）。つまり，ヴェルサイユ条約においては，英国は，大英帝国として表現されることになった。その一方で，1945年の国連憲章においては，再び連合王国という表現が使われた。

他方で，英国の君主は，常に Britain の君主であるとともに，英連邦の君主である。近年有名になった「英国王のスピーチ」，すなわちジョージ6世による対独宣戦布告の演説においては，連合王国という表現も，大英帝国という表現も使われず，その代りに，「我が国」（どの表現かは明示されなかった）と英連邦 the British Commonwealth という言葉が使われた（George the 6th 1939）。また，毎年行われるクリスマス・スピーチにおいても，女王は，英国国民だけではなく，英連邦，そして，それ以外の世界に向けて，語りかけてきた。

このように，公式な国号を取ってみても，英国は，実に多様な名称を使い，また，その使用自体が揺れてきた。[1]

第Ⅱ部　ナショナリズムと「再国民化」の諸相

3　ナショナル・アイデンティティに対する歴史的分析

　このような多様な名称で呼ばれてきた英国であったが，近年，歴史学研究者の間では，英国のナショナル・アイデンティティは非常に多くの議論があるテーマとなっている。1989年に，ヒュー・カーニーが *The British Isles: the History of Four Nations* を出版し，そのなかで，イングランド史に比重を置いたそれまでの英国史を批判し，イングランド，スコットランド，ウェールズ，アイルランドという4つのネイションの独自性に基づいた歴史論を展開したことが嚆矢となり，その後，議論が続いてきた。その中でも，議論をリードしてきたのが，現在LSEの教授を務める歴史学者リンダ・コリーである。

　彼女の有名な著作 *Britons: Forging the Nation 1707-1837* 翻訳書名『イギリス国民の誕生』においては，イギリス（すなわちBritain）は，「作られた国」であり，それは反カトリックの膨大な新聞や文献などによって，民衆や支配者の中でプロテスタンティズムを守るために作られたアイデンティティであり，17世紀から常に戦争状態にあったフランスとの関係で作られたアイデンティティであったと論じられた。

　コリーは，スコットランドの画家，サー・デイヴィッド・ウィルキーの『ワーテルローの闘いについての記事を読むチェルシーの年金生活者たち』(1822年) を評して以下のように書いた。彼女の論が端的に表れている一節であるので，少し長いが引用する（Colley 2014＝2000：383）。

　　イギリスBritainを創り出したのは戦争なのだとこの絵は主張し，それを高らかに謳いあげている。
　　本書が証明しようとしてきたように，このことは真実であったが，完全な真実というわけではなかった。たしかに，戦争は1707年以降，イギリスという国の創造において重要な役割を果たした。しかし，それはほかの要素，とりわけ宗教の影響があってこそであった。まさにプロテスタンティズムという彼らの共通の枠組みによって，多くの文化的な差異にもかかわらず，イングランド人やウェールズ人，スコットランド人は初めからまとまり，そのまとまりを維持できたのである。国民の形成という点に

第7章　英国におけるナショナル・アイデンティティ論

おいて，1689年から続いた英仏戦が重要な意味を持ち得たのは，なによりプロテスタンティズムのおかげであった。強力で，しかも絶えず脅威であったフランスは，16世紀の宗教改革以後，しばしばイギリス人に恐れをいだかせてきたカトリックという他者を体現するものであった。フランスとの対決は，生き残り競争，勝利，戦利品獲得に向かって奮闘する中で，イギリスの中の差異を覆い隠すことに役立った。

　また，コリーによれば，Britain の地球規模における海外への領土の拡大は，スコットランド人やウェールズ人が世界で活躍し，富を蓄積できる条件を与え，彼らも England との違和感を持たなくなり，「British であり，Scottish である」アイデンティティを，疑問なく受け入れてきたと言われる。

　コリーの研究は，英国の国民的アイデンティティに関する研究書・研究論文においては必ず参照される研究であるが，それだけに彼女の研究に対するチャレンジもある。例えば，ピーター・マンドラーは，コリーの分析は戦争の終った1815年以降は必ずしも妥当しないと論じた。もっとも，同時にマンドラーは，コリーの分析が他の歴史学者たちを刺激し，1940年代には対ナチ，1950年代には植民地との関係で，というように，常に「他者」との対峙において Britain のアイデンティティが作られたとする研究が続いたと指摘した (Mandler 2006)[2]。

　また，インド系の社会学者クリシャン・クマーは，Britain のアイデンティティは一つの領域を区切る意味でのナショナリズムではなく，「使命を持ったナショナリズム missionary nationalism」であり，その使命とは Britain による文明化や自由主義化を世界に押し広げるナショナリズムであり，それはしたがって，外見的には British であったり，English であったり，大英帝国的であったりと多様であり，ナショナリズムの自覚も薄かったと述べた (Kumar 2003：31)。つまり，クマーの議論も，コリーと同じく，Britain と「他者」との関係に関して描かれていると言えよう。

　他方，イングランドの内的アイデンティティに関する研究としては，Stephanie Barczewski (2001) *Myth and National Identity in Nineteenth-Century Britain*（ステファニー・バーチェフスキー『大英帝国の伝説：アーサー王とロビン・フッド』）がある。バーチェフスキーは，コリーの提示した Britain 像は，フランスとの戦争の可能性が低下した19世紀においては妥当せず，19世紀

129

第Ⅱ部　ナショナリズムと「再国民化」の諸相

においては，戦争やプロテスタンティズムとは異なる内的な要素による統合が必要であったと指摘した。

その統合の要素となったのが，サクソン族の伝説の王であるアーサー王と，ノルマン王朝によって虐げられていた人々を助ける反権力の象徴ロビン・フッドである。この両伝説は，「その思想的位置づけに関してはまさに正反対の立場を代表する」。「一方は，政治・社会の階層秩序の頂点に君臨する王であり，他方は追放されたアウトローであり，したがって，既存の階層秩序からは完全にはじき出された，または，潜在的にはその階層を破壊しようとさえする人物」（バーチェフスキー 2005：xxvi）である。しかも，アーサー王は，伝説上の出自が，スコットランドやウェールズにつながるケルトに由来するという説があるにもかかわらず，19世紀においてはそれがほとんど無視されて，イングランドの伝説上の王として扱われる。また，ロビン・フッドには，19世紀に登場しつつあった労働者階級の統合の象徴としての役割が与えられた，とバーチェフスキーは論じた。このように，バーチェフスキーは，Britain はイングランドを中心に統合されたが，上記のような伝説がその統合の道具として使われたと指摘した。

なお，18世紀までの対フランス，その後の帝国の対外的拡大，第二次大戦期の対ナチ，それ以降の対移民という「他者」との関係におけるアイデンティティが，21世紀においては，ある意味で存立に苦しみ，対 EU という方向でのナショナリズムに転化しつつあるという文脈を，これらの歴史学的研究は共通に含意していると見ることもできる。

4　ナショナル・アイデンティティに対する現代的動向の分析

1　British か，English か

現代の英国人のアイデンティティに関する分析に関しては，世論調査や社会調査のデータを使用して「アイデンティティ」動向を探る業績と，歴史学者よりも比較的近年のアイデンティティに関する議論を分析しようとする業績とに分けられる。

第7章 英国におけるナショナル・アイデンティティ論

　様々な世論調査や社会調査から見られることに関しては，ほぼ一貫して，英国人のアイデンティティは，British というアイデンティティが弱まる一方，イングランド人，スコットランド人，ウェールズ人などの自覚が高まりつつあるという見方が示されている（Heath and Roberts 2008；Jones, et al. 2012；Jones, et al. 2013）。

　なお，こうしたアイデンティティの調査や，ナショナリズムに関する調査においては，そのアイデンティティやナショナリズムが「エスニックな」ethnic ものなのか「シヴィックな」civic ものなのかが論じられることも多い。ブリティッシュ社会態度調査 British Social Attitude Survey の第31回調査の報告書においては，British であることとは，どちらの意味で考えられているのかが調査された。そこにおいては，British であることの「エスニックな」要件は，① Britain で生まれていること，② Britain で生活の大半を送っていること，③キリスト教徒であること，④祖先に British がいること，⑤ Britain の習慣や伝統を身に着けていることである一方，British であることの「シヴィック的要素」は，① UK の市民権をもっていること，②英語を話すこと，③ UK の法政治制度を尊重していることと定義された。

　2014年に発表された BSA の調査によれば，上記の「エスニック」と「シヴィック」意味の両方で，British を理解している回答者が63％にのぼり，British とみなすには「シヴィック」的な意味だけで良いとする回答者31％を大きく上回った。また，この調査によれば，こうした「エスニック」的な British 理解が必要とする回答者は，より高齢者に多く，1945年以前の生まれにおいては86％に達したのに対して，1963年以降に生まれた世代においては，50％のみに留まり，逆に，British であるためには「シヴィック」的要素だけで良いという理解が，この世代の回答者の40％の回答者に達した。

　さらに，これらの回答の違いによって，移民問題，国内－国際問題，EU 問題に関して，顕著な意見の差があると指摘されている。「エスニック」的要素を British であるために必須とみる回答者においては，34％の回答者が「最も反移民」カテゴリーに属し，25％が「最も国内問題重視」に属し，36％が「最も欧州懐疑主義」に属したのに対して，「シヴィック」的要素のみで良いとす

る回答者においては7％が「最も反移民」，4％が「最も国内問題重視」，15％が「最も欧州懐疑主義」に属するのみであった (Kiss and Park 2014 : 61-77)。

こうした Britishness の自覚と経済的境遇との比較では，フォードとグッドウィンの研究がある。彼らによれば，年長で，労働者階級で，あまり教育程度の高くない白人という「取り残された人々」において，反 EU や反移民の動向が高まり，UKIP の支持が高まったと分析されている。フォードとグッドウィンによれば，これまで UKIP の支持の高まりは，保守党の EU への態度が煮え切らないことに対する批判票として分析されることも多かったが，実際には，労働者階級における二大政党のいずれにも代表されない「取り残された人々」が支持の核になっていると指摘された (Ford and Goodwin 2014)。

ただ，EU からの脱退と反移民を掲げる UKIP の台頭の原因については，ナショナリズムとの関連を指摘する研究がやはり多いものの，UKIP 自身は，「過激政党のエスニック的ナショナリズムを私たちは拒否する We reject the "blood and soil"」(UKIP 2010 : 6) と述べる一方で，Britishness はむしろシヴィックなナショナリズムによって培われるものであり，その「シヴィック的ナショナリズムの美徳は，彼らの民族や宗教，または言語や肌の色が何であれ，自らを British とみなし，その信条に忠誠と一貫性を示す全ての人々に開かれている」(UKIP 2010 : 9) と述べた。

また，ナショナリズムの台頭として2009年から2010年にかけて注目を集めたブリテン民族党 British National Party (BNP) は，当初は「エスニック的な血縁関係」を強調していたが，2009年欧州議会選挙マニフェストにおいては，そうした「エスニック」な主張よりも，「民主主義」「自由」「正義」など「シヴィック」的な主張が目立つようになった。こうした態度の変化は，UKIP の成功から BNP が学び取ったものと指摘された (Halikiopoulou and Vasilopoulou 2010)[3]。

ナショナリズムやアイデンティティをめぐる「シヴィック」的要素の指摘という意味では，ロウズィー＆ヘプバーンが興味深い指摘をしている。彼らによれば，Britishness という言葉は，Britain 内において，均質の意味を持つものではなく，それぞれのネイションにおいて，異なった使われ方をしていると指

摘された。British は，イングランドにおいては，まさに「シヴィック的外皮」として使われてきたが，特に，非白人系の回答者は English という自覚に比して British という自覚を顕著に保有し，その意味で，British は，コリーがいうように意義を失いつつあるのではなく，非白人マイノリティーに一つのアイデンティティを自覚させる効果を持つと分析された（Rosie and Hepburn 2015）。

このように，British というアイデンティティの低下が指摘される中，イングランド・ナショナリズムの台頭を指摘する意見がジャーナリズムの中では多くある。例えば，セス＝スミスによれば，UKIP の一部の幹部たちはイングランド議会の設置を主張し，彼らの反 EU 反移民のナショナリズムをイングランド・ナショナリズムにシフトする構想もあった（もっともこのイングランド議会の構想は UK の EU からの独立を目指すという UKIP の立場に矛盾し，またイングランド・ナショナリズムへのシフトは UK の解体をもたらすという批判によって，頓挫した。Seth-Smith 2013）。また，2015年総選挙に至る過程では，『ザ・ガーディアン』紙において，編集者のマイケル・ホワイトが，UKIP を英国版ティー・パーティー運動として捉え，ブリュッセルだけではなくイングランドにもナショナリズムが高まっていると論じた（White 2015）。

しかし，このようなイングランド・ナショナリズムの台頭だけの評価では，一面的な理解に陥るという指摘もある。例えば，政治学者マイケル・ケニーは，数十年の思想的・研究的文献の中において，一貫して，価値や人種の多様性を認める「保守的ではあるが自由主義的な Englishness」を見て取ることができると指摘した（Kenny 2014）。また，歴史的分析ではあるが，ポール・ラングフォードも，イングランドの文化的独自性について語っているが，それは決して UKIP 台頭につながるようなものではなかった。彼によれば，Britain は政府や国自身の存在で，文化的には一貫して English であったという。そして，そもそも Britain には文化がないので，形容詞としては，British は存在しえないと論じた。また，その English の文化とは，そもそもアングロやサクソンなどの種族間や，ケルトなどとの混血が多くあったことから，混血を嫌わない点，旅行を好む一方で外国では乱暴狼藉を働く傾向がある点（いわゆるフーリガニズム），紳士淑女のマナーを重んじる点などがあり，それは今日にも受け

継がれているとラングフォードは述べた（Langford 2001：1-27）[4]。

2　スコットランド独立運動とナショナリズム

　英国人のナショナル・アイデンティティ議論に関しては，2014年のスコットランド独立の是非を問うたレファレンダムも，大きな論点を提供している。レファレンダム自体は，独立に対する反対多数で否決されたものの，44.7％の支持を集め，投票日に至る過程では独立賛成が反対を上回る世論調査も少なくなかった。スコットランド独立論が相当の支持を集めていたことは事実であろう[5]。

　しかしながら，この独立論に対する評価において，必ずしも，その「エスニック」的要素を指摘する研究は多くない。もちろん，スコットランド民族党SNPは，現在ではほとんど使われていないケルトの言葉，ゲール語の教育を主張してきた。2015年総選挙マニフェストにおいては，SNPはゲール語の教育の一層の拡大と，担当法人への支出の維持を約束した（SNP 2015：31）。また，これらの背景には，1960年代からゲール語の保存運動が一貫して強まってきたという指摘もある（Oliver 2005）。

　しかし，SNP自体，このような言語的・文化的違いを主な論拠として独立を主張してきたわけではない。SNP自体がスコットランド的価値として位置づけるものは，「公正さ，機会，繁栄の促進，そして社会的一体性」（Scottish Government 2014：2）であり，そこには，スコットランド固有の要素はない。2014年のレファレンダムまで党首を務めたアレックス・サーモンドによれば，スコットランドのナショナリズムは，「全ての人々が参加できる民主的な解放運動」であり，「平和的で，包摂的で，シヴィックなナショナリズムであり，全ての信仰，人種，信条に対する寛容と尊重から生まれたものであり，私たちのネイションの積極的見方に基づいた憲法的な進化を促し続けるだろう」と述べた（Salmond 2007）。したがって，スコットランド独立論を支持する勢力の研究に関しては，その「シヴィック」的要素を指摘するものが多い（Rosie and Hepburn 2015）。

　しかし，その一方で，アンドルー・マイコックは，こうしたSNPの主張す

るナショナリズムが，実は，エスニック的な側面とシヴィック的な側面の両方を含み，その緊張関係によって，スコットランドに新たな「エスニック的」反対政党を生み出す可能性さえ指摘できるとした。マイコックによれば，そもそもSNPはゲール語教育をはじめとする「エスニック的な」要素をもともと持つと同時に，イングランド支配を批判する形で独立論を対置するが，多くの支持を得るために「シヴィック的な」要素を強調しており，その両者に引き裂かれる傾向があると論じる。そして，そもそも，移民やEUに対して，スコットランドの人々自体は，イングランドの人々よりも，顕著に移民やEUに寛容なわけではなく，もしも独立したSNP政権が「シヴィックな」スタンスを維持するならば，今度は独立スコットランド政府に対して移民やEUに対する不満が増大して，SNP自体がその反応を吸収しきれなくなるのではないかと論じた（Mycock 2012）。

　スコットランドの独立運動の高揚の背景には，エスニックな問題意識より，スコットランドとイングランドの分配格差，つまりスコットランドの貧困のリアリティから，による処置という問題があるのではないかという指摘が多[6]い。実際，アレックス・サーモンドにしても，ニコラ・スタージョンにしても，スコットランドに対する分配の不公正さを追及してスコットランド独立への支持を訴えることが多い。そうした経済格差や分配問題が，エスニックな問題よりも，独立論に大きな影響を与えているのではないかという実証的な研究もある。たとえば，クレア・ニーデスヴィッジらは，スコットランド社会態度調査 Scottish Social Attitude Survey のデータを元に分析を進め，England・Scotland 間の収入格差や不公平税制に関してより大きな分配を求める回答者にこそ，独立論の強い支持者が多かったことを明らかにした（Niedzwiedz, Claire L. and Mor Kandlik-Eltanani 2014）。また，ジョン・カーティスは，2014年の3つの民間世論調査会社のデータから，より若く，より低所得な人々がスコットランド独立を支持し，レファレンダムにおいて独立を支持した人々のほとんどは，独立によって暮らし向きがよくなると考えていたと指摘した（Curtice 2015）。

第Ⅱ部　ナショナリズムと「再国民化」の諸相

3　ナショナリズムとナショナル・アイデンティティ

　このように，Britain, England, Scotland 共に，ナショナリズムの「エスニックな」要素と「シヴィックな」要素に関して，一筋縄ではいかない議論状況が存在している。

　しかしながら，ナショナリズムに関する，この二つの要素の指摘は，その他多くの国でも見られる論点であることも，述べておく必要があるだろう。

　戦後において，こうした2要素を指摘したのは，ハンス・コーンであったが，彼の分類では，欧米のナショナリズムが「シヴィック的」ナショナリズムであるのに対して，東欧のナショナリズムは，言語などに分かれた「エスニック的」ナショナリズム的性格を持つとされた (Kohn 1948)。しかし，その後の研究の進展の中でコーンの二分論の限界や曖昧さが指摘され (Brubaker 1999；Jaskułowski 2010)，むしろ，多くの国々のナショナリズムにおいて，この2つの要素が併せ持たれてきたことが指摘された。たとえば，タラス・クズィオは，「シヴィックな諸価値への信奉は，エスニックなナショナリズムや人種主義と両立しうるし，国家は危機が自覚される時代にはシヴィックな価値から逃避しうる」と指摘した (Kuzio 2002)。また，エリック・カウフマンは，典型的なシヴィックな国として見られてきたアメリカ合衆国も，非国教徒的プロテスタンティズムとノルマン以前のアングロ－サクソン血統に特徴づけられたエスニックなネイションとして見られると論じた (Kaufman 2000)。

　Britain におけるこうしたナショナリズムの議論に対して，ナショナリズムとアイデンティティとの区別をするべきだという指摘もある。例えば，リチャード・イングリッシュ（混同回避のために予め述べておくが，これは人名である）は，イングランド・ナショナリズムと言われている動きに関しては，ナショナリズム定義のためには，コミュニティ，闘争，権力の3つが必要であるが，このうち，イングランドにはナショナリズムへの闘争や権力を目指す動きがなく，コミュニティ認識のみが存在するにすぎない，したがって，イングランドにあるものは，ナショナリズムではなく，ナショナル・アイデンティティのみであると論じた (English 2011)。

5　2015年総選挙に至る過程での議論

　前節では，大きく分けると歴史的分析と現代的分析の二つに分けて，ナショナリズムやナショナル・アイデンティティに関する議論を整理してきた。しかし，この節においては，政党自体の認識や主張が，2015年総選挙においてどのように展開されたのかについて，整理していきたい。歴史的分析にせよ，現代的分析にせよ，やはり，主としてその対象は，国民の世論や言論であった。したがって，それらとは相対的に独自な政党や政治家たちの言説に着目して整理する必要が，あるであろう。その際に，やはり主要な材料となるのは，各政党の総選挙マニフェストであり，それを中心に整理していきたい。

　まず，ウェストミンスター議会に基礎を置く政党全体に共通する特徴がみられる。それは，主要政党は全て，英国という国の呼称として Britain を用いることである。英国の正式名称である UK は，政党マニフェストにおいてもあまり使用されていない。その UK という呼称は，統計数字などを挙証する時に必要な限りで触れられる以外は使われず，国民に支持を訴える時には Britain が使われてきた。UKIP でさえ，UK という言葉を使おうとしない（UKIP 2015）。なお，これまで触れてきた歴史的分析においても，現代的分析においても，UK に関するアイデンティティは，そもそも研究対象とされてこなかった。また，その視点が明らかに欠落されていること自体は，時折研究者たちによっても認められるが，アイデンティティの対象として，UK を真剣に研究した文献は管見の限りでは発見できていない[7]。

　これまで見てきたように，世論調査上では，Britain に対するアイデンティティは低下してきていると説明されることが多いが，保守党・労働党というウェストミンスターの二大政党にとっては，Britain という言葉の有用性は依然として衰えていないと言えよう。これら二大政党は英国全体で得票を増やさなければならず，そういう意味では，England, Scotland, Wales などへの地域限定的な訴えは見られない（Conservative Party 2015 ; Labour Party 2015）。

　ただし，イングランドに関しては，2012年に当時労働党党首であったエド・

ミリバンドが，イングランドのアイデンティティを訴えることは決して危険なことではないと述べ，イングランドのアイデンティティを訴えた（Miliband 2012）。もっとも，その後，労働党は，この議論をそれ以上は展開しなかった。この点に関して，労働党系のシンク・タンクである IPPR は，労働党はスコットランドにおいて SNP に対抗しなければならないため，イングランド・アイデンティティについて語ることは容易ではない一方で，イングランドでの議席確保に成功しなければ総選挙での勝利も不可能で，労働党はイングランドとスコットランドの両方に引き裂かれていると論じた（Jones *et al.* 2013：37）。

　二大政党が，英国国民に対して Britain という言葉で支持を呼びかけたのに対して，英国の全政党の中では，唯一，自民党 Liberal Democrats は，UK という言葉を積極的に使った。ただし，その文脈は，Federal UK，すなわち連邦 UK の実現という呼びかけにおいてであった。自民党は，その前身である自由党が19世紀後半にアイルランド自治やスコットランド自治を目指した伝統を受け継ぎ，戦後においても各地域での自治に積極的であった。そして近年では，自民党支持者の中においては，英国の連邦化に対して積極的発言をする人々も多かった（もっとも，独立論には反対であった）。2015年総選挙マニフェストにおいては，明確に「連邦 UK」を目指すと明記した（Liberal Democrats 2015）。なお，こうした「連邦 UK」という主張は，今日では，決して自民党だけに留まらない。彼ら以外にも，スコットランドへの分権が過度に進展していると不満を持つイングランド人たちや，スコットランド・ウェールズなどへの更なる分権化を不可避と考え，むしろ UK というまとまりを守ろうとする人々の間で，連邦化に対する積極的検討が増えている（例えば，Kendle 1997；Blick 2009；Law 2014）。

　なお，UK という言葉は，SNP マニフェストでも頻繁に使われているが，他方，SNP は Britain という言葉を意図して使っていない。2010年，2015年いずれの SNP マニフェストにおいても，全体を通して Britain という言葉は一度も使われていない。もっぱら，SNP マニフェストにおいては，イギリス政府を指す言葉としては UK Government という言葉が主として使われた（SNP 2010；SNP 2015）。これは，Britain という場合，スコットランドも含む島の名

前であることから，その言葉の使用が避けられていると考えることもできるが，同時に，SNP 自身が Britain というアイデンティティ自身に関する論争を避けていると見ることもできる。また，SNP マニフェストにおいては，イギリス政府を批判的に指す言葉としては，Westminster という言葉が多用されてきた。Westminster という言葉は，マニフェストにおいてだけでなく，ニコラ・スタージョンやアレックス・サーモンドなど党の幹部たちも日常的に批判の対象として言及してきた。

6　まとめ

　上記のように，英国という存在は，UK, Britain, England, British Empire, British Commonwealth など様々な呼称を持ち，そのなかに Scotland, Wales, Northern Ireland という別々のネイションを持っている。それだけに，そこにおけるナショナリズムやアイデンティティも，上記のような様々な単位で議論されてきた。

　このなかから傾向的な論点を指摘するとするならば，それは，やはり「シヴィック」的要素と「エスニック」的要素の絡まりあいであろう。Britain, England, Scotland のいずれも，自らのアイデンティティを，「シヴィック」なものとして訴えている一方，実際のところ，マイコックが指摘するように，自者と他者を区別するという意味では「エスニック」な側面を持っている。

　21世紀の今日の英国においては，いずれの地域においても，純粋な意味での「民族」はもはや存在しない。それを前提にするならば，各地域やネイションがそのアイデンティティを訴えようとする時，それは，民主主義や自由などの価値に賛同し，領域内にすむ全ての人々を対象にする論理，すなわちシヴィックなものを基本にせざるを得ない。しかし，実際のところ，本当にシヴィック的な条件をアイデンティティにするのであれば，もはや国自体の区切りやそもそも独立論の論拠自体が成り立たなくなる。その結果，スコットランドのように，イングランドから不当な扱いを受けてきたという「エスニックな」論理が必要となってくる。

139

第Ⅱ部　ナショナリズムと「再国民化」の諸相

　EU離脱支持の高まりに対しても，同じことが言える。Britain自体は，UKというシヴィックな単位で成り立っているが，それ自体のアイデンティティは，アンチの論理を持ってしか成り立たず，スコットランド独立論やさらなる分権化要求を抱えるからこそ，より一層反EUを頼りにして，自らの「エスニック」な存在理由を訴えずにはいられない。

　上記のような英国における様々なアイデンティティ論を概括すると，ボーダーレス化やグローバル化が指摘される21世紀における「国」という存在の一体性を確保する難しさを指摘せずにはいられない。そういう意味では，Britain, UK, England, そしてScotlandのいずれに対しても，単純な「再国民化」というシナリオは，論理的には困難がある。しかし，その一方で，スコットランド独立論やEU離脱論など，国への回帰が人々を魅了してきたこと自体も否定しがたい事実である。

【注】
1)　本論のように，イギリスという国は，多様な呼称で呼ばれる国であるが，このある種の「いい加減さ」というのは，宗教に関しても言える。イギリスは，現代国家として他の先進諸国が具備している「信教の自由」を事実上保証している一方で，政教分離は不徹底なままである。依然として女王は英国国教会の長であり，その英国国教会の大主教たちは貴族院議員の座を保証されている。これらの点は，隣国のフランスが政教分離に関して極めて厳格であることと対照的である（フランスは同時に，イギリスと比べると，国の体制そのものが極めて論理的に作られている）。

　　このように，様々な意味で，イギリスをイギリスとなすものは，論理よりも，その時々の対応であり，様々な意味でのバランスであったと言えよう。その意味では，その「いい加減さ」が多数の植民地や民族を巻き込む大帝国に親和的であったし，20世紀以降は，その「いい加減さ」ゆえ，アイルランド分離やスコットランドやウェールズなどでの分権が進んでいったと見ることもできる。
2)　Mandlerの論文は，極めて秀逸なサーヴェイ論文であり，イギリスにおけるアイデンティティに関して関心がある研究者にとっては，極めて有益なものであると考える。
3)　なお，UKIPとBNPについては，日本でも既に多くの論文が書かれているため，本稿では詳しく論じない。UKIPとBNPに関しては，力久 2011，小堀 2013を参照。
4)　Britainを作られたものとして述べる点では，ラングフォードの議論はコリーに近いが，コリーとは異なり，イングランド自体はロンドンを中心にかなり均質な文化を持っており，その点では，当時のヨーロッパ各国とはかなり異なっていたと述べている。

5) なお，レファレンダムに至る過程で，キャメロン政権はさらなる分権化の検討を約束し，それはその年の11月のスミス委員会答申で明らかにされた。それは，財政を含めたスコットランドへの分権を含み，結果として，SNP は敗北したにもかかわらず，さらなる分権の拡大という成果を得た。
6) そもそも，労働党内におけるスコットランドやウェールズへの分権論自体が，経済格差の是正論の結果でてきたものであって，スコットランドにおける独立論自体は新しいが，その原因となった経済格差論自体は全く新しい議論ではない（この点については，日本語文献では，小堀 2012を，英語文献では Dorey 2008を参照）。
7) しかし，UK という選択肢の入った調査では，回答者はアイデンティティとして UK を選ぶ場合も多い。Citizenship Survey と Labour Force Survey を使ったオーウェンの調査においては，アイデンティティとして UK を選ぶ回答者は，Britain を選ぶ回答者よりも少なかったものの，それに迫る多さであった（Owen 2013）。

【参考文献】

小堀眞裕（2012）『ウェストミンスター・モデルの変容――日本政治の「英国化」を問い直す』法律文化社。
――（2013）「イギリスのポピュリズム――新自由主義から反移民・反 EU へ」高橋進・石田徹編著『ポピュリズム時代のデモクラシー――ヨーロッパからの考察』法律文化社。
力久昌幸（2011）「イギリス国民党の現代化プロジェクト――極右急進主義からナショナル・ポピュリズムへ」河原祐馬・島田幸典・玉田芳史編著『移民と政治――ナショナル・ポピュリズムの国際比較』昭和堂。
Barczewski , Stephanie（2001）*Myth and National Identity in Nineteenth-Century Britain*, Oxford: Oxford University Press. = ステファニー・L. バーチェフスキー著，野崎嘉信・山本洋訳（2005）『大英帝国の伝説――アーサー王とロビン・フッド』法政大学出版局。
Blick, Andrew（2009）"A Federal Scotland within a Federal UK", *Scottish Affairs*, no.68, summer, pp.78-99.
Brubaker, Rogers（1999）"The Manichean Myth: Rethinking the Distinction Between <Civic> and <Ethnic> Nationalism", Hanspeter Kriesi *et al.* eds., *Nation and National Identity*, Zürigh: Veriag Rüegger.
Colley, Linda（2014 [1992]）*Britons: Forging the Nation 1707-1837*, New Haven, Conn.: Yale University Press. = リンダ・コリー著，川北稔訳（2000）『イギリス国民の誕生』名古屋大学出版会。
Conservative Party（2015）*Strong Leadership, a Clear Economic Plan, a Brighter, More Secure Future: the Conservative Manifesto 2015.*
Curtis, John（2015）"How Scotland voted", *Policy Brief*, International Public Policy Institute, University of Strathclyde, https://pure.strath.ac.uk/portal/files/43354601/CurticeJ_IPPI_2015_How_Scotland_voted_economic_perceptions_in_the_Scottish_inde

pendence_referendum.pdf
Dorey Peter (2008) *The Labour Party and Constitutional Reform: A History of Constitutional Conservatism*, Basingstoke; New York: Palgrave.
English, Richard (2011) *Is there an English Nationalism?*, London: IPPR.
Ford, Robert and Matthew Goodwin (2014) "Understanding UKIP: Identity, Social Change and the Left Behind", *Political Quarterly*, vol.85, no.3, July–September.
Gellner, Ernest (1983) *Nations and nationalism: Second Version*, Ithaca, NY: Cornell University Press.
George 6th (1939) "Historic Royal Speeches and Writings", *The Official Website of the British Monarchy*, https://www.royal.gov.uk/pdf/georgevi.pdf
Halikiopoulou, Daphne and Sofia Vasilopoulou (2010) "Towards a 'Civic' Narrative: British National Identity and the Transformation of the British National Party", *Political Quarterly*, vol.81, no.4, October–December.
Heath, Anthony and Jane Roberts (2008) *British Identity*, Ministry of Justice.
Jaskułowski, Krzysztof (2010) "Western (civic) versus Eastern (ethnic) Nationalism", *Polish Sociological Review*, no.171, pp.289-303.
Jones, Richard Wyn, Guy Lodge, Ailsa Henderson, Daniel Wincott (2012) *The dog that finally barked: England as an emerging political community*, London: IPPR.
Jones, Richard Wyn, Guy Lodge, Charlie Jeffery, Glenn Gottfried, Roger Scully, Ailsa Henderson and Daniel Wincott (2013) *England and its two Unions The anatomy of a nation and its discontents*, London: IPPR.
Kaufmann, Eric (2000) "Ethnic or Civic Naion?: Theorizing the American Case", *Canadian Review of Studies in Nationalism*, vol.27, no.1, pp.133-155.
Kendle, John (1997) *Federal Britain: A History*, London: Routledge.
Kenny, Michael (2014) *The Politics of English Nationhood*, Oxford: Oxford University Press.
Kiss, Zsolt and Alison Park (2014) "National identity: Exploring Britishness", Park, Alison, Caroline Bryson, and John Curtice eds. *British Social Attitudes 31: 2014 edition*, London: NatCen Social Research.
Kohn, Hans (1948) *The Idea of Nationalism: a Study in Its Origins and Background*, New York: The Macmillan Company.
Kumar, Krishan (2003) *The Making of English National Identity*, Cambridge: Cambridge University Press.
Kuzio, Taras (2002) "The myth of the civic state: a critical survey of Hans Kohn's framework for understanding nationalism", *Ethnic and Racial Studies*, vol.25, no.1, January, pp.20-39.
Labour Party (2015) *Changing Britain Together*.
Langford, Paul (2001) *English Identified: Manners and Character 1650-1850*, Oxford:

Oxford University Press.

Law, John (2014) "Federalism could work here, too", *Prospect*, November 7.

Liberal Democrats (2015) *Manifesto 2015: Stronger Economy. Fairer Society. Opportunity for Everyone.*

Macmillan, Margaret (2001) *Peacemakers, Kindle Version*, London: John Murray.

Mandler, Peter (2006) "what is "national identity'?", *Modern Intellectual History*, 3, 2, pp. 271-297

Miliband, Ed (2012) "Defending the Union in England: a Modern View of Englishness", *Vital Speeches International*, Jul 2012, vol.4, issue 7, pp.220-225.

Mycock, Andrew (2012) "SNP, identity and citizenship: Re-imagining state and nation", *National Identities*, vol.14, no.1, March 2012, pp.53-69.

Niedzwiedz, Claire L. and Mor Kandlik-Eltanani (2014) "Inequality and Support for Scottish Independence over time and the Interaction with National Identity", *Scottish Affairs*, 23.1, pp.27-54.

Oliver, James (2005) "Scottish Gaelic Identities: Context and Contingencies", *Scottish Affairs*, no.57, spring.

Owen, David (2013) *Future Identities: Changing identities in the UK — the next 10 years*, Government Office for Science, https://www.gov.uk/government/uploads/system/uploads/attachment_data/file/275781/13-520-national-identities-change-as-ethnic-composition-changes.pdf

Rosie, Michael and Eve Hepburn (2015) "'The Essence of the Union…': Unionism, Nationalism and Identity on These disconnected Islands", *Scottish Affairs*, 24.2, pp. 141-162.

Salmond, Alex. (2007) "Ambitions for a Celtic lion economy. Speech to the Council of Foreign Relations", October 12, http://www.scotland.gov.uk/News/This-Week/Speeches/council-foreign-relations/

Scottish Government (2014) *Scotland's Future*, Scottish Government Riaghaltas na h-Alba.

Scottish National Party (2010) *Elect a Local Champion: Manifesto 2010.*

Scottish National Party (2015) *Stronger for Scotland: SNP manifesto 2015.*

Seth-Smith, Niki (2013) "UKIP and the rise of English nationalism", *Open Democracy*, July 17, https://www.opendemocracy.net/ourkingdom/niki-seth-smith/ukip-and-rise-of-english-nationalism.

UKIP (2010) *Restoring Britishness: a Cultural Policy for an Independent Britain*, http://englishcommonwealth.org/wp-content/uploads/2015/04/ukip-restoring-britishness.pdf

UKIP (2015) *Believe in Britain: UKIP Manifest 2015*, http://issuu.com/ukip/docs/theukipmanifesto2015/1?e=16718137/12380620

White, Michael (2015) "Britain's election: rise of Scottish and English nationalists threatens old order", *The Guardian*, April 7, http://www.theguardian.com/politics/2015/apr/07/uk-election-britain-union-david-cameron.

第8章

フランスの「欧州懐疑主義」と「再国民化」
──「国家主権」をめぐる攻防──

畑山　敏夫

1　「脱国民化」から「再国民化」へ
　　──超国家的統合へのリアクションとしての欧州懐疑主義

　1973年の石油危機によってフランスでも経済成長の時代は終焉を迎えるが，それまでは「栄光の30年」と呼ばれる成長の時代を経験した。その時期は政治的にも相対的に安定した時代であり，Ch・ドゴール（Charles De Gaule）というカリスマ的保守政治家が統治した時代でもあった。ドゴールはフランス国家の利益と栄光，独立を優先し，その意味では国民国家の最盛期を象徴する政治家であった。
　それから時は流れ，1981年5月の大統領選挙では社会党のF・ミッテラン（François Mitterrand）が当選し，久々に左翼が政権に返り咲いた。ミッテラン政権は産業と金融部門の国有化，社会保障給付や法定最低賃金の引き上げなど，矢継ぎ早に国家主導による「左翼ケンイズ主義」政策を推進した。フランス的「大きな政府」の実験は，経済成長による税収増大を原資に雇用政策を推進すると同時に，一連の社会政策による社会的不平等の是正に取り組んだ。しかし，そのような国家主導の改革が挫折すると，左翼政権は緊縮の方向に舵を切ることで「一国社会主義」路線に見切りをつけ，欧州統合へと活路を見いだすことになる。それは西欧産業社会の行き詰まりを突破する「国境を超えたリストラ」という処方箋であった（渡邊 2015：34，47-48）。

ミッテラン政権は苦悩しながらも，欧州統合という「脱国民化」の方向に本格的に舵を切ることになった。それから約30年が経過した2014年に実施された欧州議会選挙では，「脱国民化」の実験を批判する欧州懐疑主義政党の躍進が見られた。財政・金融危機に見舞われ，生活・雇用状況が一向に改善されないなかで，多くの加盟国では「脱国民化」の実験は有権者のなかに不満と失望を引き起こし，国民国家の主権と役割に期待する「再国民化」を求める声が急激に高まっている。そのような現象はフランスでは1990年代に表面化しているが，今日では欧州統合への異議申し立ては右翼ポピュリズム政党である国民戦線（FN）が独占的に代表している。

　本稿は，「再国民化」を主張する「欧州懐疑主義 (euro-scepticisme)」運動のフランス版である「主権主義 (souverainisme)」の思想と運動について分析することを通じて，国境を超えた統合の実験に対して国民国家への回帰＝「再国民化」というリアクションが活発化している現象につい分析すると同時に，左翼・保守に出自を持つ主権主義勢力が後退してFNによって欧州懐疑主義が独占的に代表されている現実を理解することを課題としている。

2　超国家的統合への逆風
——「主権主義」という対抗運動の生成と発展

1　欧州統合をめぐるフランスの物語——「ウイ」から「ノン」の論理への転化

　欧州統合は国民国家の単なる集合体を超えた超国家的統治体をめざす実験として推進されてきた。だが，形成された超国家的統治体はヨーロッパ人にとって不可解な存在であり，その複雑な構成はラビリンス（迷路）と揶揄されることもある（庄司 2007：i）。理解困難な存在に対して，フランスの世論は「放任的コンセンサス」と無関心で臨んできた。だが，1990年代には統合に対する国民の姿勢は変化を見せ始め，不満と不信が高まっていった。2005年の欧州憲法条約はフランスとオランダでは国民投票で否決され，EUは「欧州統合史上で最大の危機」に直面することになった（Heine 2009：9, 28）。

　1990年代までは，欧州統合に対して無関心か経済社会生活の改善への淡い期

待かはともかく，フランス国民の多くは拒絶的姿勢を見せることはなかった。統合を推進したエリートたち，ジャン・モネとテクノクラートたちは効率的な行政システムを通じて経済的繁栄が実現されたら大衆の支持が調達できると信じていたが，彼らの思惑通りに，1970-1980年代に加盟国で実施された世論調査では欧州統合に対して好意的な意見が寄せられ，統合のプロジェクトは大衆の支持を獲得することに成功していた（田中 2005：79-81）。

　経済的利益が統合への参加を正当化する論理として重要であることは確かだが，正当化の論理はそれだけではなった。正当化の論理はナショナル・アイデンティティに適合すること，その国の歴史や文化，制度，価値に基づく物語によって正当化されることが重要であった（Drake 2010：189）。戦後フランスのナショナル・アイデンティティは自国の役割，責務，運命と文化，伝統，歴史のユニークさを核に構成され（「フランス的例外主義」），正当化の論理もそれに沿って組み立てられてきた。

　欧州統合はフランス的例外主義を維持・発展させるものであり，フランスのユニークな政治と社会のモデルを防衛・発展させ，対外的にフランスの影響力と威信を拡大させる手段と考えられたのである。フランス革命によって形成された中央集権的国家モデル（ジャコバン主義的国家）と共和政体（＝フランス的民主主義モデル），普遍主義的フランス文化，連帯と公正に配慮したフランス社会モデル（＝フランス的福祉国家），フランスの対外的な指導的役割と文明的使命への信念などによってナショナル・アイデンティティは構成されているが，統合はフランスがヨーロッパで主導的役割を果たすだけでなく，フランスの国家・社会モデルにそって欧州を建設するプロジェクトでもあった（＝「欧州社会モデル」の形成）。

　ゆえに，フランスは国民経済の行き詰まりを突破し，フランスの主導権を貫徹することを期して「脱国民化」の実験へと跳躍を試みたのであった。だが，統合が国民経済にとってプラスと感じられる時期はやがて去り，統合の評価と行方をめぐって激しい論争が交わされることになった。

　超国家的統治体に「民主主義の赤字」や過度の官僚主義，新自由主義的な政策志向といった制度構造に本質的な批判が投げかけられることになった。そし

て批判は，1980年代から進行する統一市場の整備と1990年代中葉の経済・通貨同盟への移行によって産業・通貨政策への国家介入の範囲と権限が厳しく限定され，欧州通貨制度（EMU）が為替レートをコントロールする権限を加盟国から奪い，低インフレと財政赤字削減の方向で財政規律を尊重することが求められている。その結果，加盟国は緊縮政策や財政支出の削減を強いられ，フランスでも左翼と保守の違いを超えて歴代政府は民営化を強いられることになった (Chafer and Godin 2010：242；Drake 2010：196-197)。

また，欧州統合には，不況や失業の増大，産業の空洞化，移民の流入，犯罪の増加といった弊害の責任も突きつけられるようになった。国民生活と雇用の改善を期待したにもかかわらず，市場と競争力強化を重視して国民生活を犠牲にする統合の現実が明らかになるにつれて，テクノクラートが支配する超国家的統治体への批判は高まっていった。[2]

統合に対するフランスの基本姿勢は，何よりも「フランスの偉大さ」とその影響力への執着に貫かれていた。ゆえに，欧州統合はフランスがアメリカの影響力と対抗し，世界で指導的役割を回復する手段として位置づけられ，それはヨーロッパ政策の戦略的土台を形作っていた (Drake 2010：192-193)。つまり，欧州統合についての正当化の物語は，フランスの「偉大さ」を保全し，フランス主導でアメリカに対抗する統合ヨーロッパを実現することにあった。

だが，現実には統合の主導権はドイツに移り，EC/EU が新自由主義へと傾斜して社会的ヨーロッパの方向から逸脱していくことで，実利とともに理念面での正当性も崩れていった。そのような文脈のなかで，統合の正当性を疑い，「再国民化」を唱える政治勢力が登場してくる。

2　欧州懐疑主義の生成と発展——「再国民化」に向けた攻勢

欧州統合へのコンセンサスの揺らぎを背景に，統合の深化と統合に抵抗する欧州懐疑主義の思想と運動が生成・発展する。フランスでの欧州懐疑主義の思想や運動には1999年から「主権主義」という言葉が使われ始めているが，2003年には辞書『ラルース』にその言葉が初めて登場している[3] (Boulanger 2008：5)。

第8章　フランスの「欧州懐疑主義」と「再国民化」

　主権主義にとっては，その名称が示しているように国家の「主権」がアルファでありオメガであり，その至上命題は主権の尊重と保全にある（Boulanger 2008：59）。主権主義は「EUのような超国家主義的制度の発展とグローバル化のような国家を超える経済社会的プロセスにより脅かされている国家主権の保全を目指す教義」と定義されている（Jardin 2007：28）。

　主権主義の思想と運動は欧州統合とグローバル化の進展がもたらした新しい政治的対立軸を体現したものであったが，その主張は統合推進論と同様に，フランスの政治・文化的伝統に根ざしていた。例えば，保守陣営から登場してくる「保守主権主義者」は，欧州統合の流れに抗してフランスの主権と独立を重視してきたドゴール主義をイデオロギー的基盤にしている。また，フランスに独特な民主主義の観念である「共和主義」は，社会党の「左翼主権主義者」であるJ-P・シュヴェヌマン（Jean-Pierre Chevènement）[4]に国家主権と社会モデルを防衛する論拠を提供していた。

　主権主義勢力が早い時期に登場し，相対的に勢いがある点がフランスにおける欧州懐疑主義の独自性である。フランスでは，右翼ポピュリズム政党FNの前党首J-M・ルペン（Jean-Marie Le Pen）から保守政治家のPh・ドヴィリエ（Phillipe De Villier）[5]やCh・パスクア（Charles Pasqua）[6]，N・デュポン・エニャン（Nicolas Dupont-Aignan），Ph・セガン（Philippe Séguin），社会党のJ-P・シュヴェヌマン，共産党，極左政党まで多くの政治家や政党が主権主義的言説を駆使している。また，アタック（Attac）のような反グローバリズムの社会運動団体や知識人も主権主義的言説を展開している。

　「主権主義」が共和国連合（RPR）や社会党といった既成政党から登場してきたのは，それらの政党の変質に対する抵抗運動であったからである。1990年代に，J・シラク（Jaques Chirac）のもとでRPRは新自由主義とEU統合に傾斜していくが，1994年の欧州議会選挙には「人民によるヨーロッパ」，「GATTから自由で治安が強化されたヨーロッパ」を唱えて「もう一つのヨーロッパのためのマジョリティ（Majorité pour l'Autre Europe＝MAE）」のリストで保守主権主義勢力が初陣を飾っている。新党「フランスのための運動（Mouvement pour France＝MPF）」を結成したPh・ドヴィリエが率いたMAEの

149

第Ⅱ部　ナショナリズムと「再国民化」の諸相

リストは12,33％（13名議席）を獲得した。1995年の大統領選挙ではCh・パスクア が立候補したドヴィリエを支持し，1999年の欧州議会選挙ではドヴィリエとの共同リスト（『フランスと欧州の独立のための連合（Rassemblement pour la France et l'indépendance de l'Europe)』）で臨み，RPR（共和国連合）を上回る13,05％（13議席）を獲得している（吉田 2002：82；Buisson 2000：104-105；Poirier 2007：53）。

　1990年代は，保守主権主義者が活発に活動を展開した時代であった。保守陣営から主権主義勢力が立ち上がってくることは，フランス保守の歴史から理解が可能である。それは，ボナパルティズムからドゴール主義へ連綿と継承されてきたフランス保守の伝統と独自性に由来している。Ch・ドゴールは明確に言及することはなかったが，国家の偉大性，共和主義に組み込まれたフランス革命の諸原則の防衛，政治・社会的対立を超えた人民の結集，神の摂理に基づくカリスマ的指導者の権威といったボナパルティズムに淵源する理念を共有していた。だが，1981年の左翼政権との政権交代以来，ドゴール主義の遺産は薄れてフランスの保守はリベラルなビジョンに傾斜していった（Haegel 2007：363-378）。

　1980年代の政権交代による野党化と指導部の世代交代により，保守政治家たちは国家とジャコバン主義への言及を放棄し市場と自由競争，小さな政府を重視する新自由主義と欧州統合の受容へと向った。保守陣営は新自由主義と欧州統合へと収斂し「国民運動連合（Union de Mouvement populaire=UMP──現在は「共和党」に名称変更）」という巨大な保守政党が出現することになったが，それを支配したのは新自由主義者のN・サルコジ（Nicolas Sarkozy）であった。そのような流れに抗して主権主義勢力が形成され，欧州統合が保守陣営の分裂と対立の主要な源泉になったのである（Jardin 2007：24-26）。

　他方，左翼の側でも社会党の変質に抗して主権主義の運動が登場してくる。社会党はミッテラン政権のもとで資本主義との「断絶（rupture）」を断念して新自由主義と欧州統合の受容へと方向転換を遂げた。1997年に成立したジョスパン政権も自由な市場経済に帰依し，新自由主義に傾斜する欧州統合を受容した（Fondation Copernic 2001：8, 21）。そのような社会党の「変節」に抗して最初

に立ち上がったのが J-P・シュヴェヌマンであった。シュヴェヌマンは，2005年の欧州憲法条約がフランスに「新自由主義的な憲法」を強制するものであり，それは「国家の破壊」であるとして強硬に反対している（吉田 2002：83-85）。その後も，J＝L・メランション（Jean-Luc Mélenchon，エソンヌ県選出の上院議員），H・エマニュエリ（Henri Emmanuelli，ランド県選出の国民議会議員，元第一書記，元国民議会議長），L・ファビウス（Laurent Fabius，元首相）といった有力幹部が党に反旗を翻している。また，自己を主権主義者とは認めていないが，共産党と極左政党も主権主義的な立場を表明していた。

　主権主義勢力は政党だけに限定されない。2005年の欧州憲法条約の国民投票には反グローバリズムの社会運動が合流している。国際金融取引への規制を唱えるアタック（Attac）や「コペルニクス財団」といった社会運動団体の他に，反グローバル運動の旗手であり急進的農民運動のリーダーであるジョゼ・ボヴェ（José Bové）のような著名人も加わっていた（Reynié 2005：30）。

　フランスの共和制と主権の擁護を掲げて知識人の団体も結成されている。その代表的存在が哲学者 R・ドブレ（Régis Debray）と J-C・ギユボー（Jean-Claude Guillebaud）に率いられた「灯台と鞄クラブ（le Club Phares et Balises）」であるが，欧州統合と歴代政府による経済・社会政策に異を唱える共和主義者たちがその活動を支えていた（Boulanger 2008：104-110）。

　1990年代から反グローバリズムの立場を鮮明にしていた FN が，2000年代には主権主義陣営に加わることで主権主義陣営は拡大し，欧州統合と国家主権のテーマはフランス政治の重要な争点となった。2005年の欧州憲法条約をめぐる国民投票では統合をめぐる対立軸が市民社会や政党システムを分断することになり，欧州統合＝「脱国民化」の深化と拡大を推進する勢力と国民国家への回帰＝「再国民化」を掲げる勢力の対立が世論を二分することになった。

3　EUの何が問題なのか？

　主権主義者たちは欧州統合の何を拒絶して，どのような「再国民化」の論理を展開しているのだろうか。1999年9月30日の『ルモンド』紙上に，W・アビトボル（William Abitbol）と P-M・クトー（Paul-Marie Coûteau）による論稿が掲

載された。その論稿は主権主義の教義的基礎を提示したもので，有力紙に初めて掲載された主権主義者のマニフェストといえる文章であった（Boulanger 2008：17）。その内容を要約すれば，①グローバリズムと超国家的統合による国民主権の侵害，②新自由主義の受容による統合の変質，③ドゴール主義的伝統の再評価，④フランスが国家と主権の復権に向けた運動の先頭に立つこと，⑤左翼―右翼の対立軸を超えた運動の構築が説かれている（Abitbol et Coûteau 1999）。そこで展開された統合に対する批判は，FN から既成の保守，社会党，共産党，極左政党，アタックまで広範に共有されていた。

　その主要な論点は，第 1 に，超国家的統合体によって国民主権が制約され簒奪されているという主張である[8]。

　ドゴール主義者である保守主権主義者にとって欧州統合が国民主権とフランスの威信にとって有害であり脅威であることは自明のことであったが，欧州憲法条約がフランスの主権とリーダーシップを制約するという言説は左翼主権主義者にも共通していた。

　第 2 に，テクノクラートが支配する非民主的な超国家的統治体の実態への批判である[9]。

　この論点は「民主主義の赤字」論として，EC/EU のテクノクラート支配と非民主主義的決定構造に対する批判として展開されているが，そこには EC/EU の本質的・構造的な問題が横たわっている。EC/EU の意思決定は国内政治で代表と利益集約の機能を果たしてきた政党によって媒介されることなく，その統治構造は民主的正統性を欠いている（吉田 2002：76-77）。

　マーストリヒト条約には「補完性の原則」を尊重した分権的な決定構造が明記され，EC/EU は民主主義の原理に基づいた加盟国の主体性，分権性の尊重や加盟国の経済政策における主体性を前提とした相互協力と調整を建前にしている（清水・石井 2001：112）。だが，現実には各加盟国から選出された欧州議会や加盟国議会が十分な統制機能を発揮できないなかで，EU の運営が少数のエリートによって牛耳られているという現実がある（田中 2005：75）。EC／EU は国民国家とは異なって，権力と民主主義のリアリティが乖離した特異なシステムであり，各国の政府と国政議会は民主主義のリアリティを象徴し，

第8章　フランスの「欧州懐疑主義」と「再国民化」

EU理事会や欧州中央銀行，欧州委員会，欧州議会が権力のリアリティを掌握している。加盟国はこれまで通り公式的には権力と権威を維持しているが，実際の権力はEUの諸制度や加盟国の政治・行政機関の間で分配・編成されている（Joly 2001：121, 124-129）。つまり，国家と超国家統治体のテクノクラートが民主的決定のプロセスを回避してEC/EUを運営しているのである。

第3に，「フランス的例外主義」の象徴である共和政と「フランス社会モデル」の防衛も論点になっている。

その社会モデルは，国家の経済社会への介入による社会的保護や医療，教育の領域における充実した公共サービスの提供，そのことによる平等の追求と同時に，市場経済を前提にとしながらも国家の介入による市場の規制と社会的排除や貧困の緩和に配慮するモデルであるが（畑山 2001：100-101），EC／EUの新自由主義への傾斜によってそれが脅かされているという主張である。

フランスでは，欧州統合が平等と社会的連帯の価値と伝統に基づく「フランス社会モデル」に倣って推進されることが期待さていたが（「社会的ヨーロッパ」），そこから逸脱して新自由主義と受容している統合の現実に厳しい批判が投げかけられている[10]。例えば，左翼主権主義者 J-P・シュヴェヌマンは統合によってフランスの共和政体が変質して「公民」が解体に向かっていること，マネタリストで自由貿易を優先する超国家的金融資本のロジックにEC/EUが従属していることに警鐘を鳴らしている（Chevènement 1995：198-199）。

新自由主義に支配されたEUへの批判は，特に，左翼主権主義者が力説するテーマである。ヨーロッパの文化モデルと対極であるアメリカの文化モデルは，極めて大きな不平等や厳しい警察的抑圧，国民の敵対するコミュニティへの解体をもたらすものとして否定されている（Heine 2009：45-50）。社会党のエマニュエリも「EUが何であるかは本質的問題である。リベラルな欧州と欧州社会モデルは同じと思われているが，それは異なっている。もし新自由主義的ヨーロッパが勝利するとしたら欧州社会モデルは解体されてしまう」と述べている（Reynié 2005：45）。

政治的対立軸の右から左まで，新自由主義に傾斜するEUが国家主権と「フランス的例外主義」の制度と価値を破壊することに抗する共同戦線が形成され

第Ⅱ部　ナショナリズムと「再国民化」の諸相

ている。

　第4に，EC/EUが国民生活を破壊していることへの批判が噴出している。
　経済や国民生活の改善が欧州統合への最大の正当化の根拠であっただけに，財政金融危機や失業の増大といった統合の現実は大きな失望と不満を引き起こした。EC/EU全域でモノやサービスの移動が自由化されることで価格が低下し，消費者の選択の幅が広がり，消費者が規制によって保護されるなど国民生活に多くの利益が提供されてきた。だが，1999年の単一通貨ユーロの導入により，加盟国は財政赤字基準を満たすために社会保障費などの削減による緊縮財政を余儀なくされ，この頃から統合のコストが意識されるようになった（庄司 2007：ⅲ）。欧州中央銀行（BCE）が低インフレとユーロ高の政策を強制することで加盟国の積極財政と通貨政策は困難になり，国家が経済や雇用に有効に介入できないことが非難を招くようになった（Heine 2009：30, 37）。
　その論点は左翼主権主義者がEUの東方拡大に絡んで積極的に展開している。東方への拡大は産業空洞化と低賃金労働力の流入によって失業と賃金低下を招くと彼らは非難している。というのは，経済の発展段階が異なる国が加盟することで価格や賃金，税や社会保障負担の「下方への競争」が働き，賃下げやデフレ，失業や格差の増大，社会保障水準の引き下げなどの可能性があるからである（Heine 2009：32-34）。
　EUが市場と競争力を優先して国民生活を犠牲にしている象徴として「ボルケシュタイン指令[11]」が攻撃材料にされた。同指令によって公共サービスも競争原理に巻き込まれることになり，民営化に追い込まれることで料金値上げやサービス低下につながると非難されている（Heine 2009：31-32）。
　欧州統合の深化と統合によって国家主権が簒奪され，「フランス的例外主義」の根幹である共和政体や「フランス社会モデル」，連帯や平等といったフランス的な価値や制度が脅かされ，国民生活が失業や経済不況によって苦しめられている現実に対して，政治的立場の違いを超えて主権主義者たちは立ちはだかっている。当然のこととして，統合という「脱国民化」に反対する主権主義者の対案は，国民国家の復権と経済社会への国家介入という「再国民化」へと向った。

154

3 「再国民化」とナショナリズムの誘惑——「再国民化」と「自国民優先」

1 「主権主義」の多様な顔——保守主権主義から左翼主権主義,そしてFNへ

　第1節ですでに見たように,主権主義勢力は一枚岩ではないし,時期によっても力関係や主張の内容に変化が見られる。1990年代は保守主権主義者が伸張して保守陣営を揺るがし（第1期）,2000年代に入ると左翼主権主義者（共産党と極左政党を含む）とアタック,FNなどの活動が活発化する（第2期）。今日では,主権主義陣営はFNが圧倒的に優勢になっている（第3期）。

　第1期から第2期にかけて主権主義における最大の変化は,ドゴール主義に立脚した保守主権主義の後退である。第1期にはパスクアやセガンといった共和国連合（RPR）の大物が主権主義勢力を率い,1992年のマーストリヒト条約の批准に向けた国民投票では多くの（RPR）支持者が反対票を投じ,欧州議会選挙でもパスクアたちのリストはRPRのそれを凌ぐ成果を上げていた。だが,RPRが国民運動連合（UMP）へと転換する第2期には,保守主権主義運動はさほど大物ではないデュポン＝エニャンが中心になり,2005年の国民投票では1992年とは様変わりしてUMP支持者の4分の3が賛成票を投じている（Harmsen 2010：111）。第2期には新自由主義と統合に好意的なN・サルコジがUMPと政府を支配し,保守主権主義者は後退を強いられている。

　他方,1990年代以降,社会党も逡巡と躊躇の時期を経て欧州統合に積極的な姿勢に転じ,党内の抵抗を押し切って単一議定書やマーストリヒト条約を受容することで経済的リベラリズムに屈服していった。その結果,2005年の欧州憲法条約の国民投票時には左翼主権主義者が反対運動の主要なアクターになった。

　ただ,左翼主権主義陣営内でもEU批判の論調に変化が見られた。1990年代の第1期には,J-P・シュヴェヌマンに代表される「共和主義モデル」の防衛を説く立論が展開されたが,第2期には原理的な反対論から欧州統合の具体的現実への批判とオルタナティブな統合の模索へと重点は移っていった。

　2005年の欧州憲法条約への反対運動では,左翼主権主義者たちは「オルタナ

第Ⅱ部　ナショナリズムと「再国民化」の諸相

ティブなヨーロッパ」というアジェンダを設定した。彼らは統合自体に反対ではなく連邦的で民主的な「社会的ヨーロッパ」というオルタナティブを希求し，その方向で欧州憲法案を書き換えることを求めていた。現実の非民主主義的で新自由主義的なEUから理想的な超国家的統治体にEUが向かうことを究極目標としていた。

だが，理想のEUが近い将来に実現する可能性がない以上，苦境にある国民生活を防衛する緊急の対処が必要である。そこで，当面は国家の役割に期待するという結論に至る。左翼主権主義者たちの処方箋は，国家の介入によるケインズ主義的財政出動と規制による保護主義へと帰着する。すなわち，国民生活を防衛するためにケインズ主義的な積極財政政策と規制された市場経済を求め，市場や競争と協調，個人の自立と集団的連帯が調和していた「栄光の30年」の時代を理想としていた（Heine 2009：31, 37）。左翼主権主義の反統合論は，理想の統合に至るための「手段としての再国民化」へと行き着いた。

他方で，同様の変化は右側でも見られた。1990年代の「フランス的例外主義」に基づいた普遍主義的視座からの反対論から，フランスの文化的・伝統的特殊主義と保護主義に立脚した反対論へと移行していった（Harmsen 2010：115-118）。国家主権を守り，国家の連合体としての統合を説く論法から，ドヴィリエやJ-M・ルペンのように脱国民化の流れを逆転させて国民国家への回帰やナショナル・アイデンティティの防衛を究極の目的とする言説が右側の陣営で優勢になっていった。左翼の側の「手段としての再国民化」に対して，右側では「目的としての再国民化」に行き着いている[12]。

「手段」か「目的」かの違いはあるが，主権主義者は国民国家の復権（＝「再国民化」）の必要性に関しては一致している。そして，「再国民化」が国民の利益とアイデンティティの擁護と結合するとき，左翼—右翼の政治的立場の違いを超えてナショナリズムの誘惑が忍び込んでくる。

2　フランス政治の「主権主義化」とナショナリズムの誘惑

既述のように，超国家的統治体への批判は国民国家の主権と役割の再評価へと主権主義者たちを向かわせ，国家に危機打開のイニシアティブが期待され

た。「社会的ヨーロッパ」の構築が遅々として進まず，競争力と市場を重視する新自由主義化が国民生活を破壊するなかで，国家の「護民官的」役割への希求は高まっていった。確かに，国民国家の役割に主権主義者たちが執着することには根拠がある。これまで個人の「社会保障」への権利と集団としての連帯とが「社会権」という枠組みのなかで同居できたのは，「国民」であれ「階級」であれ想像上の同質集団が存在したからであった（網谷 2012：19）。時代とともに「階級」が溶解してしまった現在，連帯の器として「国民」に期待が集まるのはある意味で自然なことである。ただ，国民の利益とアイデンティティの防衛を「護民官的」国家に求めるとき，ナショナリズムの要素が随伴してくる。

欧州憲法条約に関する主権主義者のキャンペーンは極めて多様な言説を含んでいたが，そこには外国人嫌いとナショナリズムの発想や感情が混在していた。それが顕在化するのは産業の空洞化や外国人労働者の問題や，トルコ加盟とイスラムの脅威に関する問題を通じてであった（Reynié 2005：86-92）。

産業空洞化と低賃金労働者の流入に関して，国民の雇用と生活を防衛するという論理は容易に「国民優先」的で排外主義的な立場に行き着いた。その顕著な例は，ドヴィリエが展開した「ポーランド人の配管工」のキャンペーンであった。「フランスのための運動（MPF）」の宣伝文書において「ボルケシュタイン指令」が取り上げられ，それによってポーランドの配管工が祖国の賃金と社会的扶助，労働法，社会保障法の適用を受けながらフランスで働くことが可能になると警鐘を鳴らしている（Boulanger 2008：164-165）。「ポーランド人の配管工」の話は欧州憲法条約案への反対陣営で拡散し，東方拡大による低賃金労働者の大量流入への不安が掻き立てられている（Reynmié 2005：244-246）。

そのような外国人嫌いで排外主義的な感情は「フランス的例外主義」に元々孕まれていた。フランスの共和政体とフランス社会モデル，フランス文化についての優越感は，容易に「後進的モデル」への差別意識に転ずる危険性がある。大量の同化不可能な外国人の流入によるフランス国民の利益や権利，アイデンティティへの脅威に対する国民国家による保護という主張に行き着く。そのような論理は，排外主義と外国人嫌いの感情を背景にナショナリズムの言説

第Ⅱ部　ナショナリズムと「再国民化」の諸相

に接続することになる。

　ナショナリズムの誘惑は，差別や排外主義を否定して移民の人権に配慮すると思われてきた左翼も免れていなかった。左翼主権主義者たちの民衆層の既得権や「フランス社会モデル」の防衛という主張も外国人嫌いで排外主義的なニュアンスを内包していた。J・アタリ（Jacques Atali）が指摘しているように，国民の社会的獲得物を守るという正当な欲求が外の世界への開放の拒絶に帰結し，「社会的なもの」が「国民的なもの」を浮上させ，左翼は「社会―ナショナリズム（social-nationalisme）」に変質してしまった[13]（Reynié 2005: 121-124）。

　移民の大量流入は国民の雇用や賃金にとって脅威であるが，同時に治安やナショナル・アイデンティティにとっても危険視されている。特に，イスラム系移民はフランスの文化やアイデンティティにとって深刻な脅威であった。国民のなかに潜在する外国人嫌いと排外主義的な感情を背景に，そのような発想と言説は容易に浸透することになり，反イスラムのテーマはFNとドビリエにとって有力な武器となっている。

　2000年代には，「9・11」のテロ事件によるイスラムへの世論の悪化を受けてFNは反移民から反イスラムへと言説の重点を移しているが，Ph・ドビリエも露骨な反イスラムの言説を展開している。彼は「忍び寄るイスラム化（l'islamisation rampant）」という表現でヨーロッパにおいて進行しつつあるイスラムによる「逆植民地化（contre-colonisation）」を告発し，宗教としてのイスラムは「イスラム主義（islamisme）」の，イスラム主義はテロリズムの土壌であると警告している（Boulanger 2008: 193-194）。

　イスラムへの偏見が主権主義者たちによって具体的に動員されたのは，トルコ加盟の問題であった。主権主義者たちがトルコ加盟を拒絶する主要な理由は，キプロス問題やアルメニア人虐殺問題もあったが，何よりもトルコに対する歴史的・文化的違和感に根ざしていた。それはヨーロッパのアイデンティティに直結する問題であり，特に，宗教問題が色濃く影を落としていた。トルコがEUにとってイスラム主義の「トロイの木馬」になることが懸念されていたのである（Boulanger 2008: 207-213）。

そのような社会や文化の先進性に基づく優越感と一体となった移民への差別と敵意を政治的に利用してきたのがFNであった。1980年代半頃から，FNは移民の増加と犯罪，失業，福祉財源の逼迫などに結びつけることで政治的な成功を掴んできた。「自国民優先（priorité nationale）」の言葉で，FNは雇用，教育，社会保障，住宅などの領域でフランス人の優遇を訴えてきた。それは「福祉ショーヴィニズム」の主張であるが，国家財政が行き詰るなかで国民国家の正規メンバーシップを再確定し，豊かな社会の恩恵を国民に限定して再配分することを意味している（畑山 2007：173-174, 190）。

国民の雇用や社会保障を確保し，フランス社会モデルを擁護する主権主義者の主張は，結果としてFNの「自国民優先」のロジックと親和的であった。フランス人労働者と外国人労働者という二分法を前提に前者の利益の防衛を訴えるとき，社会権や社会保障の恩恵を国民に限定するFNの「社会ショーヴィニズム」の論法と接近してくる。そして，EUのテクノクラート支配と新自由主義への傾斜，グローバル化とアメリカの一極支配といったFNが展開してきた批判は，多くの主権主義者の反抗言論に共通する重要な論点でもある（Boulanger 2008：177-182）。

これまでFNは急進的でエキセントリックな主張を展開し，長らく政党システムで孤立した存在であったが，国民世論が主権主義的主張を受容するにつれてFNの主権主義的言説は急速に浸透していくことになった。そこには，FNがそのような状況の変化に適応したことも影響していた。FNがフランス革命や共和政，世俗主義（ライシテ），人権，フランス社会モデルなどの価値や制度を受容することでイメージの転換を図ってきた結果でもある（畑山 2015：122-123）。これまでは，フランス革命や共和制，ライシテを敵視し，労働者の利益やフランス社会モデルに無関心で，自由や人権には冷淡だと思われていたFNは，マリーヌ・ルペンのもとで，フランス革命と共和制を受容し，労働者大衆の「護民官」を自認し，妊娠中絶や性的マイノリティの権利に理解を示すといったように，フランスの歴史や制度，価値を受容する方向に大きく舵を切った（畑山 2015：122-123）。そのことによってFNに対する世論の抵抗感は薄れ，その主権主義的言説の浸透にとって有利な環境が整っていった。

第Ⅱ部　ナショナリズムと「再国民化」の諸相

　FNのナショナリステイクで排外主義的な言説は主権主義陣営を超えて，有力政治家にも取り入れられている。2012年の大統領選挙キャンペーンにおけるサルコジのイスラムに関する言説が象徴的な例であるが，彼はフランスに居住するイスラムにルールを守ることを迫っている。政教分離，公共空間でのブルカ着用，男女の平等と女性の働く権利，重婚と割礼，プール授業や学校給食での特別扱いなどに関して，フランスのルールを受容することを求めている。そのような大統領によるFNの言説の「借用」（マリーヌ・ルペン）は，FNの存在と主権主義的言説を「メインストリーム化」することに貢献している（Mondon 2013：172-180）。

　主権主義がFNによって独占されているのは，国民のなかに欧州統合をめぐって世論が二分され，統合に反対の有権者からFNが独占的に支持を調達できているからと解釈できる。1990年代には，欧州統合に関してフランスは2つに分断されていることが明らかになってきた。パリやリヨン，マルセイユといった大都市部在住，高学歴で比較的裕福な社会層，50歳以上といった社会的属性の国民は統合を支持，農村部在住，労働者や事務職員といった民衆層的社会層で低学歴，30歳以下といった社会的属性の国民は反対といった傾向が鮮明になってきた。「上の」フランスと「下の」フランスの間には不鮮明な「喫水線」（E・トッド）が浮かび上がっている（Boulanger 2008：171-172；Perrineau 2012：122-140）。

　統合に否定的な地域と社会層はFNの伸張を支えている支持層と大きく重なっている。そのことから，欧州懐疑主義の拡大とFNの伸張には，フランス社会の構造的要因が作用していると結論づけることができる。2014年の欧州議会選挙では，フランスだけでなくヨーロッパ・レベルでも欧州懐疑派の躍進に注目が集まった。フランスでは欧州懐疑主義勢力では保守と左翼の主権主義勢力が後退して，約26％を得票したFNの独占状態になった。フランスが「恵まれた地域・社会層」と「恵まれない地域・社会層」という二つのフランスに分断され，「社会ポピュリズム」の衣装を纏ったFNが後者のフランスから支持を調達することに成功している（Ivaldi 2014：133-134）。

4 「再国民化」とFNの優位

　フランスのナショナル・アイデンティティに基づいて欧州統合を正当化してきた物語は，統合の行き詰まりとともに反統合の論理に転化している。そして，反統合の論理は「再国民化」に向かうことでナショナリズムや排外主義へと接合していった。ナショナリズムや排外主義と結合した「再国民化」の論理は，これまでFNが展開してきた言説と接近している。

　ユーロからの離脱を唱えるFNの言説が多くの国民をとらえているのとは対照的に，左翼—保守の主権主義政党の影響力は大きく低下している。保守主権主義者は保守勢力の脱ドゴール主義化によって打撃を蒙り，ドヴィリエはFNとの接近に活路を見出している。左翼主権主義者は現行のEUへのオルタナティブを唱えたが，そこに至る展望を見いだせないなかで国民の生活と利益を防衛するために「手段としての再国民化」に行き着いている。だが，左翼主権主義者の処方箋が「左翼リベラル主義」と福祉国家路線の域を超えないとき，FNのポピュリスト的で分かりやすい「目的としての再国民化」の言説が国民を魅了している。

　金融財政危機がEUレベルで生起するなかで，国民の雇用や生活は脅かされ，治安や移民の問題が不安を掻き立てている。国民を苦しめている諸問題に対してEUが的確に対応できないという感情は急速に広がり，「再国民化」を求める世論は高まっている。そして，国家による国民生活の擁護を求める声は「自国民優先」とナショナル・アイデンティティ防衛の声に接続していった。2つに引き裂かれたフランスのうち欧州統合に希望を見いだせないフランスは主権主義的言説に傾き，FNがその声を代表することになっている。

　統合という「脱国民化」の実験は国民の生活を豊かにするのか，それとも，国民生活を犠牲にした「国境を超えたリストラ」にすぎないのか。前者であるなら統合の理想を再び掲げて前進するのか，後者であるとすると国民国家への回帰が選択されるべきなのか。「再国民化」の要求が投げかけているのは欧州統合についての本質的な問いである。

第Ⅱ部　ナショナリズムと「再国民化」の諸相

【注】
1) 「再国民化」という言葉は，超国家的統合の進展へのリアクションとして国民国家の主権と役割への回帰現象を意味するものとして本稿では使用している。より詳細には，石田徹が整理しているように，①国民とは異質な移民が大量に流入して福祉国家の便益を享受することで国民の同質性が脅かされているという意識を基盤に，移民を排除した同質的空間を再生しようとする動き（反移民），②テクノクラートに牛耳られたEUが民意に統制されることなく財政・経済政策を推進して国民生活を困難に陥らせている現実に対して，国民生活と雇用の防衛を国家に期待する動き（再国家化）という2重の意味を含んでいる（石田 2015：187）。
2) 2000年代に入ると，グローバル化が失業や非正規雇用化，産業空洞化といったネガティブな影響をもたらしていることに対して，EUがフランスを保護していないという不信と不満が募っていった。期待した経済的恩恵は十分感じられず，逆に統合が国民経済への桎梏になっていると思われる時，多くのフランス国民がEUについて疑問を感じ始め，社会・経済的不満がEUへの拒絶の最大の理由となった（Pisani 2005：134-138）。
3) 主権主義の思想と運動の高まりを反映して，フランスのアカデミズムでも，国家と主権への関心は強化されていった。1990年代には多くの研究者が「国家の陳腐化」「主権への脅威」といったテーマで論争を繰り返し，『政治議会雑誌（Revue politique et parlementaire）』（2001年6月号）では「主権の終焉か？」といった特集が組まれている（畑山 2004：95）。
4) 左翼主権主義者J-P・シュヴェヌマンは，1970年代にはCERESという社会党最左派の派閥リーダーであったが，ミッテラン政権の下で内務大臣を務めるなど社会党の有力政治家であった。1993年には，社会党を離党して主権主義政党「市民運動（Le Mouvement des citoyens）」を結成している。左翼主権主義者シュヴェヌマンの思想と政治活動については，畑山（2004）を参照。
5) フランス民主連合（UDF）に属して非ドゴール主義の主権主義を代表する人物がドヴィリエである。1949年生まれのドヴィリエは，1988年にヴァンデ県から国民議会に選出されている。当初は中道派であったが，1990年代にマーストリヒト条約の批准を契機に主権主義的立場に転じた（Jardin 2007：250-251）。
6) 1927年生まれのパスクアはRPR（共和国連合）の有力政治家で，1986-1988年，1993-1995年には内務大臣を務めている。青年時代にレジスタンス運動に参加したドゴール主義者であり，シラクの政治的キャリアの形成を積極的に支えてきた。そのようなパスクアが党の方針と食い違いを見せ始めるのがマーストリヒト条約をめぐってであった。彼は，欧州統合の連邦主義的方向への逸脱に対してフランスの主権を守ることを説いて，国民投票では反対票を投じることを訴えている（Jardin 2007：190-191）。
7) ただ，シュヴェヌマンは1997年に発足するジョスパンの多元的左翼政権に内務大臣として入閣し，1999年の欧州議会選挙では社会党リストに合流するなど，主権主義政党の既成政党からの自立という点では一貫性の欠如を象徴していた。国民議会選挙が小選挙区制であるという条件の下で，シュヴェヌマンは社会党との連携のロジックから抜け出せなかっ

た。主権主義政党も生き残りのためには政党システムのゲームに参加するしかなかった (Joly 2001：39-41)。

8) フランスで国家主権への執着が強いのは，国家についての独特な感覚と認識が広範に共有されているからである。フランス革命以来，フランスでは中央集権的国家観（ジャコバン主義的国家観）が受容され，経済と社会への国家介入が肯定されてきた（ディリジズム＝国家主導主義）。フランスの例外的な共和主義的国家モデルと文化が欧州統合によって脅かされており，「フランス的例外主義」が保護される必要があるという認識が高まっている (Dauncey 2003：72-73)。

9) 1992年当時，ドゴール派の注目株であった保守主権主義者 Ph・セガンにとって，マーストリヒト条約はテクノクラートたちによる国民主権と民主主義の絆を切断するものであり，フランスの共和主義的伝統にとって脅威であることから同条約を拒絶していた。そのような認識は左翼主権主義者の J-P・シュヴェヌマンにも共有されている。彼は，フランスの共和主義的伝統に根差した民主主義と市民権は国民共同体の境界を超えることはできないと明言している (Harmsen 2010：17-8)。

10) 反グローバリズム運動から FN まで，新自由主義に激しい批判が浴びせかけられている。アタックの中心人物であり『ルモンド・ディプロマティック』紙の編集長であるベルナール・カサン（Bernard Cassin）は「単一欧州議定書」（1986年）以降の諸条約は新自由主義を指導原理にしており，欧州憲法条約をめぐるフランスとオランダの国民投票での否決は反ネオ・リベラルなヨーロッパを支持する「ノー」であると主張している（網谷 2012：16)。

11) 2005年の欧州憲法条約をめぐる国民投票で重要な争点に浮上したのが「ボルケシュタイン指令」であった。同指令により，フランスで活動する外国企業がフランスの労働条件や社会保障の適用を回避できることであった。それは劣悪な条件での雇用を正当化する「社会的ダンピング」であると非難され，その指令と欧州憲法を結び付けるキャンペーンが展開された (Reynié 2005：99-103)。

12) 本稿ではフランスの欧州懐疑主義を「目的としての再国民化」「手段としての再国民化」と分類しているが，「ハードな主権主義」と「ソフトな主権主義」という性格付けもされている (Heine 2009：45, 140)。前者は超国家的統合体による国家主権の簒奪に反対すると同時に，欧州統合自体にも反対している。その象徴的な存在は FN であり，ユーロからの離脱と国民国家への回帰（再国民化）を展望している（「目的としての再国民化」）。後者の場合は EU の現状には厳しい批判を浴びせているが，欧州統合の必要性までは否定せずにオルタナティブな統合を展望している (Heine 2009：10；Ivaldi 2014：127)。理想の統合を実現するまでの緊急手段として国民国家による国民の生活や経済への介入が受容されている（「手段としての再国民化」）。

13) 左翼主権主義者たちの東方拡大に関する議論でも外国人嫌いと排外主義の言説が行き交っていた。「ボルケシュタイン指令」に絡む論戦でも，「社会的既得権」が削減される不安が左翼主権主義者たちによって利用されている。例えば，社会党のエマニュエリは東方拡大と空洞化を結びつけたキャンペーンを展開し，「空洞化の憲法化」である欧州憲法条

約は工場の国外移転と外国人労働者の大量流入を招くことを警告している（Reynié 2005：61-64）。ただ，すべての左翼主権主義者が全面的にナショナリズムに傾斜しているわけではない。例えば，フランス共産党はナショナル・アイデンティティに基づいて反EU論を展開しているわけではなく，移民や市民権のテーマでは明らかに開放的姿勢をとることで外国人嫌いと排外主義によって刻印された過去との断絶を図っていることは確かである。ただ，共産党にもナショナル・アイデンティティや国民主権への執着が存在し，独自の優れた価値によってフランスが「オルタナティブなヨーロッパ」のモデルになるといった「フランス的例外主義」の発想を色濃く残している。ヨーロッパが「文明の地で世界のモデル」であるべきというヨーロッパ愛国主義と国民国家への深い愛着は，フランス共産党だけでなく反グローバリズムの社会運動であるアタックにも共有されている（Heine 2009：75, 142-144）。

【参考文献】

網谷龍介（2012）「『軽い社会保障』と『軽い連帯』——EUを多様化・断片化した社会として考える」『生活経済政策』No.183。

石田徹（2015）「福祉をめぐる『再国民化』——欧州における新たな動向」『龍谷大学社会科学研究年報』第45号。

清水嘉治・石井伸一（2008）『新EU論——欧州経済の発展と展望』新評論。

庄司克宏（2007）『欧州連合——統治の論理とゆくえ』岩波書店。

田中俊郎（2005）「EU統合と市民」『Nomos』No.17。

畑山敏夫（2004）「もう一つの対抗グローバリズム——国民国家からのグローバリズムへの反攻」畑山敏夫・丸山仁編著『現代政治のパースペクティブ』法律文化社。

——（2007）『現代フランスの新しい右翼——ルペンの見果てぬ夢』法律文化社。

——（2015）「逆風のなかの欧州統合——国民戦線のEU批判とフランス政治の主権主義化」『政策科学』22巻3号。

吉田徹（2002）「現代フランスの政治における主権主義政党の生成と展開」『ヨーロッパ研究』。

渡邊啓貴（2015）『現代フランス——「栄光の時代」の終焉，欧州への活路』岩波書店。

Abitbol, William et Coûteau, Paul-Marie (1999) "Souverainisme, J'écris ton nom", *Le Monde*, 30 septembre.

Buisson, Patrick (2000) "Les impasses du vote souveriniste", SOFRES, *L'état de l'opinion 2000*, Paris : Seuil.

Boulanger, Philippe (2008) *Le souverainisme. Une idée certaine de la France. Essai sur le crépuscule des anciens*, Paris : Éditions du Cygne.

Chafer, Tony and Godin, Emmanuel (2010) "French Exceptionalism and the Sarkozy Presidency" in Chafer, Tony and Godin, Emmanuel (eds.), *The End of the French Exception? Decline and Revival of the "French Model"*, Plagrave : MacMillan.

Chevènemen, Jean-Pierre (1995) *Le vert et le noir. Inégrisme, pétrole, dollar*, Paris :

Bernard Grasset.
Drake, Helen (2010) "France, Europe and the Limits of Exceptionalism" in Chafer, Tony and Godin, Emmanuel (eds.), *The End of the French Exception?Decline and Revival of the "French Model"*, Plagrave : MacMillan.
Dauncey, Hugh (2003) "L'exception culturelle" dans Lagroye, Jacques', *La politisation*, Paris : Belin.
Fondation Copernic (2001) *Un social-libéralisme à la française? : .Regards critiques sur la politique economique et sociale de Lionel Jospin*, Paris : Éditions La Découverte.
Haegel, Florence (2007) "Les droites en France et en Europe" dans Perrineau, Pascal et Rouban, Luc (éd), *La politique en France et Europe*, Paris : Presse de la Fondation national des Sciences politiques.
Harmsen, Robert (2010) "French Euroscepticism and the Construction of National Exceptionalisme" in Chafer, Tony and Godin, Emmanuel (eds.), *The End of the French Exception? Decline and Revival of the "French Model"*, Plagrave : MacMillan.
Heine, Sophie (2009) *Une gauche contre l'Europe? Les critiques radicales et altermondialistes contre l'Union européenne en France*, Bruxelles : Éditions de L'Universitéde Bruxelles.
Ivaldi, Gilles (2014) "Réflexions sur la pousée des droites radicales populists européennes", *Revue politique et parlementaire*, no.1071-1072, avril-septembre, 125-149.
Jardin, Xavier (sous la direction de) (2007) *Dictionaire de la droite*, Paris : Larousse.
Joly, Marc (2001) *Le Souverainisme. Pour comprendre l'impasse européenne*, Paris : François-Xavier de Guibert.
Mondon, Aurélien (2013) *The Mainstreaming of the Extreme Right in France and Austraria. A Populist Hegemony?*, Ashgate.
Perrineau, Pascal (2012) *Le choix de Marianne*, Paris : Fayard.
Poirier, Philippe (2007) "Les nouvelles droites et le régime politique de l'Union européenne de 1979 à 2004" dans Delwit, Pascal et Poirier, Philippe (éd.), *Extrême droite et pouvoir en Europe : The extreme right parties and Power in Europe*, Bruxelles : Éditions de l'Université de Bruxelles.
Reynié, Dominique (2005) *Le vertige social-nationaliste : La gauche du Non et le référendum de 2005*, Paris : La Table Ronde.

第9章

植民地からの引揚者をめぐる政治
——ピエ・ノワールと脱植民地化後のフランス——

藤井　篤

1　アルジェリア戦争とピエ・ノワール

　フランス最大の植民地アルジェリアの歴史を理解する上で不可欠な用語のひとつとして「ピエ・ノワール（Pieds-Noirs）」が挙げられる。「黒い足」を意味するこの言葉の由来は不明であり，その指示対象も一様ではなかったが，アルジェリア戦争の過程で本国のフランス人がアルジェリア在住のフランス人を指すために用いられた。この言葉は侮蔑的な響きを帯びもしたが，戦争末期には現地の一部アルジェリア死守派フランス人が自らのアイデンティティの表現としても使った。[1]1962年のアルジェリア独立の前後に，在住フランス人のほとんどが本国に移住するに至ったため，今日ではこの言葉はアルジェリア（広義にはモロッコ・チュニジアも含む北アフリカ）から引揚げてきたフランス人と同義で使われている。
　ピエ・ノワールは必ずしもフランスに出自を辿れる者ばかりではない。1830年の征服以後，アルジェリアにはイタリア，スペイン，マルタ，スイス，ドイツなど外国からの移住者が流入し，アルジェリアのヨーロッパ人社会のエスニック構成はモザイク的多様性をもっていた。19世紀末の国籍法により，これらの外国人の子は自動的にフランス国籍を取得した。本章で言う「ピエ・ノワール」「アルジェリアのフランス人」とはフランス国籍をもつヨーロッパ系住民の総称である。

第9章　植民地からの引揚者をめぐる政治

　現地フランス人社会は数世代にわたって存続してきた。フランス人人口は緩慢にしか増加しなかったが，独立戦争終結時には118万人に達した。900万人に及ぶムスリム人口に比すれば小さくとも，フランス人はアルジェリアでは「相当に大きな少数派」である。アルジェリアはフランス帝国における例外的な移住植民地であった。

　脱植民地化は植民地在住の旧宗主国国民の脱出を生むが，アルジェリア独立後，在住フランス人の大部分が本国に戻ってきた（カナダやスペインに移った者もいた）。これは1918年のアルザス゠ロレーヌの返還以後，フランス社会が経験した最大の人口移動である。しかも1940年のドイツ占領の結果生じたフランス北部から南部への一時的な国内的「大脱出」とは違い，その移動は不可逆的・永続的であった（Kidd 2013：33-34）。

　1962年においてフランス本国には「帝国」各地域から引揚げてきた人々が約140万人いたが，そのうちアルジェリアからは93万人，モロッコ，チュニジアからは37万人を占めた（Stora 1998：256）。人間の移動という観点から見ても，アルジェリアの脱植民地化はフランス現代史上重大な出来事である。

　この移住は脱植民地化によって人々に強いられた選択ではあるが，本国に移るわけだから「亡命」ではない。人によっては数世代にわたって住み続けてきた土地を離れて本国に移住することを「帰国」と呼ぶことも適切でない。そこで「引揚」と言う。

　脱植民地化はフランスにとって海外領土や権益の喪失だけでなく，大量の引揚者（rapatriés）の受け入れを伴った。国家が引揚者たちに住宅や雇用を与え，彼らの損失を補償し，その被害者感情や怨念を慰撫し，本国社会に首尾よく統合することは長い時間を要する事業である。「帝国」からの撤退は領土空間の縮小であるだけでなく，人の移動を伴う国民的共同体の再編過程である。

　ピエ・ノワールの引揚者は長らく本格的な研究対象にはならなかったが，ようやく1990年代中葉以降にまとまった研究が出始めた。ピエ・ノワールの歴史や特性を包括的に叙述・分析するもの（Esclangon-Morin 2007 ; Comtat 2009 ; Scioldo-Zürcher 2010）と，特定の地方での引揚げ・定着の進行やその影響を追跡するもの（Jordi 2000 ; Bouba 2009）に大別される。また近年には日本でも，

167

第Ⅱ部 ナショナリズムと「再国民化」の諸相

ピエ・ノワールだけでなくムスリム引揚者にも目配りをした研究が生まれているが，これらはピエ・ノワールへの政策については実質的に1960年代末までの記述で終わっている（小山田 2008；松沼 2013）。

これらの先行研究を踏まえた上で，本章では，引揚者としてのピエ・ノワールが本国でどのように受け入れられ定着していったか，どのように自らの要求を表出していったかを概観する。ピエ・ノワールに対する国民再統合の諸段階を展望し，ピエ・ノワールと政治の関係がどのように展開してきたかを把握する。この作業を通じて，脱植民地化の結果生じた旧植民地化からの引揚者が今日の本国の政治にとってもつ意味を考察する。

2 引揚げるピエ・ノワールたち

1 アルジェリアとの別離

フランス人たちの引揚は戦争中から始まっている。1954-1960年の間アルジェリアのフランス人人口は22,500人減少しているが，人口増加分を考えると，65,000人減少したと推計される。1961年末には約16万人のフランス人が本国に移動した。翌1962年には1月から4月末までに，さらに7万人が引き揚げている（Lefeuvre 2004：277）。

1961年2月にアルジェリア死守派の現地フランス人によって結成された秘密軍事組織（OAS）は民族解放勢力を相手に対抗テロを展開し，後には軍・警察とさえ衝突するようになった。このことは現地のフランス人の治安への不安を一層高めた。OASはフランス人に引揚げを禁じたが，1962年に入ると引揚げは増加し始めた。3月の停戦とアルジェリアの独立を認めるエヴィアン協定調印を経て，7月にアルジェリアは独立するが，5月から8月が引揚のピークである。6月にOASがアルジェリアを放棄する焦土作戦（市役所，学校，図書館，銀行などの公共施設を爆破・破壊し，アルジェリアを1830年のフランス征服以前の状態に戻す）に転じたことは，フランス人たちの出国に拍車をかけ，1962年末までに80万人がアルジェリアを去った（Pervillé 2002：250-251）。引揚はほとんどこの年に集中している。

第9章　植民地からの引揚者をめぐる政治

　大半の引揚者は船で，一部は空路で本国をめざした。カナダやスペインに向かった者もいる。アルジェ港には毎日出航の船を待つ人々の長蛇の列ができた。マルセイユ，セート，ポール・ヴァンドルなどの地中海沿岸の港には，アルジェリア各地からの引揚者を詰め込んだ旅客船が連日到着した。大きな旅行カバンに運びうる限りの家財を詰め込み，アルジェリアとは異なる祖国の景色を不安に満ちた表情で見つめる引揚者家族の姿は大きく報道された。

　エヴィアン協定ではアルジェリアに外国人として留まるフランス人の権利が保護されるはずであったが，これらの保護規程は誠実には順守されなかった。独立後の10月22日の新生アルジェリア政府の政令(デクレ)は出国するフランス人にはいかなる財産の売却も禁じたため，これ以降彼らは引揚げるには財産を捨てるしかなかった。彼らの放棄した土地や建物にはアルジェリア人たちが勝手に入り込んだが，まもなくアルジェリア政府によって「無主物（持ち主のない財産）」として接収された。1963年3月からは大規模な国有化政策が始まり，270万ヘクタールの土地と450企業がその対象となる。大コロンや大企業だけでなく，実職した市役所職員から経営免許を取り消されるカフェの主人に至るまで，フランス人への攻撃は広範に及んだ。フランス人がアルジェリア国籍を取得することは困難であり，アルジェリア国家にとって好ましくないとみなされたフランス人は容赦なく追放された（Sciolod-Zürcher 2013：63-64）。

　1963年には18万人のフランス人が残留していたが，彼らも次々とフランスに戻っていった。かくて120万人の在住フランス人の大部分がアルジェリアを去ったのである。フランス人以外にも引揚者はいた。フランス軍に従軍したハルキ（harkis）と呼ばれるムスリム補充兵とその家族8.5万人である。独立直後の高揚した雰囲気の中でハルキたちは「民族の裏切り者」として虐殺・処刑された。その犠牲者数は1万人とも10万人とも言われる。このこともまた引揚を加速することになった（Stora 1998：200-202, 206-207）。

　ほとんどのフランス人が引揚げたことは本国政府の予想を裏切る事態であった。1961年12月にアルジェリア問題省内の研究班の報告書は，アルジェリアの独立に伴うフランス人の引揚を覚悟していたが，その数を，フランス・アルジェリア両国間に協同(アソシアシオン)の関係が構築できた場合は37.5万人，中立の関係で

169

あれば45万人，敵対関係になった場合は100万人だと予想していた。フランス・アルジェリア関係が断絶し，全面的な敵対関係にでもならない限り，多くのフランス人は現地に留まると考えられていたのである。同年12月にもドゴール大統領は引揚者数を10～20万人と見ていたという（Lefeuvre 2004：283；Esclangon-Morin 2007：64-65）。集中豪雨のような大規模かつ一挙なる引揚を予想する者は誰もいなかった。

2　ピエ・ノワールの本国への定着

　アルジェリア独立の直前まで，ピエ・ノワールの多くは故郷を去ることをためらっていた。世代を超えてこの地に暮らしてきた彼らには本国に頼るべき係累をもたなくなっている場合が多かった。財産を安値で処分し，地中海を渡ることには蛮勇を振るう必要がある。家も仕事も捨てて本国にやってきた彼らは果してどのように受け入れられ，生活を始めただろうか。

　1961年12月26日の法律（引揚者法）は海外領土からの引揚者の本国への受け入れと再編入のために制定されたが，1962年4月2日の政令（デクレ）によってアルジェリアからの引揚者にも適用された。また同年12月26日の法律は各種手当を規定した。

　引揚者家族の手持ちの所持金は平均5,000フランほどだったとされるが，引越し手当として独身者には1,000フラン，夫婦には2,000フランが支給された。また当座の生活への支援手当として，独身の求職者には毎月350フラン，既婚のそれには450フランが1年間支給された。最低賃金SMIGが月額313フランの時代である。

　本国で行き先のないピエ・ノワールのために，緊急の住居としてあらゆる空き住宅が動員された。学生寮，兵舎の他，高校，公民館，銀行，修道院，古い病院，遊休の工場など，本来住宅施設でないものまで活用された。全国で28,000軒のHLM（低所得者向け集合住宅）が引揚者のために充てられたが，建設途中のものまでが使われた。さらに1962年9月10日の政令（デクレ）により，別荘・ホテルも所有者への手当支給と引き換えに徴発された。プレハブ式の住宅も建てられたが，ここに多く住んだのはムスリムの引揚者だった。

第9章　植民地からの引揚者をめぐる政治

　これらの緊急用のシェルターとは別に，政府当局はより長期的な政策として，低所得者向けの「社会住宅」の建設を行い，引揚者を優先的に入居させた。引揚者の多い県ではHLMの20〜30％（その他の県では5〜10％）を引揚者に割り当てた。さらに古い持家を改修して活用するために，所有者に償還なしの補助金とは別に改修費用を低利で融資した。

　政府の政策が行き届いていたわけではない。引揚者の受け入れにはとりわけ南仏の県・市当局のほか，赤十字やカトリック支援団などのボランティアの力も大きかった。上記の緊急用のシェルターに暮らしていた人々は1963年初頭に14,000人，1965年初頭には2,900人だとされるが，もともと低い数値は自己努力やボランティアの支援によって切り抜けた人たちが多かったことを示している（Baillet 1976：13；Lefeuvre 2004：284-285；Kid 2013：38-39）。

　他方，雇用問題は住宅問題よりも解決困難である。住宅の提供は家族形態以外には引揚者たちの個別的事情を考慮する必要がなく，画一的なサービスの提供でも当面のニーズを充足できる。だが雇用問題はそうではない。労働市場は景気の変動の影響も古波に受ける。また引揚者たちの再就職の可能性如何は当人の職業能力・適性に大きく依存しており，これらの労働能力は従前の職業経験に強く規定されているからである。さらに農業・商工業の場合は就業に必要な資源の利用可能性如何に強く拘束される。居住地や家族生活の維持も求職者にとって就業の選択肢を制約する要因になる。要するに，住宅需要を充足するようには雇用需要を満たすことはできないのである。

　引揚者の雇用問題は解決まで4年ほどかかっている。引揚者の失業率は1967年末には1.6％にまで下がった。引揚者と本国人の失業率に差がなくなるのはこの年以降である。

　アルジェリアのフランス人社会の労働力人口は公務員，事務職員，小商人など第三次産業の従事者が多かった。引揚者のなかでもやはり商工業が多い。公務員（軍人や教員を含む）は本国の部署へ異動させることで処理できたが，事務職員や商業の場合は同様にはいかない。政府は引揚者を賃労働に誘導しようとし，マルセイユに全国職業紹介所を開いた。さらに引揚者の優先雇用を推進するために，引揚者を雇用する企業に対しては，就業時間の3分の1を当該引揚

171

者の職業訓練に充てて，時間相当分の給与を国が負担することにした。

　他方，農業や商工業の従事者の就業は困難であった。彼らには遊休の農場を斡旋し，自営業の開業資金調達のために低利の融資を行ったりした。だがこの政策の結果は芳しくない。住居もそうであるが，先に引揚げた同郷人とのコネクションを活用し，政府の世話にならずに道を切り開いていったピエ・ノワールが多かった（Baillet 1976：13；Lefeuvre 2004：284-285；松沼：132-133）。

　1960年代後半にはピエ・ノワールの再編入は完了し，住宅と雇用を中心とする引揚者問題は一応解決した。政府の政策が奏功したというよりも，ピエ・ノワールの引揚時期が幸運にも雇用の拡大する高度経済成長期に重なっていたために，好景気に助けられたと言える。

3　損失財産の補償と自己組織化

1　引揚者への損失財産補償

　1961年引揚者法は引揚に伴う損失財産への補償の可能性を認めながらも，その適用の条項は別途定めるとして，この問題を先送りしていた。引揚に際して財産を略奪され，放棄を余儀なくされた引揚者たちは損害補償をされないままであった。フランス政府は略奪財産の補償責任は独立した旧植民地国家にあると考えていた。

　アルジェリアの場合，エヴィアン協定ではフランス人の財産はアルジェリア政府によって保護されるはずであったが，この約束は履行されなかった。かくて引揚者たちは，かつて両大戦後にフランス人戦争被害者に対してなされたのと同様の損害補償をフランス政府に要求せざるをえない。しかし彼らの損失財産を復元することは政府にとって財政的に不可能な相談である。ドゴールは補償責任をアルジェリアに負わせる立場を変えず，引揚者の受け入れ・定着のために政府がすでに多大なコストを支払ったとして，彼らの損害補償のために引揚者法を実施することを拒んだ。引揚者たちは住居や雇用の面ではフランス社会にようやく統合されるようにはなったものの，失った財産を取り戻せないままであった。アルジェリアを放棄したのみならず，損害補償を拒否したことに

より，ドゴールはピエ・ノワールたちの強い怨嗟の的になるのである。

　ピエ・ノワールたちは損失補償を要求し続けたが，転機はドゴールの辞任後に訪れる。1969年大統領選挙に勝利したポンピドゥーは損失補償のための立法を引揚者たちに約束していた。その結果が1970年7月15日の法律（引揚者補償法）である。だがこれとても引揚者たちを決して満足させるものではなかった。損失額によって補償率は逆進的に区分された。完全に補償されるのは損失額が2万フラン（夫婦の場合は4万フラン）までであり，損失額がそれを超えると補償率は低減していき，損失額50〜100万フランの場合では5％にしかならなかった（Baillet 1976：41-42）。

　そればかりではない。損失補償請求の窓口とされた全国海外フランス人補償局（ANIFOM）の業務の開始は大幅に遅れた。さらに補償請求の手続きは煩雑を極め，当局が追加的に要求する各種証明書類を取りそろえる困難に引揚者たちは苦しみ，請求を断念する者も多かった。引揚者団体「補償のための全国団体（GNPI）」は補償総額を500億フランと見積もったが，政府がこの法律のために想定した総額は100億フランで，相当に開きがあった（Esclangon-Morin 2007：204-215；Scioldo-Zürcher 2010：338-343）。

　引揚者たちは，この法律が与えるものを補償の名に値しない「施し」だとみなし，以後も政府が自分たちを戦争被害者と同じく「完全なフランス人」として扱うように，執拗に補償を要求し続ける。この結果，引揚者補償法は1974年，1978年，1982年，1987年と改正され続ける。1978年法では補償総額は190億フランに増額された。また1970年法および1974年法に基づいてなされた補償請求者一人あたりの平均補償額は5.8万フランだったが，1978年法の下では13万フランに上った。さらに1987年法は向こう14年間で総額300億フランの支払いを認めた（Stora 1998：259-260）。

　ANIFOMの評価によれば，ピエ・ノワールたちが実際に手にした補償額は損失額の58％程度だったという（Lefeuvre 2004：286）。貨幣価値の変動を考慮して評価しなければならないが，彼らが勝ち取ったものは小さくなかった。

第Ⅱ部　ナショナリズムと「再国民化」の諸相

2　ピエ・ノワールの自己組織化

　フランスには数多くのピエ・ノワールの団体がある。古くはアルジェリア戦争中の1958年に結成された「北アフリカと海外のフランス人とその友の全国連盟（ANFANOMA）」があるが，多くは1970年代以降に結成されたものである。

　ピエ・ノワールの団体は組織編成，結成目的，機能において様々に異なる。数の上で最も多く，群小ゆえに実態把握が困難なのは，親睦を目的とする団体である。植民地時代にアルジェリアの同じ地方（さらには同じ都市・村・地区）に暮らし，あるいは同じ学校・職場・部隊に属していた者たちの組織である。これらの同郷型・同窓会型の団体はその性質上大きな組織に発展しにくい。組織の消長も激しく，長続きせず解体するものが多い。また文化的研究やアイデンティティ保持のために結成された団体がある。パリ地域の「アルジェリア・サークル」やトゥーロンとパリの「青年アルジェリア研究者同盟（AJA）」などである。

　本章にとって重要なのは利益要求型団体である。これらは引揚者たちの関心・利益の共通性によって結成され，行政当局に要求を集約・表出することによって成果を引き出すという実用的な目的をもち，組織が全国的に発展する可能性をもっている。このタイプとして，前述のANFANOMAの他に，「引揚者と略奪被害者の結集と統一調整（RECOURS）」，「引揚者，避難者とその友の統一のための連合（FURR）」，「青年ピエ・ノワール（JPN）」などがあり，これらはいずれも全国的な連合組織である（Hureau 1999：518-521）。

　ただしこの利益要求型団体が特定の政治的指向性をもつかどうかは別問題である。FURRは極右のJ.オルティッツに率いられ，政治行動に参加することを組織目的として掲げていた（Stora 1999：58-59）。JPNも右翼的指向性をもつ。他方，ANFANOMAやRECOURSのような伝統的な団体は，いかなる政治的立場の表明も慎重に避けてきた。多くの傘下団体を抱え，規模の大きさを武器にして発言するこれらの団体は，政治的立場の表明が傘下組織の離脱や自らの交渉地位の低下を引き起こしかねないことを懸念したのであろう。

　ピエ・ノワール団体と言えばロビー活動が想起されることが多いが，決して実態は単純ではない。政治との関わりをもつ団体であっても，特定の政党の系

174

列下にはないし，政党や政治家との関係は決して一方向にのみ作用するものではない。南仏のようにピエ・ノワールが特に多く住む地域では，政治家たちは自分の党派的立場の如何に関わらず，彼らの取り込みに努力しなければならないからである。社会党国会議員で長期にわたってマルセイユ市長を務めたG. ドフェールなどはその例である（Jordi 2009：143-144）。

　引揚者補償法の法案策定過程では，幾多の引揚者団体代表が政府から聴聞を受けた。補償請求の処理に際しては，県ごとに知事の統率下に引揚者団体代表と国家代表を同数ずつ含む委員会が置かれ，補償請求者の経済力，年齢，家族状況等を勘案しながら，請求審査の優先順位を決定した。このことは何を意味するか。引揚者たちにとっては政策執行過程に関与し，自らの発言力を高めることになるが，その反面，行政当局にとっては，部分的ではあれ引揚者を執行過程に取り込み，その反対行動を抑制させるという側面をもっている。引揚者たちの国民的統合は，住居・雇用などの生活環境の整備を通じた社会的統合から，補償法の制定・執行過程への関与という政治的統合へと新たな段階に進む。

4　文化的アイデンティティと歴史的記憶の承認

1　ピエ・ノワールの被害者意識とアイデンティティ

　停戦後にアルジェリアから引揚げてきた同胞を，本国のフランス人たちは必ずしも共感や同情をもって暖かく迎えたのではなかった。長期にわたる植民地戦争に疲弊したフランスでは，大量に引揚げてきたピエ・ノワールはしばしば厄介者として扱われた。彼らが数多く定着した都市ではアパートの家賃が高騰し，労働市場では彼らは本国人と雇用を奪い合う競争者になった。

　彼らのうちで富裕者はごく一部であり，大部分は本国人の平均水準以下の所得しかなかったが，ピエ・ノワールと言えば植民地体制下で安い物価・税金を享受し，ボロ儲けをしている搾取者だという通俗的なイメージが本国人に浸透していた。OASが本国でもテロ活動を展開したこともあって，ピエ・ノワールには植民地主義者，極右ファシスト，人種主義者のイメージがつきまとっ

第Ⅱ部　ナショナリズムと「再国民化」の諸相

た。

　ピエ・ノワール自身も本国に引揚げた自分たちを移民か外国人のように感じていた。本国をアルジェリアと違って企業家精神の乏しい硬直した社会だと思い，自分たちを北アフリカ出身のアラブ人と同様に扱う本国人たちの態度を人種差別的だと憤っていた。実際，彼らは日常生活では「汚いピエ・ノワール」「ピエ・ノワールは帰れ」といった罵倒や落書きに出会うこともしばしばだった（Esclangon-Morin 2007：93-95；Comtat 2009：78-84；Stora 1998：257-258）。

　ここからピエ・ノワールたちが抱くのは，自分たちは脱植民地化政策によって本国政府に見捨てられ，故郷を喪失し，引揚先でも同胞から苦境を理解されず，「完全なフランス人」として扱われていないという強烈な被害者意識と怨念(ルサンチマン)である。アルジェリアのオラン出身で1961年4月の現地軍首脳反乱の首謀者であるE.ジュオー将軍は，後に回顧録の冒頭で，故郷から根こそぎにされた(デラシネ)ピエ・ノワールの深い喪失感と本国人への絶望をこう語っている。

　「おお，わが故郷(ペイ)は失われた。我々は全力でわが生地を救おうとした。我々は朝から晩まで弛まず戦ったが，もしもわれわれに不運が訪れることがあれば，それは深刻な苦しみの始まりになるだろうという予感があった。この無限の苦しみを本国の同胞たちは日々理解しなくなっていくだろうと。

　我々アルジェリアのフランス人は別の空，別の陽光の下，果てなき水平線を臨む地で育った。我々は数世代にわたってこの土地に多くの同胞を埋葬してきたが，今やそこに属するもの一切から切り離されたのだ。」（Jouhaud 1969：7）

　その後ピエ・ノワールへの差別的感情はほぼなくなり，彼らはフランス社会で何ら特別な存在ではなくなった。1981年には社会党のミッテランが大統領に選出されるが，引揚者への補償は続けられ，80年代にほぼ補償問題は片づいた。住居，雇用，補償という社会経済的次元では，「完全なフランス人」として扱えというピエ・ノワールたちの要求はある程度満たされた。

　時間の経過とともに，ピエ・ノワールたちは高齢化し，死んでいく。彼らの子孫はピエ・ノワールではない。かくて彼らの間では新しい欲求が生まれてくる。かつて自分たちがアルジェリアで営んだ生活の集合的記憶や文化的アイデンティティを保存し，それを公的に承認させ，正当な位置づけを与えたいとい

う欲求である。それは「他のフランス人とは異なる個性をもつ集団」という自己承認の要求であり、文化的・歴史的な要求である。そうした新しい欲求の高まりを反映するかのように、1980-90年代には、新しいピエ・ノワール団体の叢生がフランス各地で見られた。

2 記憶・承認の政治へ

　重要な変化は1980年代後半から始まっている。1986年にはミッテラン政権下でドゴール派のシラクが首相になり、保革共存政権（コアビタシオン）が始まる。後継の内閣は左右に揺れるが、1995-2007年の2期にわたるシラク政権の成立、その下での巨大与党・国民運動連合（UMP）の結成は、ピエ・ノワールたちを政権側に引き寄せた。2002年にはラファラン首相が引揚者たちの意見聴聞の場として、引揚者高等評議会（HCR）を設置した。ピエ・ノワール団体は体制内に足場をもつ正規の存在になった。

　アルジェリア戦争終結25周年の1987年6月には、ピエ・ノワールたち4万人の大集会が南仏ニームで4日間にわたって開催された。左翼政党からの参加者はなかったが、Ch. パスカ、Ph. セガン、R. バールら保守・中道の有力政治家たちが列席した。極右の国民戦線（FN）は言うまでもない。この集会のハイライトはシラク首相が登場し、ピエ・ノワールであるジュオー将軍と握手した場面であろう。かつてドゴールに反乱した軍人として死刑判決（後に大赦）を受けた「共和国への反逆者」と首相の握手は、ピエ・ノワールとドゴール派の国民的和解として演出され、メディアでの扱いも大きかった。

　RECOURSがそれまでの非政治主義の伝統を破って、1988年大統領選挙決選投票でミッテランではなくシラクへの投票を呼びかけたことの背景はここにあろう。だがその代償は大きかった。RECOURSがピエ・ノワールの独占的代表であるかのように扱われることに他団体は不満を募らせており、そのカリスマ的会長 J. ロゾーがアルジェリアに融和的姿勢を示したことにも反発していた。ドゴール派への反感からFNを支持するピエ・ノワールも少なくなかったのである。果たして、FNやその同調者たちはシラクに屈したロゾーへの激しい非難キャンペーンを展開し、時にロゾーの身の安全をも脅かした。ついに

第Ⅱ部　ナショナリズムと「再国民化」の諸相

1993年3月，ロゾーはモンペリエで敵対的引揚者団体のメンバーによって射殺される（Esclangon-Morin 2007：348-349, 361-363）。

　世紀転換期はアルジェリア戦争の記憶に関する重要な時期である。1999年10月20日の法律によってアルジェリア戦争の呼称が公認された。それまでこの戦争は公式には「作戦行動」と呼ばれてきた。民族解放勢力はフランスに反逆を起こした「無法者」であり，交戦当事者ではなく，これを鎮圧することはいわば警察行動であったからだ。停戦後40年近くを経過して，ようやく戦争として公認されたものの，戦争記念日を停戦日の3月19日とすることは，JPNなどのピエ・ノワール団体が屈辱的だと強い反対運動を展開したため，見送られた。

　ピエ・ノワールたちは集合的記憶の保存のために記念碑や記念館の建設を進めていく。パリでは1996年に19区のビュト・ルージュ公園で，2002年に7区のブランリ街で，アルジェリア戦争の犠牲者の慰霊碑がつくられた。後者の除幕式にはシラク大統領が参列し，北アフリカでフランスのために死んだ「勇敢な兵士たち」や，停戦後のアルジェリアで虐殺されたハルキたちに賛辞を捧げた。この除幕日に因んでアルジェリア戦争記念日を12月5日とすることが2003年に政令(デクレ)で決められた（高山 2006：96-97）。

　さらに2005年7月には南仏のマリニャーヌ市で「フランス領アルジェリアのために斃れた戦士たちに」捧げられる記念碑がピエ・ノワール団体ADIMADによって建立され，除幕式にはD. シモネ市長（UMP）が列席した。記念碑には後ろ手に柱に縛りつけられたフランス人兵士が背中を弓なりにのけぞらせるレリーフがはめ込まれている（Esclangon-Morin 2007：368, 395）。敵の民族解放勢力によって兵士が銃殺される瞬間である。これが表現する歴史観は明白であろう。アルジェリア戦争はフランス領土を守る「正しい戦争」であり，その戦いに斃れたフランス人は極右も含めて顕彰されるべき殉教者だというわけだ。ピエ・ノワールたちの記憶の承認要求は，しばしばこのように，フランスとアルジェリアの和解どころか，フランスの植民地支配の全面的正当化として現れる。

　引揚者たちの承認欲求は教育の場にも及ぼうとした。「フランス人引揚者に

対する国民の感謝及び国民の負担に関する2005年2月23日の法律」がそれである。この法律が世界の大きな注目を集めたのは第4条でフランスの植民地支配を露骨に肯定する内容が盛り込まれたためである。その第1項では、「大学の研究計画は、海外、特に北アフリカにおけるフランスの存在(プレザンス)の歴史に対し、それにふさわしい位置を与える」とされた。これは教育内容の方向性を直接指示するものではないが、第2項は高校以下の学校を指してこう言う。

「学校の授業計画は、海外、特に北アフリカにおけるフランスの存在の肯定的役割を特別に認知し、これらの領土出身のフランス軍兵士の歴史と犠牲に対して、それにふさわしい高い地位を与える。」

この条項は教育内容に直接踏み込んでフランスの植民地支配の正当化を図ろうとしている。この法案の淵源は2003年9月に首相に提出されたM. ディファンバシェ（UMP）の報告書である。この報告書はフランスの学校教育で使用されている教科書の「偏向」を厳しく非難している。報告によれば、教科書には植民地で暴力を行使したのはフランス側だけであるような記述がある一方、アルジェリア側がエビアン協定を順守しなかったことや、独立後のアルジェリアで起こったハルキの虐殺や行方不明については何も言及されていない。これは引揚者にとって衝撃的で、歴史の真実にも背く状況だというのである（高山 2006：101；*Le Monde*, 13/12/2005）。この立法過程でピエ・ノワールたちのロビー活動がどの程度のものであったかは明らかでないが[3]、ディファンバシェ報告書の示す教科書認識はHCR作成の資料に基づいており、それはピエ・ノワールたちの歴史観に他ならない。

この法律の制定後の3月25日、C. リオジュ、G. メニエ、G. ノワリエルら6人の歴史学者たちは同法に反対する共同請願を発した。

「この法律は直ちに廃止しなければならない。この法律は世俗主義(ライシテ)の核心をなす学校教育の中立性や思想の自由の尊重に反して、公認の歴史を押しつけるからであり、植民地化の肯定的役割のみを取り上げることで、犯罪、時に民族絶滅にまで及ぶ虐殺、奴隷状態、歴史から受け継がれた人種主義について公式の嘘を押しつけるものであり、さらに民族主義的な共同体主義(コミュノタリスム)を合法化し、その結果、過去の禁じられた集団の共同体主義を煽り立てることになるからだ。」

179

第Ⅱ部　ナショナリズムと「再国民化」の諸相

(*Le Monde*, 25/3/2005)

　この第4条第2項は2006年2月15日の政令(デクレ)により廃止されるに至るが，この法律がフランス植民地主義について論争を巻き起こしたのは歴史家たちの請願以後であって，それ以前にはこの法案はほとんど人々の関心を引かなかった。法案は2005年2月10日に国民議会第二読会に送られ，討論もなく可決された。この無関心はこの法律がこれまで不十分であったハルキたちへの補償の拡大を趣旨としたことによる。フランスのために戦った彼らの労苦に報いるという文脈で，彼らを含む引揚者たちの貢献・犠牲に感謝するという構成をこの法律はとっているのである。とはいえ，制定までのこの無関心は自国の植民地支配の歴史へのフランス人の無意識をよく示している。

　この法律が意図せずして惹起した問題へのフランス社会の反応はどうだったろうか。2006年1月の世論調査はフランスの海外領土出身者（本人もしくは両親のいずれかが海外県生まれの者）を対象に，「学校教科書でフランスの植民地化の肯定的役割を認めることが法律で指示されたこと」への賛否を問うた。回答者のエスニシティは不明であり，回答結果の評価はむつかしいが，「強く賛成」が19%，「やや賛成」が25%，「やや反対」が14%，「強く反対」34%というものだった。総計では「反対」が48%と「賛成」44%を上回るものの，賛否はほぼ拮抗している。

　2000年に訪仏したアルジェリアのブーテフリカ大統領はフランスに対して植民地支配への謝罪を要求した。「フランスのアルジェリア年」に当たる2003年にアルジェリアを訪問したシラク大統領は，謝罪はしなかったものの，両国の友好条約締結を約束した。2005年法の余波によってこの約束は頓挫し，一旦近づいたかに見えた両国の和解は遠のいた。和解の困難さの根因は，フランスの政治的指導者たちの思想・行動や，ピエ・ノワールたちのロビー活動よりも，フランス国民の歴史理解に求められるべきである。

　2012年12月の世論調査は，「フランス大統領は植民地時代のフランスの行動についてアルジェリアに謝罪すべきだと思うか」と問うている。これへの回答では，「強く賛成」が13%，「絶対反対」が35%だが，「賛成だが，アルジェリアがピエ・ノワールとハルキについて謝罪することが条件だ」が26%ある。賛

成全体では39％と相対的に多いが，それは多分に留保付きの慎重な賛成なのである[5]。留保付きの賛成はアルジェリア人がフランスに植民地支配された苦難も，生まれ故郷を去らざるをえなかったピエ・ノワールらの苦悩も等価だとする判断である。

植民地で生きたフランス人たちは必ずしも過酷な抑圧者や強欲な搾取者ではなく，肯定的な役割（文明化の使命！）も果たしたのであり，過ちはあったとしても植民地から引揚げたフランス人もまた歴史の被害者なのだと。フランス世論のなかに少なからず認められるこうした歴史理解は，フランスのアルジェリア支配を肯定するピエ・ノワールたちのアイデンティティや記憶の承認要求にとって追い風になっている。

5　ピエ・ノワールと政治

本国に引揚げてきたピエ・ノワールたちの関心は，当初の生活基盤の確保から損失財産の回復へ，さらに自分たちのアイデンティティや集合的記憶の保存・承認へと変遷を遂げてきた。「完全なフランス人」としての扱いを求めて提起された社会経済的な平等要求が充足された後に登場したのは，自己集団の個性や差異を維持しようとする文化的・歴史的な要求である。後者はフランスの植民地支配の過去への肯定的評価を前提としているから，すぐれて政治的・イデオロギー的な要求である。

政治哲学者のN.フレイザーは現代福祉国家の政治的機能を経済的不平等の解消などの「再分配」と，マイノリティのアイデンティティの「承認」に区別して論じた（フレイザー 2003）。その顰にならえば，こう図式化できようか。ピエ・ノワールと国家の間では，1960-80年代にはまず雇用・住宅の供給，次いで損失財産の回復という「再分配の政治」が展開されてきた。それらが一応達成された1990年代以降，ピエ・ノワールたちは自らのアイデンティティや記憶をめぐる「承認の政治」へと転進するようになったと。

もっとも，こうした「再分配の政治」から「承認の政治」へという政治哲学の議論を援用してピエ・ノワールの歴史を語ることには，二つの重大な留保を

つける必要があろう。

　第一に，ピエ・ノワールらが承認を要求している文化的アイデンティティは，植民地時代のアルジェリアという特定の時間と空間で育まれたものである。それは今日のフランス社会で抑圧されているわけではない。ただ時間の経過とともに衰退しているだけである。それは浸食され風化しつつある「思い出」である。その承認要求は，文化的アイデンティティの強さゆえにではなく，その衰弱ゆえに生まれている。他方，植民地支配を受けた民族が民族主義に覚醒して掲げるに至った文化やアイデンティティに関する要求は，公式の植民地支配が終わった後でも，抑圧的状況がなくならない限りは，それへの抵抗の論理として機能し続ける現実的根拠がある。「懐旧」に終わるピエ・ノワールたちの「承認」要求とは性格が異なっている。

　第二に，引揚者のピエ・ノワールの文化的差異をどれほど高く見積もっても，彼らはムスリムとは違って，支配文化集団内部の周辺的存在にすぎない。ピエ・ノワールは植民地に君臨する支配的民族から，「帝国」の解体後に本国国民の周縁部に移動しただけのことである。フランス人とは異なるエスニシティをもち，支配文化から排除され，「相違への権利」の承認を求めるに至ったアルジェリア移民の子たちとは，彼らの置かれている立場は根本的に異なっている。かつて行われた異民族支配を自省する契機をもたないピエ・ノワールたちの「承認」要求は，従属的地位にある他者や異文化に対して抑圧的性格をもたざるをえない。

　「帝国」の解体とともにアルジェリアから本国に引揚げてきたフランス人たちは，衣食住の確保，損失財産の回復を経て，文化的アイデンティティや記憶の承認を求めるに至った。彼らはフランス社会に完全に定着しており，もはや特別な存在ではなくなっている。同時に彼らの「承認」要求が今日の「記憶の政治」に一定の影響を与えていることもまた事実である。

【注】
1)　ジョルディによれば，19世紀および20世紀初頭には，植民地化を記述するどんな文献にもピエ・ノワールの語は登場しないという。また両大戦間期に用いられたこの言葉の用法

は混乱しており，アルジェリアのアラブ人，南欧系移民，オラン地方のフランス人，モロッコへの移民など，様々な対象を指した。アルジェリアのフランス人たちがこの言葉を自分たちへの呼称として知るようになったのは，アルジェリア戦争の最末期から本国への引揚げにかけての時期だという。Jordi 2009：17-24；Sirinelli 2009：871-872.
2) スペインとの国境に近い地中海沿岸のピレネー・オリアンタル県には，1962年6-12月に合計1,573人の引揚者が定着したが，その社会的職業階層構成は以下の通りである。無職が48.3％と突出して多いが，これは引揚によって従前の職業を放棄せざるをえない事情による回答であろうからさておく。その他は農業（2.4％），商工業・経営者（13.5％），幹部職・上級知的専門職（5.7％），中間的専門職（5.8％），事務職員（8.3％），労働者（7.9％），引退者（6.2％），学生（2.0％）となっている（Bouba 2009：155より計算した）。
3) これについての関係者たちの証言は様々である。エクサン・プロヴァンス引揚者記念館のC. ドラエは，法案の策定過程で省庁間引揚者問題担当班長のM. デュブルデューと面談したことは認めるが，話題は補償やハルキのことだけで，教科書問題には一切触れなかったという。またRECOURS書記長のPh. ヌヴィオンも教科書問題は一度も話したことはないという。他方，ANFANOMA会長のY. サンソは，ディファンバシェとの議論の中で教科書やメディアの問題についても話題にし，「教育の任務を是正するための措置」を求めたという。Le Monde, 21/1/2006.
4) Sondage de l'Institut CSA (2006) Portrait des originaires d'outre-mer vivant en métroplole, février 2006. (http://www.csa.eu/index.aspx?recherche=outre-mer, last visited, 3/11/2015)
5) Sondage l'Institut CSA (2012) Les Français et la réconciliation franco-algérienne, 19/12/2012. (http://www.csa.eu/index.aspx?recherche=reconciliation, last visited, 3/11/2015)

【参考文献】
小山田紀子（2008）「人の移動から見るフランス・アルジェリア関係史――脱植民地化と『引揚者』を中心に」『歴史学研究』846号。
高山直也（2006）「フランスの植民地支配を肯定する法律とその第4条第2項の廃止について」『外国の立法』229号。
フレイザー，ナンシー（2003）『中断された正義――「ポスト社会主義的」条件をめぐる批判的省察』仲正昌樹監訳，御茶の水書房。
松沼美穂（2013）「脱植民地化と国民の境界――引揚者に対するフランスの受け入れ政策」『ヨーロッパ研究』12号。
Baillet, Pierre（1976）*Les rapatriés d'Algérie en France, Notes et Etudes Documentation*, no.4275-4276.
Bouba, Philippe（2009）*L'Arrivée des pieds-noirs en Roussillon en 1962*, Canet: Ed. Trabucaire.

第Ⅱ部　ナショナリズムと「再国民化」の諸相

Comtat, Emmanuelle (2009) *Les pieds-noirs et la politique : Quarante ans après le retour*, Paris : La Presse de la FNSP.
Esclangon-Morin, Valérie (2007) *Les rapatriés d'Afrique du Nord de 1956 à nos jours*, Paris : L'Harmattan.
Hureau, Joëlle (1990) "Associations et souvenir chez les Français d'Algérie", in Jean-Pierre Rioux dir., *La guerre d'Algérie et les Français*, Paris : Fayard.
Jordi, Jean-Jacques (2009) *Les pieds-noirs, Paris*, Paris : Le Cavalier Bleu.
Jordi, Jean-Jacques (2000) *De l'exode à l'exile : Rapatriés et pieds-noirs en France : l'exemple marseillais, 1954-1992*, Paris : l'Harmattan.
Jouhaud, Edmond (1969) *Ô mon pays perdu : de Bou-Sfer à Tuelle*, Paris : Fayard.
Kidd, William (2013) " The Long Good-Bye : Pied-Noir Re-Settlement in the Pyrénées-Orientales ", in Sharif Gemie and Scott Soo eds., *Coming Home? : Conflict and Postcolonial Return Migration in the Context of France and North Africa, 1962-2009*, Newcastle : Cambridge Scholar Publishing.
Lefeuvre, Daniel (2004) "Les pieds-noirs", in Mohammed Harbi et Benjamin Stora dir., *La guerre d'Algérie 1954-2004 : la fin de l'amnésie*, Paris : Robert Raffont.
Pervillé, Guy (2002) *Pour une histoire de la guerre d'Algérie 1954-1962*, Paris : Picard.
Scioldo-Zürcher, Yann (2010), *Devenir métropolitain : politique d'intégration et parcours de rapatriés d'Algérie en métropole (1954-2005)*, Paris : EHESS.
Scioldo-Zürcher, Yann (2013) "Reflections on Return and the 'Migratory Projects' of the Français d'Algérie", in Sharif Gemie and Scott Soo eds., *Coming Home? : Conflict and Postcolonial Return Migration in the Context of France and North Africa, 1962-2009*, Newcastle : Cambridge Scholar Publishing.
Sirinelli, Jean-Pierre dir. (2009) *Dictionnaire de l'histoire de France*, Madrid : Flamarion.
Stora, Benjamin (1998) *La gangrène et l'oubli : la mémoire de la guerre d'Algérie*, Paris : La Découverte.
Stora, Benjamin (1999) *Le transfert d'une mémoire : de l' «Algérie française» au racisme anti-arabe*, Paris : La Découverte.

付記：本文および注における日付は日／月／年として表示した。本稿は2013-2015年度科学研究費補助金「植民地帝国主義崩壊の国際関係史的研究」基盤C（課題番号25380198）による成果の一部である。

第10章
オーストリアの移民政策
──最終目標としての国籍取得──

馬場　優

1　オーストリア人またはオーストリア国民とは誰か

　現在，オーストリアのサッカー界を代表するプレーヤーのひとりにデイヴィッド・アラバ（David Alaba）がいる。2014年4月，彼についてドイツのタブロイド紙『ハンブルガー・モルゲンポスト（Hamburger Morgenpost）』は次のような記事を掲載した。

> 彼は最も有名かつ最も成功したオーストリア人である。しかし，今次のような議論がある。彼はそもそも「本当のオーストリア人（ein echter Österreicher）」なのか，と。

アラバは1992年にウィーンで生まれた。あえて乱暴な表現をすれば，彼の外見は黒人のそれである。父親は1984年にオーストリアにやってきたナイジェリア人で，1995年にオーストリア国籍を取得した。当時，オーストリアで初の黒人兵役従事者としてメディアを賑わした。母親も1984年にオーストリアにやってきた。彼女はフィリピン人であった。二人は1992年にデイヴィッドが生まれたあとの1996年に結婚した。「僕は本当のウィーン人だ（Ich bin ein echter Weaner）」とウィーン訛りのドイツ語で話すディヴィッド・アラバのような移民二世・三世はオーストリアに多く存在する。彼のようにすでにオーストリア国籍を取得した者もいれば，これから取得しようとする者もいる。しかしなが

第Ⅱ部　ナショナリズムと「再国民化」の諸相

ら，昨今のオーストリアでは，移民の国籍取得をより厳格にしようとする動きが顕著である。また，たとえ国籍を取得，つまり帰化した者が形式的には「オーストリア人（Österreicher）」または「オーストリア国民（Österreichische Nation）」になっても，彼ら彼女らが現実的に「オーストリア人」なのかという議論が展開される。それは，前述のアラバをめぐる記事や，オーストリアの民間テレビ局 Puls4の討論番組「賛成？反対？（Pro und Contra）」が2013年5月に「いつから本当のオーストリア人なのか（Ab wann ist man ein echter Österreicher?）」というテーマを組んだりしたことからも，移民問題，帰化問題，さらには「オーストリア人」というアイデンティティ問題がオーストリアにとって重要な政治問題であることは明らかである。では，現在のオーストリアにおけるこれらの問題はどうなっているのであろうか。

　オーストリアの公式統計によると，2015年1月1日の段階で858万4926人の住民のなかで，外国籍の者は114万5078人である。これは全住民の13.3%を占める。1年前と比べて約8万人増加している。約114万人のうち，97万4000人（外国籍者の約85%）がオーストリア国外で生まれた。また，約114万人のうち，オーストリア滞在期間が10年以上の者が41%，5〜10年の者が20%を占める。彼らを移民1世といってもよいであろう。外国籍者の中でどの国籍が多いのであろうか。その特徴は中・東欧諸国からの移民が多いことである。最も多いのはドイツ国籍（約17万人），次にトルコ国籍（約11万5000人），三番目にセルビア国籍（約11万4000人），以下，ボスニア・ヘルツェゴヴィナ国籍（約9万3000人），ルーマニア国籍（約7万3000人），クロアチア国籍（約6万6000人），ハンガリー国籍（約5万5000人），ポーランド国籍（約5万4000人），スロヴァキア国籍（約3万2000人）そしてロシア国籍（約3万人）と続く。

　オーストリアの住民統計では，帰化した者はオーストリア国籍者と見なされる。そのため，統計では現在移民として居住する外国籍者と帰化した者を含めて「移民出自を背景（Migrationshintergrund）に持つ者」というカテゴリーがある。2014年の段階でこのカテゴリーに属する者は約171万5000人おり，全住民の約20.4%を占める。2009年当時は約145万9000人であり，一貫して増加している。それでは，毎年どの程度の外国籍者が帰化するのであろうか。

帰化した者の数は，1940年代後半から50年代にかけて毎年2～6万人，その後は1990年頃までは毎年5000～9000人，1990年代は毎年1万人台，2000年から2006年までは毎年2～4万人であった。そして，2007年の14000人，2008年の1万人，2009年以降は毎年7000人程度と，最近は帰化者が減少している（2014年の帰化者数は7570人であった）。このうち，約31%がEU加盟国のスロヴェニアとクロアチアをのぞく旧ユーゴスラヴィア諸国の国籍保有者，約11.5%がトルコ国籍保有者である。EU加盟国の国籍保有者は全体の16%を占めるが，大半が2004年以降の新規加盟国の国籍保有者であり，帰化者全体の約12.1%を占める。また，帰化者全体の37%がオーストリア生まれで，約39%が18歳未満の者であった。オーストリアの5人に1人が「移民出自を背景に持つ」住民であることを考えれば，オーストリアは「移民国家」といっても過言ではない。

2 オーストリア人及びオーストリア概念をめぐる歴史的変遷

ところで，「オーストリア人」または「オーストリア国民」とは元々何を意味するのであろうか。これは簡単な問題ではなく，第1次世界大戦後，大きな政治的社会的問題であった。今日のオーストリアの国境線は第1次世界大戦の終結後にその原型ができた。1804年，神聖ローマ皇帝職を世襲していたハプスブルク家の諸領地に「オーストリア帝国」が誕生した（その2年後，神聖ローマ帝国はナポレオン戦争のさなか消滅する）。しかしながら，そこには「オーストリア人」はおらず，様々な言語を話す人々がいた。ドイツ統一をめぐる1866年のプロイセンとの戦いに敗れたオーストリアは，ハンガリー人勢力に大幅な自治権を認め，ハンガリー王国領とその他の地域からなるいわゆる「オーストリア＝ハンガリー二重君主国」となった。ハンガリー王国領以外の地域の正式名称は「帝国議会に代表される諸王国・諸州（Reichsrat vertretenen Königreichen und Ländern）」であったが，これを「オーストリア」と呼ぶようになった。しかしながら，そこにも「オーストリア人」がいたわけではなかった。名称が変わってもハプスブルク君主国は多民族国家であることには変わらなかった。1867年に「オーストリア」で施行された法律では，国家（Staat）のすべての民

第Ⅱ部　ナショナリズムと「再国民化」の諸相

族（Volksstamm）は平等であると規定された。実際には，チェコ語，ポーランド語，イタリア語，セルボ・クロアチア語，スロヴェニア語，ルテニア語，ハンガリー語，ルーマニア語，ドイツ語の9言語が民族言語として扱われた。それらを話す人々が「民族」となる。ドイツ系「民族」が多くいた地域が第1次世界大戦後の「オーストリア」となるのである。

　二重君主国成立以前の1863年，本籍権（Heimatsrecht）に関する法律が制定された。当時のオーストリア帝国のすべての臣民は帝国領域のどこかのゲマインデ（市町村）に本籍権を設定することが義務づけられた。本籍権があるゲマインデにおいて，住民は生活保護の申請をおこなうことができた。なお，この本籍権は国籍（Staatsbürgerschaft）を持つ者にしか認められなかった。その後，住民の移動の流動化現象が顕著となり，本籍権のあるゲマインデと実際に生活するゲマインデの乖離現象がみられるようになり，1896年，オーストリア政府は本籍権法を改正した。それによって，成年で原則として少なくとも10年間あるゲマインデに定住し，生活保護を受けていない者は定住先のゲマインデに本籍権を移すことができるようになった（ただし，ゲマインデの裁量によって10年未満でも本籍権が認められることもあった）。なお，オーストリア＝ハンガリー二重君主国以外の国籍を持つ者，つまり外国人は，それ以前の10年間のゲマインデに定住することに加えて，1896年以降にはゲマインデの裁量でも本籍権が付与された（女性の場合だと結婚によっても付与された）。そうした中で，ドイツ語話者の「オーストリア人」がドイツ・オーストリア的ネーション意識を発展させた。彼らが依拠したのは，(1)ハプスブルク王朝への忠誠心やハプスブルク国家への支持や，(2)「ドイツ性（Deutschtum）」にもとづく言語的文化的感覚であった。

　1915年，「帝国議会に代表される諸王国・諸州」との正式名称は「オーストリア諸邦（Österreichische Länder）」と改められ，オーストリア＝ハンガリーは総力戦をおこなった。しかし，1918年秋，各地で諸民族の君主国からの独立宣言が出され，オーストリア＝ハンガリー二重君主国は崩壊した。敗戦後，ドイツ系住民たちの政治指導者たちは，当初ドイツとの合同を目指し，「ドイツ・オーストリア共和国」を宣言した。しかし，戦勝国がこの合同案を拒否したた

め，単独の共和国を作らざるを得なかった。これが「誰も望まなかった国家 (Staat, den keiner wollte)」といわれるオーストリア第1共和国の誕生であった。

　第1共和国政府は，「オーストリア国民」創出という大きな課題を担った。講和条約であるサンジェルマン条約では，ゲマインデの本籍権が国籍取得の条件であることが決められた。それ故，オーストリア共和国領内に本籍権があり，他国の国民でない者はオーストリア国籍者となる。また，以前に本籍権のあったゲマインデがある国家の国籍を取得することも可能であった（申請は1年間の期限付き）。さらに，ハプスブルク君主国の領域内に本籍権を持ち，その本籍権の所在地の住民の多数派と「人種と言語（Rasse und Sprache）」が異なる者は，その者の「人種と言語」にそってオーストリア，ポーランド，ルーマニアなどの後継諸国の国籍を選択することができた（ただし，条約発効6ヶ月以内）。そうなると，オーストリアの言語はドイツ語となるのであろう。しかしながら，ここでいう「言語」が母語なのか日常語かが不明であるため，終戦の混乱で旧君主国領のガリツィアやブコヴィナなどからオーストリア，特にウィーンを目指してやってくる東方ユダヤ人の扱いがこの後の大きな政治問題になった。実際，連邦政府はいかに東方ユダヤ人の国籍取得申請を拒否するかにかなり努力した。その一方で，1922年にオーバーエスタライヒから分離して独自の州となったウィーンは，連邦政府の意向に反して東方ユダヤ人の受け入れ政策を実行した。社会民主党が政権を担当していたウィーンにおいて，20年代前半に本籍権を取得した約4万人の半数がユダヤ人であり，その大半が東方ユダヤ人であった。

　さて，サンジェルマン条約を受けて成立した1920年の第1共和国憲法では，国籍と本籍権とは別に，州民権（Landesbürgerschaft）が新設された。本籍権を持つ者は州民権を取得でき，州民権を持つことが国籍取得の条件とされたのである。また，1925年の国籍法は，州民権と国籍取得の関係を再確認する一方で，外国人が州民権を取得する場合には，4年間定住することを求めた。

　そうした混乱を経て，オーストリア意識を社会に根付かせる努力がなされた。その際，意識の根底に置かれたのが，地域性（Landschaft），歴史，文化であった。オーストリア人はドイツのドイツ人と異なり，オーストリアを構成す

第Ⅱ部　ナショナリズムと「再国民化」の諸相

る9州に住み，地域の文化や言語，歴史との一体性を知覚する者というイメージをつくっていった。もちろん，他方では1930年代のナチスの台頭によって，オーストリア人の「ドイツ性」を強調する傾向も登場した。そして，1938年の独墺合邦によって，「オーストリア人」は公式には消滅した。第2次世界大戦末期，連合国が，オーストリアをナチズムの最初の犠牲者であると認めたことはその後のオーストリア意識の形成にとって大きな影響を与えた。「我々は再びオーストリア人だ」という叫びのもと，オーストリアには新しい自己意識，オーストリア・ネーションを作る必要性が求められた。

　問題は，まずオーストリアが過去に成功した革命の経験を持っていなかったことであった。集団的成功経験はこれから国民意識を形成しようという際に重要なものであったが，それが欠如していた。つぎに，自分たちがドイツ人の集団であるという意識がまた強かったことである。1946年の世論調査では，「自分たちがドイツ人（Volk）の集団か，それとも独自のオーストリア人（Volk）か」という質問に対して，46％が前者と答え，49％が後者と答えていた。オーストリア・ネーションにとって，ドイツとの差別化が最も困難な課題であった。

　戦後のオーストリア政治を形成することになる国民党，社会党（のちの社民党），独立者連盟（のちの自由党）はオーストリア的なるものについて様々な見解を持っていた。国民党はオーストリア認識の根拠を「ナショナル」なものに置かず，祖国愛的（パトリオティッシュ）なものにうつすようになった。これに対して，社会党は共和主義に置くことを主張し，1918年以前の歴史にオーストリアの存在の土台に置くべきではないとの方針を立てた。独立者連盟はもともとドイツ・ナショナリズムに基づく団体として出発したことから，オーストリアのドイツ性を強調する論理を展開させた。

　栄光ある革命の歴史を持たないオーストリアは，1000年も前の歴史的文書にオーストリアの存在の意義を求めた。1946年10月，国民党と社会党の大連立政府はオーストリアの語源となる「オスタリチ（Ostarrichi）」が文書として歴史上初めて登場してから950年目にあたるとして「オーストリア950年祭」を催した。式典で首相のL・フィーグル（国民党）は次のように発言した。「長い歴史

がこのオーストリアの頭上を過ぎました。ケルト人たちの先人がバイエルン人と混ざり，様々な出自を持つ兵士からなるローマ軍団が，のちにはアジアの征服種族のマジャール人やフン族，トルコ人〔ママ〕などの襲来もありました。そして，スラヴ人，マジャール人，ルーマニア人らが混ざりました。こうして，この地にひとつの国民（Volk）が誕生しました。それは，ヨーロッパの中で独自の存在であります。決して第2のドイツ人国家ではありませんし，また第2のドイツ国民（Volk）でもありません。それは，新しいオーストリア国民（Volk）なのであります」(Wiesinger, S.550)。アカデミックのレベルでもこれに関連する講演会がおこなわれた。この一連の動きは，ドイツとの一体性との決別を明快にしようとするもの，オーストリア人のエスニック的文化的多義性を強調しようとするものであった。

　その後，人々の認識も変化していった。それは世論調査の結果を見ても明らかであった。「オーストリアはネーションであるか」という質問に対して，1964年は47％が是と答えていたが，1970年には66％，1990年には74％とネーションの肯定派が増加していった。また，1990年の調査では，オーストリアの国家像を27％の人が「言語国民」とみる一方で，3/4以上の人が「国家国民（Staatsnation）」と見ているという結果が出ている。国家国民とは，自分たちが住む国家に属する人々の同意にもとづくネーションという意味である。国家国民の対極にあるのが，文化国民（Kulturnation）である。F・マイネッケが使い出した文化国民という概念は，その国民は国境に拘束されるものではない。それは歴史的にはエスニックなフォルク（Volk）イメージまたはネーション（Nation）イメージと密接につながるものである。ここでいう「フォルク」とは「エスノス（Ethnos）」と同じ意味で使われる（それに対して，国家国民における「フォルク」は「市民（Demos）」の意味である）。

　上の世論調査の動向は，1984年の調査でもほぼ同じ結果がでていた。ネーションを国家（Staat）と見る人が14％，ネーションをコンセンサス共同体（政治的経済的にともに生活しようとする意思に基づく共同体のこと）と見る人が34％であった。このような見解に即せば，たとえ成員間に複数の言語が存在していても問題になるものではない。それに対して，ネーションを言語共同体と見る人

が16％，そして文化共同体と見る人が10％，そして血統共同体と見る人はわずか6％であった。このような見解に即せば，共同体は複数の国家にまたがることもあり得る。

　オーストリア人意識はあいまいなものであった。しかし，今日のオーストリアがハプスブルク君主国時代のドイツ語を話す人々が大半を占める地域から構成されていることから，ドイツ語の存在価値は大きかった。ただし，その「ドイツ語」も君主国時代の影響もあって，スラヴ語系言語やイタリア語語彙から借用されたものもあり，ある意味独自の「ドイツ語」であるといえる。また，オーストリアの1/5の人口がウィーン市（＝特別州）に集中しているが，かつての君主国の都としてのウィーンには，チェコ人，ポーランド人，スロヴァキア人，クロアチア人，そしてユダヤ人など多様な「民族」出自の者がおり，現在のウィーンには彼らの子孫が多数存在する。

　オーストリア・ネーションを否定する声もある。たとえば，1988年，当時の自由党党首だったJ・ハイダーはオーストリア・ネーションのことを「イデオロギー的失敗作（eine ideologische Mißgeburt）」と言った。それは，民族（Volk）帰属意識と国家（Staat）帰属意識は別のものだという理由からであった。これに関連して翌年，彼は，1965年に制定された国民の祝日に関する法律について，「国民（Nation）」ではなく「国家（Staat）」と改めるべきであるとも言っている。また，彼は，オーストリアの人々が1945年以降過去から距離を置こうとしてオーストリア・ネーションを作ろうとし，それによって数百年続いたオーストリアの歴史との断絶を試みたことも批判したのである。

　このように，オーストリア・ネーションをめぐっては様々な見解がある。誰がオーストリア人なのかということは，基本的にはオーストリアに住む者ということになろう。そこには，地域的伝統や文化的共同体——キリスト教的伝統も含まれる——といったものとの絆が重視される。「オーストリアの歴史は，エスニック的または言語的一体性の歴史などでは決してなく，ともに集団で生活しかつ多様な方法で発展していった複数の州の歴史」なのであった（Stourzh, S.51）。

3 移民の政治問題化（1940年代—1970年代）

1945年4月にオーストリアが連合国によって「解放」され，翌月にはナチス・ドイツの降伏によって，ヨーロッパの第2次世界大戦は終結した。オーストリアでは，合邦以前に存在していた共和制国家の復活と「合邦」の無効が宣言された。その一方で，オーストリアはドイツと同様に連合国の分割占領の下に置かれた。そうした中で1949年に施行された国籍法はその後のオーストリア「国民」を規定する土台となるものであった。同法では，①出生（嫡出子のみ），②婚姻，③付与，④国内の大学の教員就任の4つの方法によって国籍取得が可能であることが明記された（第2条）。本稿に関連する③の付与に関しては，30年間オーストリアに自己の住所を持ち，取得の申請をする者に対して州政府が国籍を付与することとされた。しかし，連邦政府が国籍を付与することでオーストリアの利益となると見なされる人物は，30年間ではなく4年間で，また，連邦と州に不利益をもたらさないと判断された人物は10年間で国籍取得が可能とされた。その他に，同法では外国籍の女性がオーストリア国籍の男性と婚姻することで自動的にオーストリア国籍を取得することが規定される一方で，それまで存在していた本籍権と州籍権が削除された。

戦争終結により，東欧からのユダヤ人避難民と，ナチス・ドイツの領土及び占領地のドイツ系住民で戦後ソ連や東欧各国によって国外追放された人々である「民族ドイツ人（Volksdeutsche）」が，オーストリアにも到来した。オーストリアは収容施設建設の財政問題から，当初は彼らを拒否しようとしたものの，最終的には前者を排除する一方で，後者を受け入れる方針をとった。その際，1949年にフィーグル首相は「民族ドイツ人」を「故郷追放民（Heimantvertriebenen）」と言い換え，この方針を国籍法で補強する政策をとった。

1950年代に入ると，オーストリアは西ドイツのように経済成長を経験するようになり，国内産業のための労働力不足が問題化した。連邦政府は，他州と比べて失業率の高かった南部諸州からウィーンなど北部に労働者を移住させたり，「民族ドイツ人」を労働者として活用することで，労働力不足に対応した。

第Ⅱ部　ナショナリズムと「再国民化」の諸相

しかしながら，時間とともに労働力不足は深刻化した。連邦政府は，外国人労働者の雇用拡大を求める経済会議所と労働者全体の賃金抑制を危惧する労働会議所の2つの社会パートナーシップと協議を重ねた。1961年にこの2つの社会パートナーの代表の間で合意案が締結された。2人の代表者の名前にちなんでラープ＝オラフ協定（Raab-Olah Abkommen）と呼ばれる合意は，翌年に4万7000人の外国人労働者を労働者個別とではなく一括して雇用契約を結ぶというものであった。ここでオーストリアが想定したのは，オーストリアで一時的に働く外国人労働者，つまり「ガストアルバイター」であった。オーストリアは，一定期間オーストリアで働き，自分の国に戻り，新たに別の外国人労働者がオーストリアに来るというローテーションを考えたのである。

オーストリア国内で労働者が不足していた分野は，労働者の賃金が高く国有化されている重工業ではなく，賃金が高くなかった農業や民間の製造業であった。また，西ドイツやスイスと比べてオーストリアは労働者の賃金が低かったため，オーストリアは魅力的な労働市場ではなかった。実際，オーストリアが労働者の送り出し国として想定していたスペインからは想定枠の4万7000人を集めることはできなかった。そこで1964年と66年に，オーストリアはトルコと（旧）ユーゴスラヴィアと外国人労働者の協定を締結した。より多くのガストアルバイターを求めたオーストリアの企業と，オーストリアで働きたい外国人らは募集制度の枠外で結びつくことになった。ガストアルバイターの大部分は，観光客としてオーストリアに到着し不法滞在として処罰されたにもかかわらず，外国人労働者の割り当て数に含まれる合法的な滞在を可能にする労働許可証を獲得したのである。それによって，血縁や人間関係による連鎖移住が促進された。連鎖移住は家族の呼び寄せとも関連した。ガストアルバイターの数は，1961年には1万6000人であったが，1973年には22万7000人万に増加した。興味深いのは，外国人労働者の増加にもかかわらず，この時期のオーストリアにおいては後の移民排斥のような外国人問題が社会的政治的テーマにならなかったことである。これは，オーストリアの経済が右肩上がりで成長していたことによって，オーストリア国民が現状に対するある種の満足感を持っていたことによる。また，オーストリア社会が労働移民であるガストアルバイターの

存在の関する情報を十分に知っていなかったからでもあった。また，仮にガストアルバイターが国内にいても，彼らがいずれは「母国」に戻ることによって，「オーストリア」のアイデンティティは不変であると思っていたのである。

1973年の第1次石油危機は，オーストリアの経済成長を終わらせた。それまで事実上の完全雇用の状態であったオーストリアの労働市場では，ガストアルバイターの24％に相当する5万5000人を彼らの母国に戻すことによって，それまでの2％台のオーストリアの失業率をなんとか維持できた。この措置がなければ，1976年の失業率は2％ではなく4％になっていたといわれる。

オーストリアでは，1974年にガストアルバイターの募集が停止され，翌年にはオーストリア国籍者を優遇する外国人就労法（Ausländerbeschäftigungsgesetz）が施行された。この法律には，8年間連続して雇用される外国人に同法免除を申請する権利が付与されるという条文が盛り込まれた。また，それまで彼らは本国の親族に会うために年に数回一時帰国していたが，ひとたびオーストリアを出国すると，入国を拒否されることを危惧した。また，仮に本国に戻ることを決意しても，世界的不況のもと故郷で雇用が見つけられる保証はなかった。以上のようなことから，ガストアルバイターたちは，オーストリアに将来にわたり滞在し続けることを決めた。こうして，ガストアルバイターの移民化が登場したのである。

4　自由党の台頭と移民の再政治問題化（1980年代—1990年代）

1980年代前半は70年代から引き続いて外国人労働者の数は減少し，1984年の13万8710人まで下がった。ところが，その後は上昇傾向を示し，1991年には26万6461人にまで増加した。この上昇傾向を示し始めた1986年，オーストリア自由党の党首にハイダーが就任した。彼は国民党と社会党（現在の社民党）からの支持者獲得をめざし，この二大政党を既得権益を享受する政党であると批判し，社会情勢に不満を持つ有権者に訴えかけた。このポピュリズムとナショナリズムを結合させる戦略は成功し，自由党は彼の党首就任以後着実に得票率を上げていった。

第Ⅱ部　ナショナリズムと「再国民化」の諸相

　1990年前後の冷戦終結，それに伴う各地での地域紛争の増加，そして難民の大量発生は，オーストリアにも大きな影響を与えた。二大政党が大きな影響力を持つメディアにおいて難民に対する支援キャンペーン「隣人の危機を救え（Nachbar in Not）」が展開されていたさなか，自由党は，難民や仕事を求めて来る移民がオーストリアの危機を招いていると非難し，1993年に国民運動「オーストリア，第一（Österreich zuerst）」をおこなった。自由党はこの運動の中で「オーストリアは移民国家にあらず」，「不法滞在外国人問題の満足いく解決」，「住宅不足問題の解決」，「外国人失業率5％未満の実現までの移民受入停止」，「早期のオーストリア国籍付与に反対」などを主張し，有権者の署名を集めた。結果は，自由党が目指していた100万票には届かず，41万6500票（有権者の7.35％）しか集まらなかった。しかし，自由党が示した「外国人の急増」，「失業及び住宅難と外国人の関連」，「外国人急増による犯罪の増加」などのイメージは，有権者に大きなインパクトを与えた。この国民運動の翌年に行われた下院選挙で，自由党は得票率を前回よりも6ポイント増やし，22％の得票率を得た。

　1995年，当時連立政権を組んでいた社会党と国民党の二大政党は，オーストリアのEU加盟を実現させた。1997年，連立政権は外国人法（Fremdengesetz 1997），滞在法，難民法を改正し，従来の外国人の出入国と滞在に関する規定をひとつの法律にまとめた（97年外国人法と呼ばれる「統合一括法」）。この背景には，1992年に当時の社会党出身の内相が長期滞在の外国人移民に国籍付与の権利を与える内容の滞在法改正案を連立パートナーの国民党に申し出たものの，国民党が拒否したことがあった。97年の統合一括法の特徴は，政治的ディスコースの中で移住と統合をリンクさせたことと，新たにオーストリアに来る移民の問題よりも，現在オーストリアにいる外国人移民のオーストリア社会への統合を優先的に実行しようとしたことであった（「〔新たに来る〕移民よりも，〔今いる移民の〕統合を（Integration vor Zuwanderung）」）。

　また，連立政権は，1998年に国籍法を改正（Staatsbürgerschaftsgesetz novelle 1998）し，それまでの10年間連続して国内に主たる居住地があり，かつ生計を自己で維持できる外国人に国籍を付与するという基本方針に加えて，「特に考

慮すべき事項」がある場合には4年ないし6年間の居住で国籍を付与するという例外を設けた。未成年者（オーストリアで生まれた者含む），難民庇護認定者，ヨーロッパ経済圏（EEA）市民は4年間オーストリアに主たる居住地を持っていれば，4年間で国籍を取得できた。また，人間的かつ職業的に将来にわたり統合されていると証明される者で継続してオーストリアに主たる居住地を持つ者は6年間で取得が可能となった。さらに，学問，経済，文化，スポーツの各分野で特に秀でた才能を持つと認められた者や，剥奪以外の方法で国籍を喪失した者は4年ないし6年間の滞在で取得が認められた。また，場合によってはドイツ語能力試験を課すことを国籍付与の条件に追加した。この帰化の際の言語能力照明の導入は，オーストリア国籍取得を「幸福が約束された統合（geglückte Integration）」と組み合わせようとしたことの具体化であった。

5　国民・自由(・未来同盟)連立政権の統合政策(2000年—2006年)

1999年の下院選挙は，社民党が第一党（65議席），国民党が第二党（52議席），自由党が第三党（52議席），緑の党が第四党（17議席）という結果になった。第二党の国民党と第三党の自由党が連立交渉を成功させ，黒青連立政権（国民党のイメージカラーは黒，自由党は青）が誕生した。しかし，その後自由党内のハイダー派と反ハイダー派の対立が激化し，2005年にハイダーは離党し，新党「オーストリア未来同盟」を結成した（党のイメージカラーは橙色）。自由党の分裂後，国民党は連立パートナーを未来同盟に変更した。中道右派勢力と極右勢力の政権と言われたオーストリアのいわゆる「黒青／橙政権」は，2007年初めの社民党と国民党の大連立政権成立までの約7年間続いた。

　この黒青連立政権は2000年の連立政権プログラムにおいて，前政権の政策，つまりオーストリアに合法的に生活している外国籍保有者の統合を新たにオーストリアに来る移住者の統合よりも優先事項とすることを宣言した。今後新たにオーストリアに来る移住者については，これまでのように割当制を維持すること，また家族の呼び寄せはその割当制の中でおこなうことを明らかにした。ここで言う家族に属する者は，黒青連立政権によれば，配偶者と未婚の未成年

第Ⅱ部　ナショナリズムと「再国民化」の諸相

に限定された。この連立政権プログラムは，2002年の新外国人法の中の「統合協定（Integrationsvereinbarung: IV）」，2005年の外国人関連一括法（Fremdenrechtspaket），そして2006年の国籍法によって具体化された。

　「統合協定」の骨子は，2001年に当時の自由党の議員団長の提案の中に見ることができる。彼は，移民に対してオーストリアへの統合を義務づけるべきこと，またその際オーストリアにおけるドイツ語と地域事情の2つを統合に必要なテーマであると主張した。この提案に対して連立パートナーの国民党は好意的に受け止め，彼の提案からわずか数ヶ月で，法案は閣議に提出された。この背景には，自由党系の閣僚と政策に関して対立していた自由党の事実上の指導者で当時のケルンテン州知事だったハイダーが，より厳しい外国人法を主張していたため，連立政権はハイダーの国政への介入を排除しようとしたことがあった。翌年に成立した統合協定では，1998年以降にオーストリアに来たEU及び欧州経済圏（EEA）の域外の第三国の国籍保有者に対して，100時間のドイツ語の語学研修を受けること，さらに4年間にドイツ語の能力を証明するテストに合格することを義務づけた。合格しない場合には，滞在許可が剥奪されることになった。このような統合と移民の語学能力を関連づける政策は，オランダで先行しておこなわれていた。[1]

　しかし，オーストリアの地域事情をわずか100時間のドイツ語講習だけで理解し，オーストリア社会への参加が果たして実現可能なのかという批判が登場した。そのため，2005年には外国人関連一括法のなかの定住許可・滞在に関する法律（Niederlassungs- und Aufenthaltsgesetz: NAG）で統合協定の改定がおこなわれ，講習時間が300時間に引き上げられた。また，ドイツ語の能力試験受験の免除規定も定められた。免除者には，9歳未満の子ども，高齢者，病人，障がい者などの他に，オーストリアでの義務教育のための学校に①最低5年間在学し，「ドイツ語」の科目を修了した者かつ卒業した者，または②義務教育の第9学年の「ドイツ語」の科目を修了した者，③職業訓練校を修了した者なども含まれた。

　1970年代のガストアルバイターの募集停止から20年過ぎた1990年代末以降，ガストアルバイター（移民第一世代）とその家族（移民第二世代）が帰化申請を

198

するようになった。また1990年代，世界各地，特にバルカン半島での地域紛争の激化に伴い，オーストリアにも多くの難民が到来し，彼らの定住をめぐる問題が政治課題化した。1990年代末から帰化制度の厳格化と帰化者の数の減少を主張していた自由党は，2005年には従来の国籍法に代わる新法の制定の必要性を主張した。翌年に施行された2006年国籍法は自由党・未来同盟の主張にある程度沿う形で成立した。新法の特徴は前述の定住許可・滞在法とリンクして，帰化条件がより厳しくなったことである。帰化申請の条件として，第1に，オーストリアに合法的に10年間滞在すること，そのうち5年間は定住許可証を付与された形での滞在であることである。第2に，オーストリア内外の裁判所で自由刑の処罰を受けた者は帰化申請を認めないことである。第3に，生活のための資金を十分に確保できることである。第4に，配偶者がオーストリア国籍保有者（たいていは国籍保有者は男性）の場合，5年間結婚生活を継続し，合法的かつ連続してオーストリアに6年間滞在すれば，帰化が認められることである。オーストリア領内またはオーストリアの国旗を掲げた船またはオーストリアに属する航空機内で生まれた外国人も，6年間の滞在で帰化が認められる[2]。以前の国籍法で規定されていたオーストリア領内に主たる居住地（Hauptwohnsitz）を最低30年間持っている者や，最低15年間オーストリア領内に合法的かつ継続的に滞在し，統合されていると証明される者も帰化が可能となった。第5に，以上の条件に加えて，①前述のドイツ語の語学能力の証明と②民主主義的秩序，オーストリア及び居住している州の歴史に関する基礎的試験に合格することが新たに求められた。第6に，帰化申請に必要な手数料が大幅に引き上げられた（ヨーロッパレベルで最も高い900ユーロ）。この改正は，長期間オーストリアに滞在し，十分に統合された外国人の帰化を目指したものであった。それは，当時の政権が「成功裏におこなわれた統合過程の最終地点に国籍取得が存在する」とのモットーを提示していたことから明らかであった。

　この新国籍法によって，2007年以降の毎年の帰化者の数は激減した。その一方で，オーストリアにおける外国籍住民の数は増加していったが，これは中・東欧を含めたEU諸国からの移住者が増加したことを意味した。彼らにとって，オーストリア国籍を取得することは魅力的なものにはうつらなかった。

第Ⅱ部　ナショナリズムと「再国民化」の諸相

6　大連立政権の統合政策（2006年—現在）

　2006年の総選挙の結果，第二党になった国民党は第一党の社民党との連立政権を形成することを決定し，それまでの中道右派連立は終焉を迎えた。戦後オーストリアを象徴する「二大」政党による大連立政権の統合政策は，基本的には前政権のものを継承するものであった。両党が締結した連立協定や，その後に政府が発表した政策プログラムなどには，オーストリアの利益に即した形での移民政策を実行することや，「我々の言語（unsere Sprache）」，つまりドイツ語の知識とオーストリアの法秩序の遵守が成功する統合のための絶対的な前提であることが明記されていた。

　また，注目すべき点として，従来のEU・EEA域外の第三国の外国人に対する労働許可の割当制度がオーストリアの労働市場と社会の要望にもはや対応することができないために，新制度を導入し，オーストリアへの移住意思のある外国人に対する移住，労働市場への参入，オーストリア社会への統合の支援をおこなうことを明らかにしたことである。これは，オーストリアの国旗を模して「赤白赤カード（Rot-Weiß-Rot-Karte）」と呼ばれるものである。この制度は，既存の定住許可・滞在法，2005年外国人課法，2005年難民庇護法，2005年生活保障法，1985年国籍法を一部改正することを目的とする「外国人の権利に関する修正法」として2011年に導入された（具体的には，定住許可・滞在法第17条第8項を改正）。EU・EEA域外の第三国の外国人は，赤白赤カードを持つことで滞在資格を有していると見なされた。新しい滞在許可証となるこのカードは12ヶ月間ある特定の雇用主のもとで有期雇用の形態で働くために必要なものである。

　このカードは，①特に高度な専門知識を有する者，②オーストリアで労働力が不足している専門家，③特に重要な労働者，④オーストリアの大学・大学院または高等専門学校の卒業者，⑤重要な自営業者に交付される。移住希望者が以上のカテゴリーに属するか否かは，移住希望者個人の経歴や職歴などを点数化し判断される（高度な専門知識を有する者の場合は70点以上，不足している専門家

と特に重要な労働者の場合は50点以上)。赤白赤カードにもとづいて10ヶ月間働けば,外国人は「赤白赤カードプラス（Rot-Weiß-Rot-Karte plus）」の取得を申請することができる。カードプラス保持者は,定住期間は有期となるものの,雇用先を自分の好きなように選ぶことができる。カードプラスの有効期間は原則1年間である。しかし,オーストリアに最低2年間定住し,かつ統合協定のモジュール1を満たす者は3年間有効のカードプラスが交付される。2014年には初めて滞在許可を受けた第三国の外国人は26700人いた（これとは別に難民申請者が28100人いた）。また約1200人が赤白赤カードまたはEUブルーカードの「特に重要な労働者」の資格を付与された。[3]

　2013年の総選挙では,連立与党の社民党と国民党はともに議席を減らしたものの,それぞれ第一党,第二党の地位を維持した。ひきつづき大連立政権を継続することとなったため,2013年以降のオーストリアの移民・再国民化政策に変化は生じてはいない。2013年に連立政権が作成した政策プログラムの「統合」の章では,社会的統合,言語的統合,労働市場への統合という3つの統合が言及されている。社会的統合については,公共の場での多様性の確保を目指すことが示されている。特に注目すべきは,オーストリアの住民の中で急激に増加しつつあるイスラム教徒をいかに統合するかという点である。政府はオーストリア＝ハンガリー二重君主国時代に制定された1912年のイスラム法（Islamgesetz 1912）の改正を目指すとしている。実際に,2014年に議会に提出された政府案は,今日の社会状況にあった法律の内容に変更することの他に,オーストリアのイスラム教徒の社会統合についても考慮されている。つまり,プロテスタント教会やユダヤ教会と対等の地位を様々な点で与えようとしている。[4]たとえば,連邦軍や刑務所における司牧に相当する人員を配置することや,300人以上のメンバーがいれば文化団体としてあるイスラム教団体を承認すること,ウィーン大学にイスラム神学研究所を設立することなどを想定している。これは,オーストリアで生まれ育った相当数のオーストリアの国籍を所有しない者が長期間滞在することで,自由民主主義がかき乱されることを懸念したこととも関連していよう（ヨプケ 2013：47）。

　言語的統合では,4-5歳向け幼稚園の保育料無償化と就学前のドイツ語能

第Ⅱ部　ナショナリズムと「再国民化」の諸相

力の向上の他に，成人に対するオンラインでのドイツ語コースのようなものを実施して，言語能力の不足による雇用の機会の喪失及び社会への包括的参加の機会の喪失を回避することを目指す。また，労働市場への統合では，移民出自の若者の所得向上，赤白赤カード制度の一層の改善を目指す。

　外国人がオーストリア国籍を持つこと，つまりオーストリア国民になることはこれまで紆余曲折を経て，以前と比べてかなり柔軟になったと言える。ヨプケが主張するように，オーストリアは，国民党と自由党・未来同盟の右派連立政権時に移民二世に対して，出生後の最低限の居住を条件として国籍を取得する権利を付与する政策に転換したことで，ヨーロッパの国々の多くが採用するリベラルな国籍（シティズンシップ）政策を採用した（ヨプケ 2013：99）。その一方で，オーストリアは依然として血統主義を維持しており，多重国籍を認めていない。

　冒頭で紹介した「本当のオーストリア人」になるとは，どういう意味なのか。それは，その土地に定着し，その地域の共同体の成員として生活することを意味するのであろう。その際，ドイツ語という言語が成員になるための，または「本当のオーストリア人」になるためには必要不可欠な存在であるという認識は無視できない。問題は，オーストリア国籍を取得したにもかかわらず，地域社会に統合されていないとみなされる「移民出自のオーストリア人」が図らずも多いということである。日本でも問題になっている「ニート」の問題はオーストリアでもクローズアップされている。2014年の段階で，オーストリア全体で15歳から24歳の若者の7.7%が専門教育や継続教育を受けていないまたは働いていない。これが，移民出自を背景にする若者になると，13.6%がニートの状態となっている。また，移民出自の若者の失業率も平均の2倍の高さと言われている。彼ら／彼女のような移民出自のオーストリア人をいかにして実際的に社会に統合していくのかが，今後の課題と言える。

【注】
1) オランダでは国籍付与のことを当時の閣僚が「優勝者への賞与」と表現した。ヨプケ（2013）79頁。

2) 難民認定者も違法行為をおこなわない限り，6年間で帰化が可能となる。
3) 「EUブルーカード」はEUの高資格外国人労働者指令にもとづいてEU加盟国が発効するものである。このカードは，(1)大学を卒業またはその他の高等教育機関で最低3年間学び，(2)オーストリアで最低1年間拘束力のある雇用契約を締結し，(3)税込み年収57405ユーロ（2015年の場合）の所得を見込め，そして(4)労働市場テスト（Arbeitsmarktprüfung）によって，公共職業紹介所（AMS）に登録されている求職者に同等の能力を持つ者がいないと証明された者に交付され，赤白赤カードのような得点制ではない。
4) ユダヤ教に関しては2012年にイスラエル法（Israelitengesetz）が120年ぶりに改正された。

【参考文献】
東原正明（2005）「極右政党としてのオーストリア自由党(2)——ハイダー指導下の台頭期を中心に」『北海学園大学法学研究』41巻3号，481-519頁。
梶原克彦（2013）「C・F・フラウダのオーストリア国民論(1)——オーストリア国民論の系譜学」『愛媛大学法学部論集 総合政策学科編』vol.35，77-98頁。
佐藤成基（2009）「国民国家と移民の統合——欧米先進諸国における新たな「ネーション・ビルディング」の模索」『社会学評論』60巻3号，348-363頁。
野村（中沢）真理(1996)「第1次世界大戦後オーストリアにおけるガリツィア・ユダヤ人の国籍問題」『金沢大学経済学部論集』16巻2号，33-79頁。
ヨブケ，クリスチャン（2013）『軽いシティズンシップ——市民，外国人リベラリズムのゆくえ』遠藤乾・佐藤崇子・井口保宏・宮井健志訳，岩波書店。
Perchinig, Bernhard (2010) „Von der Fremdarbeit zur Integration? Migrations- und Integrationspolitik in Österreich seit 1945", *Viel Glück! Migration heute : Wien, Belgrad, Zagreb, Istanbul*, hrsg. Bakondy, Vida, Wien : Mandelbaum, S.142-160.
Perchinig, Bernhard (2006) „Einwanderungs- und Integrationspolitik", *Schwarz-Blau : Eine Bilanz des „Neu-Regierens"*, hrsg. Tálos, Emmerich, Wien : LIT, S.295-311.
Schwaiger, Julia (2014) *Akteurslandschaft, Interaktionsprozesse und der Umgang mit Wissen in der Gestaltung der österreichischen Einbürgerungspolitik*, Dipl.Wien.
Fassmann, Heinz (2013) „Migrations- und Integrationspolitik" *Die umstrittene Wende Österreich 2000-2006*, hrsg. Kreichbaumer, Robert and Schausberger, Franz, Wien : Böhlau, S.695-712.
Bauböck, Rainer and Perchinig, Bernhard (2006) „Migrations- und Integrationspolitik", *Politik in Österreich : Das Handbuch*, hrsg. Dachs, Herbrt and Gerlich, Peter et., Wien : Manz, S.762-800.
Reichel, David (2011) *Staatsbürgerschaft und Integration : Die Bedeutung der Einbürgerung für MigrantInnen*, Wiesbaden : VS Reserch.
Bruckmüller, Ernst (1998) „Die Entwicklung des Österreichbewusstseins", *Österreichische Nationalgeschichte nach 1945. Die Spiegel der Errinerung : Das Sicht von Innen*, Bd.1,

hrsg. Kriechbaumer, Robert, Wien: Böhlau, S.369-396.

Stourzh, Gerald (1990) *Von Reich zur Republik: Studien zum Österreichbewußtsein im 20.Jahrhundert*, Wien: Edition Atelier.

Stern, Joachim and Valchars, Gerd (2013) Country Report: Austria (http://eudo-citizenship.eu/admin/?p=file&appl=countryProfiles&f=2013-28-Austria.pdf#search='Stern+Joachim+Valchars+Gerd+Country+Report+Austria').

Statistik Austria (2015) *migration & integration: zahlen. Daten. Indikatoren 2015*, Wien (http://www.integrationsfonds.at/themen/publikationen/zahlen-fakten/).

Bundesministerium für Europa (2014) *Integrationsbericht 2014* (http://www.bmeia.gv.at/integration/integrationsbericht/).

Wiesinger, Peter (2000) „Nation und Sprache in Österreich", *Nation und Sprache: die Diskussion ihres Verhältnisses in Geschichte und Gegenwart*, hrsg. Gardt, Andreas, Berlin: de Gruyter, S.525-562.

第11章

スウェーデンにおける
「再国民化」と民主政治のジレンマ

渡辺　博明

1　右翼ポピュリズム政党の本音

　2014年12月13日，スウェーデン中部のヴェステロースで開かれたスウェーデン民主党の集会の後，同党幹事長セーデル（Björn Söder）は，インタビューを試みたジャーナリストに対し，「市民であることとネイションへの帰属とは区別されなければならない」とし，サーミやユダヤ人，クルド人が市民としてスウェーデンで暮らすことはできるが，そのアイデンティティを棄てさらないかぎりスウェーデンのネイションに属することはできない，と答えた。そのうえで，「問題は，スウェーデンに他のネイションに属する人が多すぎることである」との見解を示した。この発言は直ちにメディアによって報じられ，大いに物議をかもすこととなった（Dagens Nyheter 2014.12.14）。

　第二次世界大戦後，今日に至るまで国外から多くの人々を受け入れてきたスウェーデンでは，1970年代半ば以降，移民や民族的マイノリティのアイデンティティを尊重する多文化主義が国の公式な方針として定着しており，同国の政治家が特定の民族集団を名指ししながら同化を迫るのは，通常では考えにくいことであった。スウェーデン民主党は，ネオ・ナチ運動に起源をもつ反移民政党であるが，その後穏健化して2010年選挙で国政進出を果たし，ヨーロッパの「右翼ポピュリズム政党」の一つに数えられるようにもなった。そのスウェーデン民主党が14年9月の選挙でさらに議席を増やし，12月初頭に予算案

第Ⅱ部　ナショナリズムと「再国民化」の諸相

の審議をめぐって政権を崩壊寸前まで追い込む影響力を示した直後に，上述の発言がなされた。それまで慎重な姿勢を貫いていた同党幹部が，党勢拡大に自信を得て，憚ることなくナショナリスティック（民族主義的）な本音を語ったのである。

　議会で第二副議長をも務めるセーデルのこの発言に対しては[2]，他党から激しい批判が浴びせられた。首相で社会民主党（以下，社民党）党首のレヴェーン（Stefan Löfven）は「スウェーデン全体を代表すべき立場の者が，そのような聞くに堪えない言い方をするとは，まったく信じがたいことだ」と述べ，左翼党党首のシェーステット（Jonas Sjöstedt）も「彼の人種差別主義は，スウェーデンとスウェーデン議会の名を汚すものだ」と激しく非難した（Dagens Nyheter 2014.12.16）。セーデルはこの発言がもとで党幹事長を辞任したものの，副議長の座には留まった。他方，彼がネイションに言及しながら露骨な排外主義的意見を表明したにもかかわらず，世論調査における同党への支持率は下がるどころか，その後も上がり続けた。今日のスウェーデン社会には，そのような意味でのナショナリズムが広がりつつあるのだろうか。

　本章では，移民批判を軸にナショナリスティックな主張を展開するスウェーデン民主党が有権者の間で支持を広げていることを，同国における「再国民化」の動きとしてとらえ，分析していく。以下では，まず，スウェーデンにおける移民増大の経緯を確認し，移民政策のあり方を福祉国家の発展と関連づけて整理した後，1990年代以降の社会経済的な変化と社会統合の状況を見ていく。次いで，近年のスウェーデン民主党の主張を概観し，最後に，民主政治との関連にも着目しながら同国における「再国民化」の意味を検討する。

2　ナショナリズムとスウェーデン

　ネイションの枠組みを重視して社会の統合を目指す思想や運動は，広くナショナリズムととらえられ，近代以降の国家形成にはそれが大きな意義をもってきた。また，第二次世界大戦後の旧植民地地域の独立の際にも，ナショナリズムによる国民国家の形成が見られた。その一方で，すでに国民国家として経

済的発展を成し遂げていたヨーロッパ諸国のいくつかでは，その枠組みが揺らぐ局面も見られるようになった。1970年代末葉にその諸形態をとらえようとしたスミス（Anthony D. Smith）は，当時の国際社会において，植民地支配からの脱却を目指す「解放闘争」型ナショナリズムと，新興独立国が文化的に異なった人々を単一のネイションに作り替えようとする「全体主義的」ナショナリズムを指摘するとともに，すでに国家形成を終えた西欧諸国においても，大衆に対してその威信を強化しようとする「国家再生」型ナショナリズムと，既存の国民国家の中のエスニックな少数派による「分離主義」型ナショナリズムが見られることを示唆していた（スミス 1995：236-238）。

　しかしスウェーデンは，それらのいずれにも当てはまらなかった。同国は，すでに17世紀の半ばに国民国家となっており[3]，その後，立憲君主制への移行，議会制民主主義の確立を経て今日の政治体制へと至るが，国民統合という点ではほとんど揺らぐことがなかった。そこでは，基本的に民族的，言語的，宗教的な亀裂もなく[4]，今日に至るまで，少数派による分離・独立の動きという意味でのナショナリズムは見られない。また，第二次世界大戦後には，安定した政党政治と経済成長を背景に高度な社会保障システムを構築してきており，経済的社会的その他の混乱をナショナリズムで乗り越えようとするような事態も生じなかった[5]。

　そのスウェーデンで近年になって，冒頭で紹介したように，移民を批判し，自らのネイションを強調するような右翼ポピュリズム政党が勢力を拡大しつつある。その背景には，移民の増大とその社会統合をめぐる問題があるが，そこには同国における福祉国家のあり方が深く関わっている。次にその点を見てみよう。

3　移民政策と福祉国家

1　移民の受け入れ

　第二次世界大戦の戦禍を免れたスウェーデンは，その直後から工業生産を順調に拡大させ，まもなくフィンランドをはじめとした近隣諸国から働き手を招

第Ⅱ部　ナショナリズムと「再国民化」の諸相

き入るようになった。その後も経済成長が続く中，1950年代から60年代にかけて，ポーランドを中心とした東欧諸国，ギリシャやユーゴスラビアなどから労働力として移民を受け入れた。当初はそれらの国々との間で協定を結び，組織的に産業労働者を募集する形がとられたが，入国や滞在に関する規制は緩く，観光ビザで入国し，働きながら在留許可を得てそのまま定住する者も多かった（Lundh 2010：23-28）。

やがてこうした状況に労働組合が異議を唱えるようになると，経営者団体，労働市場庁との間での協議を経てルール作りが進み，1969年以降は，共通労働市場の形成を目指していた他の北欧諸国出身者を除き，外国籍の者がスウェーデンで働く際には，事前に在留許可と就労許可を得なければならなくなった。また，70年代に入って経済成長が失速する中で就労許可の審査も厳格化されていき，80年代以降，労働力移民は大幅に減少した（Lundh 2010：30-32）。

他方で，1970年代後半からは，難民や亡命者など，政治的理由による移民が増え始めた。東西冷戦下で中立外交を貫き，対外援助にも積極的に取り組んでいたスウェーデンは，早くから朝鮮戦争，ハンガリー動乱，ベトナム戦争による難民や孤児を積極的に受け入れていたが，その後もチリのクーデタ，レバノン内戦，イラン革命，イラン・イラク戦争といった政変や戦争で国を追われた人々を受け入れた。90年代になると，旧ユーゴスラビア地域やアフリカ北東部の紛争地帯からも，それぞれ数万人規模で難民が流入した。それらは基本的に，戦争犠牲者や難民の保護について定めたジュネーブ条約に基づいていたが，戦傷者や拷問被害者に関する独自の基準による受け入れも行われた（Lundh 2010：40-41）。2000年代に入ると，イラクからの難民を累計で約10万人，近年では内戦が続くシリアからも多くの難民を受け入れている。さらには，1980年代以降，親族の呼び寄せが広く認められてきたため，先に移住した人々の家族も多くスウェーデンに移り住んでいる。

このようにして世界各地から移民を受け入れてきたスウェーデンでは，「外国生まれ，または両親が外国生まれの者」がすでに総人口の2割を超えている[6]。これに両親の一方が外国生まれである者や移民3世を加えると，国外にルーツをもつ人々の割合はさらに大きくなる。現在のスウェーデンでは，多民

族化が著しく進んでいるのである。

2　移民の社会統合と福祉国家

　移民政策には，しばしば指摘されるように，その受け入れをめぐるものと，入国後の処遇をめぐるものとの二つの次元がある。前者については上述のとおりであるが，後者については独自の福祉国家のあり方が深くかかわっている。

　スウェーデンの福祉国家は，公共部門の大きさと社会保障制度の体系的発達を特徴としており，そこでは年金，医療保険，失業保険などの所得保障から，保育，介護などの社会サービス，さらには雇用や教育，住宅供給まで，さまざまな社会政策が広く国民を対象として展開されてきている。このような福祉国家の形成は，政治的な交渉や，時には激しい論争をもともなう制度改革の積み重ねによってもたらされたのであり，最初に描かれた設計図どおりに構築されてきたわけではないが，それらの改革を貫く原理や原則をいくつか指摘することはできる（渡辺 2013b：207-208）。そして，それらは移民の処遇ないし社会統合にも影響を及ぼしたと考えられる。

　第一に，「普遍主義」，すなわち，主要な諸制度は社会的な地位や経済状況にかかわらず，できるだけ多くの人々を対象にすべきだとする考え方が挙げられる。スウェーデンでは，在留許可を得た移民に対して，就労を通じて社会に参加すること（後述）を前提に，所得保障や社会サービスを利用する権利が，原則としてネイティブと同等に与えられてきた。スウェーデンは，ヨーロッパの中でも移民の社会的シティズンシップがとりわけ広く認められた国だといえる（Sainsbury 2012）。

　第二に，「就労主義（就労原則 arbetslinjen）」が挙げられる。スウェーデンでは1930年代に社民党が失業問題に取り組んだ頃から，職のない者はまずは政府が提供する失業対策事業や職業訓練に参加し，それでも職に就けない場合にのみ，失業保険給付を受け取ることができるとする方針があった。さらにはそれが，労働を通じて社会に参加する権利という面と，労働を通じて自立し，社会を支えるべきだという義務の面の両方をもつものととらえられてきた（Socialförsäkringsutredningen 2005）。したがって，難民として受け入れた人々に

も，原則としては労働を通じた社会への参加と貢献が求められ，就労に基づく社会統合が目指されてきた。

　第三に，「ノーマライゼーション」がある。これは，何らかの理由で生活上の困難を抱えることになった人も，必要な支援を受けながら，他の点ではできるだけ通常の生活環境の中で暮らせるようにすべきだという考え方である。それは，1950年代から60年代にかけて，主として障害者福祉，高齢者福祉の分野で発達し，定着したものであるが，移民に関しては，まず言葉の面でハンディキャップがあるため，スウェーデン語教育が早くから無償で提供されてきた。また，それと並行して，職業訓練も公的な制度として整備され，言葉をある程度習得した後には（あるいは習得しながら），職を得て経済的に自立することが奨励されてきた。

　他方で，移民政策における固有の原理の発展も見られた。

　移民が増え始めた当初は，彼らをスウェーデン人と同様に扱うことが進歩的な目標とされた。したがって，移民に対しては言葉の習得を支援し，職を斡旋しながら，スウェーデン人社会に溶け込むことを求めていた。ところが，やがてその出身地域が多様化し，ヨーロッパ以外からの移民も増えると，そのような「同化」路線がさまざまな軋轢を生むようになり，1970年代に入ると移民政策の目標が「平等，選択の自由，スウェーデン人と移民の協調」へと変わっていった。すなわち，基本方針が「同化」から「差異を認めた上での共存」に転換されたのである（Hammarén 2010：208）。議会でも，移民にネイティブと同等の権利を保障し，彼らの文化的アイデンティティを尊重するという方向で議論がなされ，1974年の憲法改正時には，そのことが明記され，「多文化主義」が国の公式な方針となった（Hilson 2008：163）。

3　スウェーデン社会と移民

　すでに述べたように，スウェーデンは，独自の中立外交政策をも背景としながら，世界の紛争地域から難民・亡命者を受け入れ続けてきた。また，それらの移民に対しては，言語習得支援，就労支援，普遍主義的福祉政策を通じた社会統合が目指されてきた。2000年代に入る前後から，デンマークやオランダな

ど，かつては寛容な移民政策をとっていた諸国が厳格化路線に転じて以降も，スウェーデンは一貫して人道主義の観点から庇護申請者の受け入れを続けており，今では世界でも最も寛容な難民受け入れ国の一つとなっている。

その一方，スウェーデンが他の先進工業国と同様に少子化・高齢化という人口構成の変化に見舞われる中で，移民が労働力として社会を支えている面もある。庇護申請者としてスウェーデンに入る人々でさえ，当初は保護の対象であるものの，やがて彼らやその子どもたちが同国の社会経済の中に根づいていく。言語その他のハンディキャップを抱えた移民は，肉体労働や，各種サービス業，家事手伝い，介護や医療補助といった分野で，男女ともに非熟練の低賃金職を占めていく傾向にあるが，同国社会が彼らの存在に依存する面は確実に大きくなってきている。

とはいえ，1990年代前半に第二次世界大戦後最大といわれる経済・財政危機を経験して以降は，スウェーデンにおいても，雇用機会の確保が難しくなっている。移民への自立支援が目指されてはいるが，その就労率は下がり，各種福祉手当の受給者も増えていった。移民の失業者はスウェーデン人の3倍にものぼるうえ，特にアジア・アフリカ出身者に限ればその4倍にもなり，移民間での格差も顕在化するとともに，彼らがいったん職を失うと再び職を得ることが難しくなる状況も生じている（野田 2013：218）。

そのような中で，移民に無償で提供されるスウェーデン語講座については，1990年代以降，コース分けが進むとともに，内容面でもスウェーデンの文化や社会のしくみを学べるようにし，就業に役立つ実践的な語学力の習得を重視するなどの改革が試みられてきた。しかし，難民の中には初等教育さえ受けられなかった者が含まれていることや，十分な技量をもつ教員の確保が難しいことなど，さまざまな問題があり，途中で受講を放棄する者も増える傾向にあった。就労支援についても，語学教育との連携強化や実地訓練（研修制度）の充実などが試みられてきたが，経済状況の悪化や入国者数の増加もあって十分な効果を挙げることができない状況が続いた（渡辺 2013a：116）。

2000年代になると，移民の社会統合政策の機能不全がメディアでもとりあげられるようになり，受け入れ自治体への補助金を増額したり，スウェーデン語

第Ⅱ部　ナショナリズムと「再国民化」の諸相

講座の早期修了者への給付金制度が導入されたりしたが，その実効性が疑問視されることも少なくなかった。また，特にイスラム教徒の移民とネイティブとの間での文化摩擦や，不法移民の増加，移民集住地区での暴動の頻発など，移民をめぐる問題が顕在化することも多くなった（渡辺 2013a：114-115）。その一方で，人道的見地からの難民受け入れと多文化主義的統合という基本方針については，他の問題をめぐっては対立することも多い諸政党の間でも合意事項とされ，政治的争点としてはほとんど議論されることがないまま現在に至っている。そのような中で，移民の存在を問題視し，既存の移民政策を批判し続けるスウェーデン民主党が急速に支持を広げ始めたのである。

4　スウェーデン民主党とその主張

1　スウェーデン民主党の台頭

　スウェーデン民主党は，移民の増大を批判し，自らの文化を守ることを掲げた民族主義組織「スウェーデンをスウェーデンのままに（Bevara Sverige svenskt）」を中心に，ファシズムの流れを汲む個人や集団が合流する形で1988年に結成された[7]（Ekman/Poohl 2010：74-80）。同党は，結党時の代表者と次の党首がともにネオ・ナチとしての活動歴をもち，松明の炎に国旗の図案を組み合わせたシンボルマークを用いたり，幹部がナチの制服を着て演説を行ったりする組織で，90年代までは一般に非民主的な極右勢力と見られていた。彼らは結党以来，国政選挙に候補者を立て続けたが，98年までは得票率が1％にも満たない泡沫政党に過ぎなかった。

　しかし，2000年代に入る頃から，他のヨーロッパ諸国で成功を収めていた右翼政党を意識して党改革をはかり始めると，01年にはより過激な志向のグループが脱退したこともあり，主張や活動スタイルの穏健化が進んだ。この頃から南部を中心に地方議会選挙では複数の議席を得ることも増え，02年の国政選挙では，初めて得票率が1％に達した。同年に加入した元保守党議員S. アンダション（Sten Andersson）が国政や政党政治の経験を伝えたこともあり，スウェーデン民主党は本格的に国政進出を目指すようになる。

同党にとって大きな転機となったのは、2005年の執行部の交代であった。このとき新党首に選ばれたのは、当時25歳で、2000年から党青年部の議長を務めていたオーケソン（Jimmie Åkesson）であった。オーケソンに、幹事長となったセーデル、後任の幹事長ヨムソフ（Richard Jomshof）、後に議会会派の長を務めるカールソン（Mattias Karlsson）を加えた若手4人の「スコーネ組」が、上述のアンダションとともに執行部に入り、以後、党を主導していくことになった。彼らは極右イメージの払拭に努め、党の刷新をアピールしながら2006年選挙に向けて精力的に活動を続けた。その象徴がシンボルマークの変更であり、先述の国旗を用いたものに代えて、ユキワリソウの花を図案化したものを採用した。イラクからの難民を中心に移民が増え続ける情勢と、党改革の成果もあって、06年選挙で得票率2.9%を記録し、スウェーデンの比例代表制における議席獲得要件の4%が視野に入る状況となった。

その後も彼らは、多文化主義批判と難民受け入れ反対、イスラム教の敵視という点で妥協しない姿勢をとりつつ、活動のスタイルとしては、民主政治のルールを尊重することを強調し続けた。2010年の選挙は、中道右派の４党連合に、左派3党も選挙連合を結成して対抗したため、すべての議会政党が二陣営に分かれて対決することとなったが、そこでスウェーデン民主党は5.7%、20議席（総議席数349）を得てついに国政レベルでの議会進出を果たした。

こうして議会政党となったスウェーデン民主党ではあるが、その後、国会議員となった2人を含む3党員による過去の差別発言と暴力行為が映像とともに公表された「鉄パイプ事件」を筆頭に不祥事が相次いだ。それにもかかわらず、同党への支持は伸び、2014年選挙では12.9%、49議席と躍進し、社民党、保守党に次ぐ第3党となったのである。

2　既成政党とマス・メディアの反応

2006年の選挙戦において、スウェーデン民主党は、新執行部の下で活発に運動を展開したが、マス・メディアは同党に対して冷淡な態度をとり続けた。各種調査での支持率が3%前後を記録するようになっても、たとえば、党ごとの支持率を表示する際には、同党を「その他」に含めて無視しようとした

(Häger 2012：26)。既成政党も，左派・右派を問わず，スウェーデン民主党とは議論さえしないという姿勢をとり続けた。

　2010年選挙になると，その1年ほど前から世論調査の支持率が4％を超えることが多くなっており，新聞やテレビもスウェーデン民主党にふれないわけにはいかない状況になった。しかし，その場合にも，議席数や選挙後の政権の予測に関連して言及するか，同党の過去を批判的に紹介するくらいで，主要メディアは消極的ないし否定的な報道を続けた。テレビやラジオの討論番組にもスウェーデン民主党だけは招かれることがなく，オーケソンは，世論調査で議会参入が見込まれている自党を排除するのは不当だとたびたび抗議した。二大朝刊紙は，スヴェンスカ・ダーグブラーデットが選挙直前になってスウェーデン民主党の求めに応じて一部の広告を掲載したが，ダーゲンス・ニーヘーテルはそれに応じず，二大夕刊紙（タブロイド紙）はともに選挙当日，一面で同党への投票をやめるよう呼びかけさえした（Häger 2012：29-31）。

　そのような中，2010年選挙でスウェーデン民主党は議会政党となり，政権を維持した右派4党が議席の過半数を確保できなかったため，決定票を握る立場をも得た。しかし，選挙後も左派・右派を問わず他のすべての党がスウェーデン民主党を非民主的勢力とみなす態度をとり続けた上に，彼らが決定力をもちそうな案件については，与野党で事前に協議をして採決を回避するという対応をとった。こうして，既成政党とメディアが一致して難民受け入れと多文化主義的統合の方針を支持するとともに，スウェーデン民主党を異端視し続ける一方で，移民政策に関連した不満をもつ有権者には同党が唯一の選択肢となる状況が続いた。

3　スウェーデン民主党の主張

　結党時のスウェーデン民主党がネオ・ナチ的な民族主義組織であったことはすでに述べたが，その後穏健化をはかり，議会参入を果たした彼らの近年の主張や性格はいかなるものであろうか。ここでは2010年と2014年の選挙綱領およびウェブサイトの記述から確認しておこう。

　2010年の選挙綱領は比較的簡潔なものであり，『スウェーデンを我々の手に

第11章　スウェーデンにおける「再国民化」と民主政治のジレンマ

取り戻そう』と題するリーフレットにまとめられていた。そこには「責任ある移民政策を」，「安心で尊厳ある老後に」，「犯罪への妥協なき対応を」という「三つの重点領域」が掲げられていた（Sverigedemokraterna 2010）。第一の移民政策については，難民受け入れと家族呼び寄せを厳しく制限するよう主張するとともに，外国からの入国者への在留許可や市民権付与の厳格化を求め，さらには，スウェーデンのイスラム化を阻止する，という主張が続いた。第二の高齢者政策については，年金生活者の経済状況の改善や要介護高齢者の食生活の改善とともに，要介護高齢者が配偶者と暮らす権利をも保障すべきだと主張していた。第三の犯罪への対処については，重大犯罪・再犯の厳罰化，移民犯罪者の国外追放などを目標として挙げていた。

　これらが示すのは，彼らが移民の存在を文化変容，犯罪，高齢者福祉など，さまざまな論点と結びつけて批判していることである。また特に，移民の受け入れや社会統合に充てる財源を，高齢者を中心としたネイティブの人々への施策の改善に用いるべきだとする点では，いわゆる福祉排外主義の性格が強い。福祉政策への支持を明確にしている点では，長く同国福祉国家の担い手と目されてきた社民党の立場とも重なる部分があり，そのことが彼らへの支持の伸びの一因になった面もある（清水 2011：15-20）。移民を嫌い，自民族中心という点では「右翼」と呼びうるが，スウェーデンの福祉国家についてはむしろ擁護する姿勢をとっており，経済自由主義的なポピュリズム政党とは異なっている点にもその特徴がある[8]。

　次いで2014年選挙時の綱領を見ると，まず分量や言及される政策領域が大幅に増えていることが注目される。前回とは異なり，議会政党となって迎えた選挙であるため，他の政党と同様のスタイルをとろうとしたのであろう。それは24ページの冊子となっており，愛国を強調する導入部分から始まって，高齢者，治安，移民，労働者，失業者，雇用，医療，学校教育，防衛，環境・エネルギー，男女同権，文化，農業，動物愛護，EU，国際関係，社会的弱者への支援と続き，最後にスウェーデン国家の結束を訴えて締めくくるという構成になっている（Sverigedemokraterna 2014）。

　ここからわかるのは，導入部に続く最初の3点は，2010年の選挙綱領で示さ

れていたものと同じだということである。また，ほとんどあらゆる政策領域が取り上げられているが，マクロな経済政策や企業活動の環境整備といった視点は弱く，いわば資本主義社会における弱者の立場からの主張が目立つ。さらに導入と結びの部分で自国ないし自民族中心主義の主張が見られるほか，文化政策についても，独自の文化の保護が強調される点でナショナリズムが明確に表れている。

　そこでは穏健化ないし既成政党化がいっそう進んでいるように見える。移民についても，それ自体を否定する形はとらず，「団結と福祉を進める移民政策を」として，スウェーデンが世界に開かれるべきだが，自国の負担ではなく，資源になりうるような形で移民を受け入れるべきであるといった主張が展開される（Sverigedemokraterna 2014：7）。とはいえ，同時期に党のウェブサイトでは，移民を受け入れることは大きな経済的コストをともなうため，「移民と福祉のどちらをとるかという選択を迫られている」とも述べられていた（http://www2.sverigedemokraterna.se.var-politik, 2014年9月14日閲覧）。これは2010年選挙の直前に，ブルカ（目以外の全身を覆うタイプのヴェール）を被った女性たちが公的福祉に依存する存在として描かれたために差別的としてテレビ局（TV4）が放映を拒否し，話題になった宣伝映像と同じ主張であり（Häger 29-31），排外主義の根本は変わっていないと見るべきであろう。

　本稿執筆時点でスウェーデン民主党のウェブサイトを見ても，「われわれの政策」のページの冒頭には「移民」「犯罪」「高齢者ケア」が三つの重点項目として挙げられている（https://sd.se/var-politik/, 2015年9月30日閲覧）。2010年選挙の公約がそのまま追求されるという点で，同党の対外的な主張や論点はほぼ一貫している。その状態が続く中で，同党への支持は伸び続け，いまや社民，保守の二大政党に迫りつつある。

5　ナショナリズムと民主主義

1　スウェーデン民主党とナショナリズム

　ナショナリズムに関するよく知られた定義に，ゲルナー（Ernest Gellner）に

よるものがある。すなわち，ナショナリズムとは，「政治的な単位と民族的な単位とが一致しなければならないと主張する一つの政治的原理」だとされる（ゲルナー 2000：1）。かつてのスウェーデン民主党が掲げていたスローガン「スウェーデンをスウェーデンのままに」の発想はそれに近い。また，近年の選挙綱領や政策文書の中に，自らの文化やアイデンティティの維持を強調し，移民との関係でネイティブのスウェーデン人の福祉を優先すべきとの主張が見られる点については，本書における「再国民化」の中心的な要素である「ネイションへと向かう動き」とみなしうるだろう。

　ただし，スウェーデン民主党には，こうしたナショナリズムの主張と同時に，移民批判を治安維持や福祉，高齢者介護など様々な論点と結びつけて支持を呼びかける「ポピュリスト」の側面もある。また，グローバル化時代にあってスウェーデンが開かれた国でなければならない，といった認識を示し，国の発展に資する限りで，という条件を付けてはいるが，移民の受け入れ自体を否定してはいない。冒頭で紹介したセーデルの発言でさえ，ナショナリズム＝民族主義の本音が漏れたものとして批判されたものの，ノルド人移民も市民（国籍保有者）にはなれる，としている。

　スウェーデン民主党の主張のこうした多面性と，同党への支持が大きく伸びているという事実を合わせて見ると，国民がどのような理由でそれを支持しているか，という点が重要になる。ジャーナリストのウーヴェル（Markus Uvell）が強調するように，スウェーデン民主党の支持者がみな，人種差別主義者や民族主義者であるわけではない（Uvell 2010）。D. アンダション（Dan Andersson）は経済構造の変化による雇用機会の減少（失業の増大）が最大の原因だと指摘するが（Andersson 2014），そうであれば，労働者層の不満を糾合する排外主義的ポピュリズムという側面が強いとも考えられる。いまだ増大傾向にあるスウェーデン民主党支持者について，一般的には，男性，低学歴，産業労働者，失業者，地域的には南部が優勢といった傾向は指摘されるが（たとえば[Oscarsson/Holmberg 2013：137-141]），それらの層の支持の理由，特にどの程度が民族主義的なものによるのかということを推し測るのは容易ではない。

第Ⅱ部　ナショナリズムと「再国民化」の諸相

2　ネイションと民主主義

　かつては非民主的勢力と見られていたスウェーデン民主党でさえ，現執行部の下では，民主主義の尊重を強調する。ここでもう一つの問題となるのは，スウェーデンのように，多民族化，多文化化が相当に進んだ国において，民主主義はどのように機能しうるのか，ということである。

　パキスタン生まれでスウェーデン育ちのマムード（Quisar Marmood）は，「スウェーデンらしさ（Svenskheten）とは何か」という問いを抱いて各地を訪ね歩き，典型的なスウェーデン人という意味でのスウェーデンらしさと，集合的な国民としてのスウェーデンらしさとは異なるとの結論を得た。すなわち，前者についてはたしかに金髪で肌の色が薄く，長身であるという身体的な特徴が挙げられるが，後者については，現実的，合理的，堅実，慎重，外部の人にも親切，といったイメージであるとされる。そして，社会が，農業社会から軽工業社会，重工業社会，脱工業社会へと，先に存在するものを新しいものが包み込みながら発展してきたように，グローバル化の時代には，多様な民族や文化を包摂する，新しいスウェーデン国民のアイデンティティが求められているという（Mahmood 2012：255-259）。このような議論は，ナショナルなものとエスニックなものを区別することで，ナショナリズムを相対化し，多文化主義的な国のあり方を再確認しようとするものであるといえよう。

　ウメオ大学の社会学者イェルム（Mikael Hjelm）も，各国はますます多元化しつつあり，古典的ナショナリズムが想定したような，単一の民族からなる国家は稀であると指摘する。そして今日では，スウェーデン民主党が語るような一つのエスニシティに基づく「厚い」ナショナル・アイデンティティよりも，リベラル・デモクラシーに立脚した市民社会としての「薄い」ナショナル・アイデンティティが重視されるようになっているという。イェルムによれば，現代において，ナショナルなアイデンティティは所与のものではなく，文化的，価値的，宗教的多数性を前提にして作り上げられるものであり，セーデルが示したような排他的な国家観は時代遅れで，危険でもあるという。そして，現代のヨーロッパでは，民主的価値を共有し，民主主義をどう機能させていくかということをめぐって合意をつくり出していくべきであるとされる（Radio

第11章　スウェーデンにおける「再国民化」と民主政治のジレンマ

Sweden News, 2014年12月15日放送分ファイルをダウンロード［http://sverigesradio.se/sida/avsnitt?programid=2054］。

　しかし他方で，イェーテボリ大学の政治学者ヨハンソン・ハイネー（Anders Johansson Heinö）は，スウェーデンでは同質性の高い国民国家が民主政治の前提条件として重視されてきた一方で，移民問題をめぐっては，同質性の強調やナショナリズムがほぼ一貫して否定されてきたという点に着目し，民主主義はどの程度まで多文化主義的な移民政策と両立しうるのか，と問う。彼によれば，多文化主義的な民主政治の追求は，三つのジレンマに見舞われるという。すなわち，第一に，すべての民主政体は構成員たる市民を他の人々の集団から区別する必要があり（排除のジレンマ），第二に，その構成員が多数決によって民主主義体制を崩壊させることがない程度にまで，新たに加わる集団に対しても民主的な価値を共有させる必要があり（適応要求のジレンマ），第三に，あらゆる政治システム，とりわけ民主制は，究極的にはその構成員の主観的な正統性を得ることに基づいている（正統性のジレンマ）からである。ヨハンソン・ハイネーは，多文化主義を否定はしないが，民主主義との両立には相当な困難がともなうことを強調している（Johansson Heinö 2009）。

3　スウェーデンにおける「再国民化」

　スウェーデン民主党の原点でもある「スウェーデンをスウェーデンのままに」というフレーズは，まさに多文化主義に抗う「再国民化」の言説である。彼らはその印象を薄めることによって有権者の支持を集めることに成功したが，その背後では当初からの民族主義志向が脈々と受け継がれている。冒頭で紹介したエピソードでセーデルの本音を引き出したのは，かつてスィードスヴェンスカン紙の記者としてスウェーデン民主党への取材を重ねたオレニウス（Niklas Orrenius）であるが，彼はその著作の中で，現執行部の登場の前後にも同党の指導的立場の政治家たちが，民族主義ないし場合によっては人種差別主義とも解釈できるような言動を繰り返していたことを伝えている（Orrenius 2010）。また，ジャーナリストのバース（David Baas）によれば，移民の大幅な制限と多文化主義の破棄という同党の究極の目標は結党時からまったく変わっ

219

第Ⅱ部　ナショナリズムと「再国民化」の諸相

ておらず，彼らの性格を最もよく表す言葉は，今でも「スウェーデンをスウェーデンのままに」であるとされる（Baas 2014：7）。

　スウェーデン民主党は，いわば民主主義の手続きを通じて，すでに国内にいる一部の人々を排除したり，その権利を制限しようとしている。これに対し，既存の諸政党やメディアは，民主主義の観点から同党を批判し，徹底して距離を置こうとしてきた。しかし，彼らがその姿勢を貫き，難民の受け入れを続け，多文化主義的統合を擁護すればするほど，スウェーデン民主党が移民政策をめぐる争点を活用して支持を広げるという状況が続いている。スウェーデン民主党の内部では2015年に入ってからも，セーデルの幹事長辞任だけでなく，党執行部により過激な路線を求める青年部との対立が深まり，議長他数名の幹部が除名されるなど，混乱が続く。それにもかかわらず，15年8月から9月にかけての各機関による政党支持率調査では，スウェーデン民主党が20％近い数値を記録し，左右の主要政党に迫る勢いを見せている。

　国際的に見れば，建国時からのナショナル・マイノリティによる独立運動を抱えるような国とは様相が大きく異なるが，スウェーデンではこのような形で「再国民化」の動きが生じている。すでに移民が同国の社会経済において果たしている役割の大きさを考えると，その排除を求める運動が通常の意味で成功する可能性は低い。しかし，移民問題をめぐっては，左右の既成政党が，彼らの合意しうる政策を追求するほどに右翼ポピュリズム政党の勢いが増すというジレンマがある。政治家，官僚，マスコミなど，公的な立場の人々の間での党派を超えた多数派の見解と，一般有権者の少なからぬ部分の反応に乖離が生じている点も，従来のスウェーデン政治においては見られなかったことである。スウェーデンにおける「再国民化」の動きは，同国の民主政治を揺るがし，予断を許さない状況をもたらしている。

【注】
1) 独自の言語をもち，ノルウェー，スウェーデン，ロシアの三国に及ぶ地域でトナカイの放牧を中心とした生活を営んできた先住民族であり，スウェーデンではその文化や生活を維持する権利が認められている。

第11章　スウェーデンにおける「再国民化」と民主政治のジレンマ

2) 2014年選挙で第三党となったスウェーデン民主党は，慣例にしたがってこのポストを得ている。通常，議長が1人，副議長が3人置かれるため，第一党から議長，第二党から第一副議長，第三党から第二副議長，第四党から第三副議長が選ばれる。
3) 北欧諸国の国家形成を比較したロッカン（Stein Rokkan）によれば，スウェーデンは17世紀半ばには明確な国境をもった政治体へと統合され，それが民族的な対立によって影響されることもなくなっていたとされる（Rokkan 1981：57）。
4) ただし，北部の先住民族サーミは例外である（注1を参照のこと）。
5) もちろん，スウェーデン人であることやスウェーデンの文化を強調するような民族主義的な運動がまったくなかったわけではなく，後述するように，スウェーデン民主党の源流もそこに求められる。しかし，それらは比較的小規模であり，1990年代末までは周辺的な動きにとどまっていた。
6) 2012年末の時点で，その数値は20.1％であった（［SBC 2014：114］のデータから算出）。
7) 以下，スウェーデン民主党についての記述は，［Ekman/Poohl 2010］および［Lodenius 2009］に依拠している。
8) スウェーデンでは，1990年代初頭に一度だけ議席を得た「新民主党」がそれにあたる。彼らは，福祉国家の税の高さや官僚主義を批判し，短期間に支持を伸ばしたが，次の選挙で議席を失い，間もなく解党した。また，同じ北欧で右翼ポピュリズム政党と目されるノルウェーの進歩党が，大幅減税の主張から活動を始めて，後に移民をも批判するようになったのに対し，スウェーデン民主党は一貫して排外主義と福祉擁護を結びつけて主張してきている。

【参考文献】

ゲルナー，アーネスト（2000）『民族とナショナリズム』加藤節監訳，岩波書店（原書出版年1983）。
清水謙（2011）「スウェーデンの2006年議会選挙再考――スウェーデン民主党の躍進と2010年選挙分析への指標」『ヨーロッパ研究』第10号，7-27頁。
スミス，アンソニー・D.（1995）『20世紀のナショナリズム』巣山靖司他訳，法律文化社（原書出版年1979）。
野田葉（2013）「スウェーデンの移民政策とデモクラシー」高橋進・石田徹編『ポピュリズム時代のデモクラシー――ヨーロッパからの考察』法律文化社，208-226頁。
渡辺博明（2013a）「スウェーデンの移民問題と政治」松尾秀哉・臼井陽一郎編『紛争と和解の政治学』ナカニシヤ出版，107-124頁。
渡辺博明（2013b）「スウェーデン――社会民主主義型福祉国家の発展と変容」鎮目真人・近藤正基編『比較福祉国家理論・計量・各国事例』ミネルヴァ書房，204-223頁。
Andersson, Dan (2014) *Så fick Sverigedemokraterna makt*, Stockholm: Hjalmarson & Högberg.
Baas, David (2014) *Bevara Sverige svenskt: Ett reportage om Sverigedemokraterna*,

第Ⅱ部　ナショナリズムと「再国民化」の諸相

Stockholm: Albert Bonniers Förlag.
Ekman, Mikael och Daniel Poohl (2010) *Ut ur skuggan: En kritisk granskning av Sverigedemokraterna*, Stockholm: Natur & Kultur.
Johansson Heinö, Andreas (2009) *Hur mycket mångfald tål demokratin?: Demokratiska dilemma i ett mångkulturellt Sverige*, Malmö: Gleerups Utbildning AB.
Hammarén, Nils (2010) Sweden: Being a Stranger in the 'People's Home', Katrine Fangen et al. (eds.), *Inclusion and Exclusion of Young Adult Migrants in Europe*, Farnham: Ashgate, pp.203-236.
Hilson, Mary (2008) *The Nordic Model: Scandinavia since 1945*, London: Reaktion Books.
Häger, Björn (2012) *Problempartiet: Mediernas villrådighet kring SD valet 2010*, Stockholm: Stiftelsen Institutet för mediestudier.
Lodenius, Anna-Lena (2009) Sverigedemokraternas historia, Håkan Bengtsson (red.), *Höger populismen: En antologi om Sverigedemokraterna*, Stockholm: Premiss Förlag, s 11-41.
Lundh, Christer (2005) *Invandringen till Sverige (Andra Upplagan)*, Stockholm: SNS Förlag.
Mahmood, Qaisar (2012) *Jakten på svenskheten*, Stockholm: Natur & Kultur.
Orrenius, Niklas (2010) *Jag är inte rabiat. Jag äter pizza: En Bok om Sverigedemokraterna*, Månpocket.
Oscarsson, Henrik och Sören Holmberg (2013) *Nya svenska väljare*, Stockholm: Norstedts Juridik.
Rokkan, Stein (1981) The Growth and Structuring of Mass Politics, Erik Allardt et al. (eds.), *Nordic Democracy*, Copenhagen: Det Danske Selskab.
Sainsbury, Diane (2012) *Welfare States and Immigrant Rights: The Politics of Inclusion and Exclusion*, Oxford: Oxford University Press.
Socialförsäkringsutredningen (2005) *Vad är arbetslinjen? (Samtal om socialförsäkring nr 4)*.
Sverigedemokraterna (2010) *Ge oss Sverige tillbaka!*
Sverigedemokraterna (2014) *Vi väljer välfärd!*
Uvell, Markus (2010) Dom som blev kvar, Uvell och Erik Meier Carlsen, *Folkhems populismen: Berättelsen om Sverigedemokraternas väljare*, Stockholm: Timbro, s 11-125.

あ と が き

　2015年11月13日にフランスのパリにおいて起きた衝撃的な同時多発テロ事件は，EUにおいて改めて国家の持つ重みとその問題性を再認識させることになった。ゲオルグ・イェリネクが定義した国家の三要素としての領土，主権，人民にからめていえば，領土を分かつ国境問題の再浮上，国境管理をめぐって主権の取り戻しをはかろうとするEU加盟国の動き，そして人民と区別されてますます排除されようとする難民，移民といった構図が浮き彫りになり，国家を超えることを目指したEUの理念，そしてEUの掲げる域内移動の自由の理想が厳しい試練を迎えることとなった。つまりは，欧州は再国民化によって大きく揺さぶられているのである。

　本書は再国民化をキーワードにして編まれたが，執筆者の間では再国民化を鍵となる概念とする限り，きちんと定義して認識を共有すべきであるといった議論も出された。とはいえ，この用語が対象としている現象が，まさに上記のごとく，現在進行形の事柄であり，またこの用語がなお政治学的に定着した概念とはいえないものであることから，大まかには「再国民化」(renationalization, Renationalisierung) を自国民優先と移民排除という文字通りの再国民化の意味とEU統合反対と主権回復という再国家化の意味を含むものとして捉えながら，執筆者がおのおの多義的に，あるいは多様な現象を包み込む概念として使用することにした。

　本書は，2013年に『ポピュリズム時代のデモクラシー』を上梓した研究グループによる作品であり，同書の続編としての意味をももっている。前書では，主として1980年代以降に欧州において台頭してきた新しい右翼勢力をポピュリズムとして捉え，彼らが主張する反移民，反EU，反ユーロの主張を解明しながら，デモクラシーにとってポピュリズムがもつ現代的意味を検討した。本書では，欧州債務危機の打開のためにEUがいっそうの緊縮政策を推し

進める中で，欧州懐疑主義を唱える勢力がこの間全ヨーロッパ的に大きく支持を広げてきていることに注目しつつ，欧州懐疑主義については西欧，北欧諸国では反EUとともに反移民も強力に主張する急進右翼勢力が勢いをえているが，他方南欧諸国ではEUが進める緊縮政策に反対するという意味で反EUではあるが，必ずしも反移民ではない急進左翼勢力が伸びているという違いがみられることにも注意を向けた。また，再国民化の問題は，国家の上ないし外との関係だけでなく，国家の内から分離・独立を唱えたり，大幅な自治権を主張したりするエスノ・リージョナル政党が台頭するという形で現れていることにも目を配った。国家の内ということでは，パリ同時多発テロの実行犯の多くはホームグロウン・テロリストだとされているとも関わるが，再国民化の問題はEUにおける市民権付与つまりシティズンシップのあり方，あるいは市民社会の構造とも密接に関連しているということから，それらの問題も取り上げた。本のタイトルに入れていないが，前書と同様に本書も現代デモクラシーにおける代表と民意との乖離から生じるポピュリズム的問題状況への深い関心によって導かれている。

　本書は，前書『ポピュリズム時代のデモクラシー』と同じく大阪市立大学大学院法学研究科において山口定先生の教えを受けた者が中心となって編まれたものである。その山口先生は2013年11月17日に生涯を終えられた。ご存命ならば，混迷する今日の欧州をどのように見通されたであろうか。本書が，先生の学恩に報いるものとなっているかは心許ないかぎりであるが，謹んで本書を先生のご霊前に捧げたい。

　執筆者の研究グループは2015年度日本政治学会研究大会（千葉大学）において企画公募に応募し，本書のテーマに関連する分科会を設けたが，その際に討論者からは的確で貴重なコメントをいただいた。この場を借りてお礼を申し上げる。

　本書の執筆にあたっては，2012年度—2014年度龍谷大学社会科学研究所共同研究（「再国民化の比較政治学——ヨーロッパ・デモクラシーのジレンマ」）及び2012—2014年度科学研究費（基盤研究(B)「『再国民化』の比較政治学——ヨーロッパ・デモクラシーのジレンマ」）の研究助成を，また刊行にあたっては上記研究所

　　　　　　　　　　　　　　　　　　　　　あ と が き

の出版助成を受けた。最後に，本書の出版にあたってお世話になった法律文化
社の小西英央氏に感謝申し上げたい。

　　　　　　　　　　　　　　　　　　　　　　　石田　　徹

索　　引

あ行

アイデンティティ……26, 27, 36, 37, 39, 95, 97, 99, 100, 125-133, 136-141, 156-158, 174-176, 181, 182, 205, 210, 217, 218
赤白赤カード……………………………200-203
新しい中世……………………………24, 39
アラバ……………………………………185, 186
五つ星運動（M5S）……………i, 23, 44, 104
イデオロギー的失敗作…………………192
移民出自………………………………186, 187, 202
移民政策……206, 207, 209-212, 214-216, 219, 220
イングランド……34, 38, 125-130, 133, 135-140
ウェールズ……………34, 38, 125, 126, 128, 130, 138, 140, 141
ウェストミンスター（Westminster）……133, 137, 139
ヴェルサイユ条約……………………127
右翼ポピュリズム………47, 48, 58, 97, 100, 101, 117, 120
右翼ポピュリズム政党…23, 87, 90, 96, 104-106, 149, 205, 207, 220, 221
エヴィアン協定……………168, 169, 172, 179
エスニック・ナショナリズム…26, 40, 132, 136
エスニック事業者……………………35
エスノ・リージョナリスト政党……24-29, 31, 34-37, 39, 40
エスノ・リージョナリズム………………35
黄金の夜明け……………………………i, 23
欧州安定メカニズム（ESM）………9, 10, 13, 21, 89, 92, 94
欧州委員会……………………5, 15, 19, 51
欧州懐疑主義……i, 21, 23, 43-45, 56, 57, 84, 94, 95, 131, 132, 146, 148, 149, 160, 163, 223, 224
欧州議会選挙………43, 45, 46, 52, 64, 94, 95, 97, 104, 105, 132, 146, 149, 155, 160, 162
欧州金融安定化ファシリティ（EFSF）……9, 89
欧州憲法条約……i, 4, 6, 7, 9, 11, 23, 29, 89, 146, 1, 155, 157, 163
欧州債務危機（欧州金融・債務危機）……7, 11, 21, 46, 57, 223
欧州社会モデル……………………57, 147, 153
欧州中央銀行（ECB）……15, 17, 19, 23, 46, 89, 153, 154
オーケソン……………………………213, 214
オーストリア・ネーション……………190, 192
オーストリア自由党（FPÖ）……37, 44, 192, 195-199
オスタリチ……………………………190
オルティッツ…………………………174

か行

完全なフランス人………………173, 176, 181
キャメロン……………………………51, 96, 141
急進左派連合（SYRIZA）……………44-46, 48
ギリシャ危機………………………8, 9, 14, 23
キリスト教民主同盟（CDU）……………89, 108
キリスト教民主同盟・社会同盟（CDU・CSU）……84, 85, 88, 92, 93, 95, 100, 101, 111, 114, 116
銀行同盟………………………………3, 17, 20, 21
緊縮政策……………14, 16, 44, 46, 47, 57, 223, 224
クリーヴィッジ………………………25-27, 34
グルゼルチク事件………………………65, 66
言語国民…………………………………191
現実にある市民社会……………106, 116, 118, 121, 122
国籍法………………………189, 193, 196, 198-200
国民運動連合（UMP）…………………150, 155, 177
国民戦線（FN）……i, 6, 23, 37, 44, 104, 149, 151, 152, 155, 158-161, 163, 177

国家国民……………………………………191
コリー……………………… 128, 129, 133, 140

さ 行

サーモンド………………………… 134, 135, 139
再国民化…… ii, 3, 20, 39, 42, 43, 48, 56, 63, 83, 84,
　98-101, 104-106, 125, 126, 140, 145, 146, 148,
　151, 154-156, 161, 163, 205, 206, 217, 219, 220,
　223, 224
再国家化……………………………… 42, 43, 84
債務危機………………………………………… 4, 18
左翼ケインズ主義……………………… 145, 161
左翼党………………………… 90, 107, 111, 114
左翼ポピュリズム……………………… 47, 48, 58
ザラツィン………………………… 86, 98, 100
サルコジ………………… 8, 17, 19, 21, 150, 155, 160
参加ガバナンス………………………………122
サンプラーノ事件………………………………66
シヴィック・ナショナリズム… 40, 132, 134, 136
シェンゲン協定………………………… 48, 49, 58
自国民優先………………………… 155, 159, 161
シックス・パック……………………………… 10, 11
市民性教育……………………………………123
社会的ヨーロッパ………………… 5, 153, 156, 157
社会統合………………… 201, 206, 207, 209-211, 215
社会民主党（SPD）…………… 85, 86, 88, 89, 92, 112
シャルリ・エブド……………………………… 45, 76
シャルリ・エブド事件………………………… 87, 97
集中と同盟…………………………………… 30, 33
州民権…………………………………………189
就労主義………………………………………209
ジュオー……………………………………176, 177
シラク………………………… 149, 162, 177, 178
進歩と躍進のための同盟（ALFA）…… 98, 101
スウェーデン民主党（SD）……… i, 23, 44, 205,
　206, 212-214, 216-221
スコットランド……… ii, 24, 34, 36-39, 125-128,
　130, 133-135, 138-141
スコットランド国民党（SNP）

…………………… 24, 30, 33-36, 134, 135, 138, 139, 141
スタージョン…………………………… 135, 139
西欧のイスラム化に反対する愛国的ヨーロッパ
　人（Pegida）……… 45, 87, 97, 104-117, 121, 122
政府債務危機………………………… 3, 8-10, 17
セーデル………………… 205, 206, 213, 217, 219, 220
ソイサル…………………………………………61
ソーシャル・メディア………………… 107, 117

た 行

多文化主義……… 85, 95, 205, 210, 213, 214, 219
多文化主義的統合……………………… 212, 220
中道の中の右翼………………… 106, 117, 122
ディファンバシェ……………………… 179, 183
デンマーク国民党（DF）………………………44
ドイツ国家民主党（NPD）……… 88, 95, 98, 101,
　105, 114
ドイツのための選択肢（AfD）………… i, 84, 88,
　90, 91, 93-101, 104-106, 108, 111, 114, 116, 117
ドゴール…………………… 145, 150, 170, 172, 173, 177
ドレスデン…………… 106-108, 110, 111, 87

な 行

ナショナル・アイデンティティ……… ii, 87, 125,
　126, 130, 134, 136, 137, 147, 156, 158, 161, 164,
　218

は 行

排外主義的ポピュリズム………………………217
排除的ポピュリズム…………………… 57, 58
ハイダー………………… 192, 195, 197, 198
パパンドレウ……………………………… 13, 21
ハルキ……………………… 169, 178-180, 183
ハンマー…………………………………………61
庇　護………………… 86, 88, 95, 98, 99, 211
秘密軍事組織（OAS）………………… 168, 175
ファン・ゴッホ殺害事件……………………73, 75
福祉国家……… 42, 53-55, 58, 84, 116, 147, 162,
　206, 207, 209, 215, 221

228

索　引

福祉ショーヴィニズム（福祉排外主義）……53, 54, 159, 215
福祉ツーリズム…………42, 43, 48, 49, 51, 58
福祉ポピュリズム………42, 43, 48, 53, 54, 56-58
フラームス・ベラング……30, 33, 35, 37, 40, 56
プライド・カムリ………………………30, 35, 36
フランス社会モデル……147, 153, 154, 157-159
フランス的例外……………………153, 154, 156
フランス的例外主義…………147, 157, 163, 164
文化国民…………………………………………191
ペトリ…………………………………93, 96-98
ベルルスコーニ……………………………19, 21
包摂的ポピュリズム………………………57, 58
北部同盟………………27, 30, 33, 35, 37, 40
保守党……………………45, 51, 52, 96, 132, 137
ポデモス（PODEMOS）………………45, 46, 48
ポピュリズム………21, 43, 47, 48, 53, 56, 195
ボルケシュタイン指令…………5, 154, 157, 163
本籍権…………………………………188, 189, 193

ま　行

ミッテラン…………145, 146, 150, 162, 176, 177
緑の党…………………………………107, 112, 114
南チロル民族党……………………………33, 35

民主主義の赤字………………………19, 147, 152
メルキァヴェリズム………………………12, 15
メルケル……8, 12, 13, 15-19, 21, 83, 85, 86, 90, 95, 111, 113, 116

や　行

UK 独立党（UKIP）………i, 23, 144, 52, 97, 104, 132, 133, 137, 140
ユーロ危機……………………89, 90, 93, 100, 105
ユンケル……………………………………13, 21
ヨプケ………………………67, 68, 75, 77, 87, 202

ら　行

ラヴァル事件………………………………………71
リプセット………………………………25, 55
リュッフェルト事件………………………………71
ルッケ………………………………91-93, 96-98, 105
ルペン, J-M・……………………………149, 156
ルペン, マリーヌ…………………………159, 160
レファレンダム……………126, 134, 135, 141
労働党………………………………………137, 138
ロゾー………………………………………177, 178
ロッカン……………………………………25, 221

229

執筆者紹介
（執筆順，＊は編者）

野田 昌吾（のだ しょうご）	大阪市立大学大学院法学研究科教授	第1章
＊高橋 進（たかはし すすむ）	龍谷大学法学部教授	第2章
＊石田 徹（いしだ とおる）	龍谷大学政策学部教授	第3章
野田 葉（のだ よう）	龍谷大学非常勤講師	第4章
中谷 毅（なかたに つよし）	愛知学院大学法学部教授	第5章
坪郷 實（つぼごう みのる）	早稲田大学社会科学総合学術院教授	第6章
小堀 眞裕（こぼり まさひろ）	立命館大学法学部教授	第7章
畑山 敏夫（はたやま としお）	佐賀大学経済学部教授	第8章
藤井 篤（ふじい あつし）	香川大学法学部教授	第9章
馬場 優（ばば まさる）	福岡女子大学国際文理学部准教授	第10章
渡辺 博明（わたなべ ひろあき）	龍谷大学法学部教授	第11章

Horitsu Bunka Sha

龍谷大学社会科学研究所叢書第110巻

「再国民化」に揺らぐヨーロッパ
――新たなナショナリズムの隆盛と移民排斥のゆくえ

2016年3月5日　初版第1刷発行

編　者	高橋　進・石田　徹
発行者	田靡　純子
発行所	株式会社　法律文化社

〒603-8053
京都市北区上賀茂岩ヶ垣内町71
電話 075(791)7131　FAX 075(721)8400
http://www.hou-bun.com/

＊乱丁など不良本がありましたら、ご連絡ください。
　お取り替えいたします。

印刷：中村印刷㈱／製本：㈱藤沢製本
装幀：谷本天志
ISBN 978-4-589-03737-4
Ⓒ2016　S. Takahashi, T. Ishida Printed in Japan

JCOPY　〈(社)出版者著作権管理機構　委託出版物〉

本書の無断複写は著作権法上での例外を除き禁じられています。複写される
場合は、そのつど事前に、(社)出版者著作権管理機構（電話 03-3513-6969,
FAX 03-3513-6979, e-mail: info@jcopy.or.jp）の許諾を得てください。

高橋 進・石田 徹編
ポピュリズム時代のデモクラシー
―ヨーロッパからの考察―
Ａ５判・246頁・3500円

ポピュリズム的問題状況が先行しているヨーロッパを対象として取り上げ、理論面と実証面から多角的に分析し、問題状況の整理と論点の抽出を試みた。同様の問題状況が現れつつある日本政治の分析にとって多くの示唆を与える。

石田 徹・伊藤恭彦・上田道明編
ローカル・ガバナンスとデモクラシー
―地方自治の新たなかたち―
Ａ５判・224頁・2300円

世界的な地方分権化の流れをふまえつつ、日本におけるローカル（地域・地方）レベルの統治に焦点をあて複眼的な視点から、地方自治の新たなかたちを提示する。政府―民間関係、中央政府―地方自治体関係、諸組織間連携の最新動向がわかる。

吉川 元・首藤もと子・六鹿茂夫・望月康恵編
グローバル・ガヴァナンス論
Ａ５判・326頁・2900円

人類は平和構築・予防外交などの新たなグッド・ガヴァナンスに希望を託せるのか。地域主義やトランスナショナルな動向をふまえ、グローバル・ガヴァナンスの現状と限界を実証的に分析し、求められるガヴァナンス像を考察する。

大井赤亥・大園 誠・神子島健・和田 悠編
戦後思想の再審判
―丸山眞男から柄谷行人まで―
Ａ５判・292頁・3000円

戦後思想はどのようにして生まれ、展開し、何を遺してきたのか。戦後日本を代表する12人の論者の思想と行動の検証を通じて、戦後思想を体系化し、見取図を示す。戦後70年、いままさにリアリティを増しつつある戦後思想の継承と再定位を試みる。

寺島俊穂著
戦争をなくすための平和学
Ａ５判・250頁・2500円

非暴力主義の立場から平和の理論構築を行い、実践的学問である平和学の今日的課題を探究。戦争のない世界の実現をめざし、私たちの役割と課題に言及し、誰にでもできる実践が平和の創造と構築に結びつくことを説く。

金 尚均編
ヘイト・スピーチの法的研究
Ａ５判・198頁・2800円

ジャーナリズム、社会学の知見を前提に、憲法学と刑法学の双方からヘイト・スピーチの法的規制の是非を問う。「表現の自由」を思考停止の言葉とせず、実態をふまえて、冷静かつ建設的な議論の土台を提示する。

―法律文化社―
表示価格は本体（税別）価格です